훈련 프로그램 청취 파일
홈페이지 제공

마음챙김과 도식치료

임상지침서

Michiel van Vreeswijk · Jenny Broersen · Ger Schurink 저
이영호 역

학지사

역자 서문

　식사장애치료를 시작하면서 인지행동치료, 대인관계치료, 도식 및 양식치료 그리고 수용전념치료까지 점차 치료의 방식과 개념을 확장할 수밖에 없었다. 이런 개인적인 요구에 의한 변화는 우연치 않게 심리치료의 전반적인 변화의 흐름과도 다르지 않았다. 적지 않은 행운이라 생각한다.

　도식 및 양식치료를 하다 보면 건강한 성인 양식을 확장시키는 것과 행동 변화를 삶 안에서 이끌어 내는 일이 쉽지 않은 작업임을 느낀다. 이런 요구를 부분적이나마 해결해 줄 수 있는 것이 수용전념치료를 비롯한 소위 마음챙김에 기반한 정신치료가 아닐까 하는 기대에 역자도 수용전념치료를 도식 및 양식치료에 접목시켜 보려 노력을 하고 있다. 그러나 두 가지의 치료가 접근의 방식과 전제한 가정이 너무 차이가 있어 이를 접목하는 데 제한도 많고, 사실은 역자가 하고 있는 방법이 맞는지에 대한 의구심도 많다. 최근 들어 활발하게 이루어지고 있는 통합적 치료에 대한 움직임이나 단계적 치료접근에 대한 움직임도 이런 요구들과 공통된 부분을 가지고 있을 것으로 생각된다.

이런 시점에 『마음챙김과 도식치료(Mindfulness and Schema Therapy)』라는 책을 만나게 되었고, 기쁜 마음으로 책을 읽고 역자와 같은 목마름을 느끼는 다른 분들을 위해 번역을 하기로 마음을 먹었다.

번역을 하면서 느낀 아쉬움은 다음과 같다. 마음챙김과 수용전념치료의 관점에서 보면 수용전념치료의 수용과 탈융합의 수용과정(acceptance process), 현재에 머무르기와 맥락적 자기로 대응하기의 집중과정(centering process)은 잘 이루어지는 반면, 가치수립과 전념행동하기와 같은 전념하기과정(engagement process)은 상대적으로 소홀한 것 같았다. 그리고 도식 및 양식치료의 관점에서 보자면, 탈융합과 수용의 과정은 도식 및 양식의 개념으로 설명하는 것이 유용하나 도식 및 양식치료의 가장 핵심적 치료접근인 심상적 다시쓰기(imagery rescript)를 비롯한 제한적 재부모노릇하기(limited reparenting)가 이루어지지 못하고 있다는 점이 아쉬웠다.

그러나 도식 및 양식치료와 마음챙김에 기반한 심리치료의 접점을 찾으려는 노력으로서의 이 책은 훌륭한 시작이 될 수 있다는 생각이다. 서로 완전히 기반이 다른 치료를, 어떻게 하면 장점들을 그대로 유지하면서 접목시킬 수 있는가 하는 시도의 시작으로 생각하고 싶다. 과거의 상처를 어루만지고 그것을 새롭게 경험하도록 돌보아 주는 것조차도 더 큰 수용을 통해 그 상처를 그대로 놓아두라고 이야기할 수 있는 것, 그리고 그것이 고통을 받고 있는 환자나 내담자가 받아들일 수 있도록 한 단계 더 큰 장면으로 치료자와 환자를 끌고 올라갈 수 있는 것이 앞으로 두 치료가 더 깊은 통합이 이루어지게 되면 이루어 낼 수 있는 새로운 지평이라 생각하고 그날이 빨리 오기를 바란다. 임상실제에서는 도식 및 양식치료가 진행중에 어려움을 겪게 될 때 건강한 성인의 힘을 키우기 위한 목적으로 이 책이 유용하게 쓰일 수 있을 것으로 생각된다.

끝으로 책을 번역하겠다고 말씀을 드리면 항상 기꺼이 허락을 해 주시는 학지사의 김진환 사장님께 다시금 감사의 말씀을 드리고, 책을 만드는 과정에서 자신의 책처럼 돌보아 좋은 책을 낼 수 있도록 도와주신 편집부 김준범 차장님께도 진심의 감사를 드리고 싶다.

힘든 시기에도 역자 옆에 항상 함께해 주고 있는 가족들과 가까운 동료들께도 감사의 말을 잊고 싶지 않고, 저에게 치료자로서 마음을 항상 새롭게 하도록 도와주시는 제 환자분들께도 감사의 말씀을 드리고 싶다. 이 책이 도식 및 양식치료와 마음챙김에 기반한 정신치료에 관심을 가지신 분들께, 그리고 이를 통해 힘을 받으실 수 있는 많은 분들께 조금이라도 도움이 되기를 바란다.

2017년 7월
이영호

추천사

심리 과학의 분야는 감정적 문제의 원인과 유지요인을 찾는 데 혁명적인 변화의 과정을 겪고 있다. 이런 관점에서 보면 치료를 받기 위해 오는 사람들에게 도움을 줄 수 있는 새로운 길이 열리고 있는 것이다. 이 책은 이와 같은 발전에 기여를 하게 될 것이다.

1970년대와 1980년대 임상심리학 분야 연구의 주요 관심사는 정보 전달에 있어 무엇이 문제인가를 찾는 것이었다. 이 분야에서는 우울증 혹은 다양한 종류의 불안장애로 고통받고 있는 사람들이 얼마나 자신의 내적 혹은 외적인 환경을 인식하는 데 문제가 있는가를 보여 주거나, 그들의 과거를 기억하거나 미래를 예측하는 방식에 있어 문제가 있다는 것을 보여 주거나, 아니면 그들의 판단이나 해석에 있어 문제가 있다는 것을 보여 주려는 실험 연구들이 반복적으로 이루어지고 있었다. 이런 접근의 일부분이 도식에 대한 연구이다. 도식은 정보 전달 체계로서, 정상적으로는 정보의 복합적인 세트

(set)를 부호화시켜 재생시키는 일련의 흐름을 도와준다. 이런 체계들은 인지 전달 과정을 효율적으로 만들어 주는 데는 매우 가치가 있지만 정보 전달 체계 안에서 어느 곳에서나 습관화(habitual)라는 문제를 만들어 낸다는 문제가 있다. 이런 문제들은 '자기(self)'감이나 '나(me)' 그리고 '원하는 나(how I am)' 같은 부분에 문제를 만들어 낸다. 전달 과정의 이런 습관화된 양상들이 자동화가 되어 버리면 생각, 감정 및 세상과의 상호작용에 있어 이런 습관적인 반응들이 연합하여 좀 더 고위 차원의 특정 양상을 형성하게 되는데, 우리는 이것을 '성격'이라고 부른다.

인지와 감정에 대한 연구의 이러한 발전은 인지치료와 행동치료적 접근의 효과라는 관점에서 볼 때 엄청난 영향을 미쳤고 또 매우 생산적이었다. 그러나 연구들이 진행되어 가면서 점차적으로 무언가 다른 요소들이 있음을 알게 되었다. 특히 우리는, 사람들이 자신들의 왜곡된 처리과정에 '반응(react)'하는 방식은 반응이 유지되고 더 강화되는가, 아니면 소멸되고 약화되는가에 의해 결정이 된다는 것을 알기 시작하게 되었다. 그러니까 감정적 문제들이 종종 주의력, 기억, 판단력 혹은 도식에 있어서의 문제에 의해서만이 아니라 이런 문제들을 다루거나 '작동하도록(come on line)' 시도하는 과정에 의해서도 유지된다는 것을 알게 되었다는 것이다. 이들 중 두 가지 과정이 주요 과정으로, 그중 하나는 문제를 정교화해서 어떤 것에 빠져들게 하거나 아니면 반추하게 만드는 경향성이고, 다른 하나는 문제를 피하거나 억압하고 밀어내는 경향성이다. 이들 경향성을 다루는 것은 인지 및 행동적 접근 안에서는 항상 은연중에 이루어지는 것으로 여겨져 왔지만, 이런 반추에 빠지거나 회피적인 처리과정에 대해 알아차림의 능력을 증가시키는 것이 이들을 다루는 보다 명백한 방법을 발견하려는 시도에 있어 새로운 접근 방법으로 받아들여지고 있다.

마음챙김적 훈련이 이런 접근 중 하나이다. 이것은 우리를 순간순간의 경험(내적이거나 혹은 외적인)에 어떻게 머무를 수 있는가를 배울 수 있게 해 주고, 그다음에 마음이 정교화나 회피를 어떻게 따라잡을 수 있는지를 명확하게 볼 수 있도록 도와준다. 이런 훈련을 통해 점차적으로 우리는 알아차림을 확장시켜 나갈 수 있고, 그렇게 되면 우리는 문제들이 우리가 원하는 대로 이루어지지 않을 때 **마음의 전체 양식(a whole mode of mind)**이 어떻게 활성화되는지 알 수 있게 된다. 그리고 많은 상황에서는 그렇게 유용했던 이 '행동(doing)' 양식이 우리를 힘들게 하고 파괴적인 감정들을 다루기 위해 우리가 최선을 다하는 데 있어 도움이 되지 않는다는 것을 알 수 있게 된다. 마음챙김 훈련을 통해 마음이 움직이는 양상을 좀 더 명료하게 볼 수 있게 됨으로써 우리는 우리에게 필요한 행동을 선택하는 데 좀 더 나은 능력을 가질 수 있게 된다. 우리에게 좀 더 마음에 공간을 가지고 있다는 느낌이 나타나게 되면 좀 더 큰 능력의 지혜를 가질 수 있게 되고 자신과 다른 사람들에 대해 더 깊은 연민을 느낄 수 있게 된다. 반추와 회피를 좀 더 기술적으로 다루는 데 초점이 맞추어져 있는 새로운 치료적 접근법과 수용, 전념 및 연민을 촉진시키는 치료적 접근 및 마음챙김적 접근법이 함께 작용하여 우리가 감정에 대해 생각하는 방식에 변화를 가져오게 하고, '마음 안에 폭풍(storms in the mind)'이 거세게 날뛸 때 그리고 우리의 조절에서 벗어나 있다고 보일 때 우리가 원하는 것이 무엇인지에 대해 생각하는 방식에 변화를 가져오게 한

다. 임상실험 결과 마음챙김적 접근은 감정적인 문제들을 완화시키
는 데 큰 효과를 가지고 있다는 것이 증명이 되었고, 따라서 이 책은
이런 상황에 있는 사람들에게 무엇이 가장 도움이 되는 것인가를 명
료화하기 위한 중요한 다음 단계인 것이다.

마크 윌리엄스(Mark Williams)*

감사의 말

이 책은 다른 많은 연구자들과 임상가들에 의해 이루어지고 또한 발전된 통찰을 포함하고 있다. 우리는 특히 시갈, 윌리엄스 및 티스데일(Segal, Willimas, & Teasdale)에게, 그들의 책인 『우울증에 대한 마음챙김에 근거한 인지행동치료』(2002)로부터 몇 가지 연습을 사용할 수 있도록 허락해 준 것에 대해 감사를 표하고 싶다. 그 연습들을 이 책의 목적에 맞도록 약간 변화를 시켜 적용하였다. 또한 우리는 자신의 책 『감정 연금술』(2001)에서 자료들을 편집할 수 있도록 해 준 베네트 골드만(Bennet-Goldman)에게도 감사를 드린다. 우리는 영어판으로 편집해 준 수전 심프슨(Susan Simpson)에게도 감사드린다.

마지막으로, 그들 자신들이 무엇으로 어떻게 관찰하고 있는가를 마음챙김적으로 관찰할 수 있도록 우리에게 아주 많은 기회를 준 우리 환자들에게 감사를 드린다. 그들의 직·간접적인 해석 중 많은 부분이 이 작업 속에 녹아 있다.

미첼 반 브레스비크(Michiel van Vreeswijk)

제니 브로에르센(Jenny Broersen)

젤 슈린크(Ger Schurink)

차 례

1부 이론적 배경

서론 19

도식치료 23

문제점   119

결론   133

3부 참가자 연습지

참가자 연습지   157

4부 청취 파일 목록

*이 책에 수록된 마음챙김 도식치료 훈련 프로그램 청취 파일은 학지사 홈페이지 (http://hakjisa.co.kr)의 '도서 안내 → 도서 상세정보 → 도서자료'에서 내려받을 수 있습니다.

1부

이론적 배경

서 론

성격적인 문제를 가진 환자들은 종종 지나친 감정 혹은 역으로 정서의 결핍으로 인해 영향을 받는다. 도식치료는 이런 감정을 도식 및 양식의 유발과 연결시켜 주는 것이다. 인지-행동 치료적 기법, 경험적 기법 및 제한된 재부모노릇하기(limited reparenting)와 같은 대인관계적 기법의 사용을 통해 환자는 자신의 감정이 가지는 새로운 의미를 어떻게 부여해야 하는지를 배우고, 그 감정에 새로운 방식으로 어떻게 접근해야 하는가를 배우게 된다. 점차적으로 도식치료는 치료기법 목록 안에 마음챙김 기법들을 포함하기 시작하였다(Arntz & Van Genderen, 2009; Van Veeswiijk, Broersen, & Nadort, 2012; Young, Klosko, & Weishaar, 2003). 이 마음챙김 기법들은 형태상으로는 경험적 기법으로 여겨진다. 현재까지 도식치료에서 마음챙김을 위한 훈련 실시요강(protocol)은 만들어지지 않았다. 그러나 이런 훈련법이 포함된 기법이 다양한 정신장애의 치료에 적용되어 왔고 괄목할 만한 성과를 거두어 왔다.

이 실시요강은 도식 및 양식과 싸우고 있는 환자들에게 마음챙김 훈련을 제공하기 위한 명확한 지침을 포함하고 있다. 이 연습의 핵심은 주의력의 기술을 키우는 것이다. 환자들로 하여금 도식과 양식이 작동되는 것을 관찰하는 일을 연습하도록 격려하고, 이들이 행동에 자동적으로 어떤 영향을 주는지 알아차릴 수 있도록 격려한다. 환자들로 하여금 도식이나 양식이 작동하는 방식을 변화시키려 하기보다는 도식과 양식에 대해 알아차림을 증진시키는 데 초점을 맞추도록 훈련시킨다. 주의력을 집중해야 할 또 다른 영역으로는 감정, 신체적 감각 및 도식 대처 기전에 대한 관찰이 포함된다.

실시요강은 여덟 번의 치료회기와 두 번의 추적회기로 이루어진 포괄적인 프로그램으로 구성되어 있다. 이것은 훈련이 집단 상황에서 이루어질 것을 가정해서 만들어졌으나 개인 치료적 상황에서도 그대로 쉽게 적용이 될 수 있다. 학지사 홈페이지(http://hakjisa.co.kr)의 '도서안내 → 도서 상세정보 → 도서자료'에서 환자들은 이 책에서 제시되는 마음챙김 훈련 청취 파일을 구할 수 있다. 우리는 이것을 듣기를 권고하는데, 그 이유는 참가자들이 집단 만남 밖에서 자신들만의 시간을 가지고 연습을 했을 때가 더 효과적이었다는 것을 보여 준 경험에 근거하고 있다.

어떤 환자들에게는 이 실시요강이 이미 진행하고 있는 기존의 치료(도식치료)와 함께 이루어질 수 있을 것이다. 또 아직 치료를 시작하지 않은 다른 환자들에게 도식과 양식에 대한 알아차림을 훈련하는 것은 치료를 준비시키는 역할을 해 줄 것이다. 어떤 환자들은 마음챙김 훈련을 받고 난 뒤에 치료가 더 필요하지 않을 수도 있다. 이런 경우는 비교적 고통의 수준이 경미한 경우이거나 치료에 대한 동기가 제한적인 경우에 그럴 수 있다.

이 책에서는 환자(patient)라는 용어와 함께 참가자(participant)라는 용어를 사용하고 있다. 마음챙김 훈련 실시요강을 서술하고 있는 장에서는 의도적으로 참가자라는 용어를 사용하였고, 그렇지 않은 장에서는 환자라는 용어를 사용하였다. 이런 구분은, 환자는 훈련을 신청한 사람들이고 참가자는 훈련에 참가한 사람들이라는 기능적인 구분에 근거하여 이루어졌다. 같은 이유에서 치료자(therapist)라는 용어는 실시요강을 다루는 장에서는 훈련가(trainer)라는 용어로 대체되었다.

우리는 성격장애나 도식치료 문헌에 대해 깊이 있는 논의로 들어가지 않을 것이다. 왜냐하면 이런 주제에 대한 논의는 다른 책들(Van Vreeswijk, Broersen, & Nadort, 2012)에서 이미 충분하게 이루어졌기 때문이다. 집단 역동이라는 주제에 대해서도 우리는 논의하지 않으려 한다. 집단에 근거한 치료에 대한 경험과 성격장애에 대한 훈련이 이 자료들을 집단 상황에 적용하려는 사람들에게는 핵심적인 것이 된다는 정도로만 말을 해 두겠다. 이와 함께 우리는 마음챙김에 근거한 인지행동치료에 대한 훈련 및 시갈, 윌리엄스 및 티스데일(Segal, Williams & Teasdale, 2002)이 저술한 『우울증을 위한 마음챙김에 근거한 인지치료』라는 책을 추천한다.

이 실시요강은 심한 성격장애를 가진 환자인 경우라도 도식치료 시에 마음챙김적인 기법들을 적용했더니 좋은 결과를 보여 주었고, 이런 긍정적인 경험이 동기가 되어 만들게 되었다. 치료 전후를 비교하는 연구와 무작위 대조군 연구가 현재 진행 중이고 결과들이 앞으로 나올 논문에 게재될 예정이다.

'마음챙김과 도식치료 훈련하기'에 참가하기 전에 샹탈(Chantal)은 갑작스럽게 관계가 깨어지거나, 아니면 충동적인 자기손상을 가한 후에 다진료센터나 위기센터에 자주 방문을 하였다.

훈련 첫 회기 동안 샹탈은 이 프로그램이 너무 지루하다고 이야기 하였다. 치료결과가 그녀에게는 빨리 느껴지지 않았다. 훈련가는 샹탈에게 순간순간 그녀가 느끼는 것, 생각하는 것 그리고 행동으로 연결될 것 같은 충동에 자신의 초점을 새롭게 맞추고, 이렇게 반응하려는 자신의 경향성에 저항해 보는 연습을 해 보자고 제안하였다. 치료가 진행이 되면서 그녀가 울었다고 보고하는 횟수가 줄어들었고 추적기간 동안에는 거의 없어졌다. 비록 그녀가 자료 전부를 지속적으로 연습하지는 않았지만, 샹탈은 이제 훈련이 큰 의미를 가지고 있다고 여기게끔 되었다. 그녀는 자신의 도식과 양식이 작동되는 것을 더 알아차릴 수 있게 되었고, 이것들이 자신을 어떻게 자동항법(automatic pilot) 상태로 가져다 놓는지를 알게 되었다. 도식/양식을 인식하고 확인하는 법을 배우게 됨으로써 그녀는 마음챙김적인 의사결정을 할 수 있는 더 큰 능력이 생기게 되었고, 자동적이고 충동적인 행동의 양을 줄일 수 있게 되었다.

도식치료

도식치료는 성격문제, 그리고/혹은 만성적인 '축 I 장애'를 가진 환자들을 위한 통합적인 정신치료이다. 이 치료는 제프리 영(Jeffrey Young) 박사에 의해 만들어졌는데(Young, Klosko, & Weishaar, 2003), 이 치료 안에는 인지–행동치료, 대인관계 정신치료, 게슈탈트치료, 정신역동치료로부터 기원한 이론과 기법들 및 애착 이론이 녹아들어 있다(Arntz & Van Genderen & 2009; Van Vreeswijk, Broersen, & Nadort, 2012; Young et al., 2003).

도식과 양식의 정의

도식치료는 도식과 양식의 개념을 이용한다. 도식은 사람들이 자기 자신과 다른 사람들 그리고 자신을 둘러싸고 있는 환경을 지각하는 방식을 보여 주는 것으로 간주된다. 이들은 특히 아동기를 경험하는 동안 만들어진 기억 속에 깊게 새겨진 감각적 지각, 감정 그리고 행동들에 의해 만들어진다(Arntz, Van Genderen, & Wijts, 2006; Rijkeboer, Van Genderen & Arntz, 2007; Young et al., 2003).

도식은 성격의 **특성**(trait)적 양상으로 볼 수 있는 반면, 양식은 **상태**(state)적 양상으로 간주된다. 양식은 그것이 적응적이든 아니면 비적응적이든지 간에 어떤 특정한 순간에 보인 도식과 행동의 혼합물이다(Lobbestael, Arntz, & Van Vreeswijk 2007; Young et al., 2003). 또한 양식은 각 개인들이 짧든 길든 간에 일정 기간 동안 유지하고 있는 기분으로도 볼 수도 있는데, 이는 순간적으로 대체되거나 바뀔수가 있다.

현재까지 19개의 도식과 13개의 양식이 확인되어 있다(개괄: 〈표 2-1〉, 도식과 양식에 대한 기술: 부록 Ⅱ-B의 환자 폴더 참고).

〈표 2-1〉 도식과 양식

19개 도식	20개 양식
감정적 박탈	취약한 아동
유기/불안정	화난 아동
불신/학대	분노한 아동
사회적 고립/소외	충동적 아동
결함/수치심	훈련되지 않은 아동
사회적 비바람직성	행복한 아동
실패	순응적 굴복자
의존/무능력	분리된 방어자
위험과 질병에 대한 취약성	분리된 자기위로자
지나친 결합/미성숙한 자기	자기과장자
복종	괴롭힘과 공격

자기희생	처벌적 부모
인정추구*	요구적 부모
감정적 억제	건강한 성인
지나친 기준/과잉비판	화난 방어자**
부정/염세주의*	강박적 과잉-조절자**
처벌*	편집증**
권한/과대성	사기꾼과 조종**
부족한 자기통제/자기훈련	약탈자**
	관심-추종자**

* 이들 도식들은 아직 도식 질문지(YSQ) 사용에서 확인할 수 없는 도식들이다.
** 이들 양식들은 도식 양식 설문지(SMI-1)에 아직 추가되지 않은 양식들이다.
출처 : Van Vreeswijk, Broersen, & Nadort, 2012.(Wiley의 허락하에 게재하였음.)

도식은 도식 질문지(the Schema Questionnaire : YSQ-2; Schmidt, Joiner, Young, & Telch, 1995)를 이용하여 평가할 수 있고, 양식은 도식 양식 설문지(the Schema-Mode Inventory: SMI-1; Young et al., 2007)를 이용하여 평가할 수 있다.

도식과 양식은 다양한 도식 대처 행동을 통해 유지되는데 여기에는 3개의 특징적인 대처 방식이 있다고 알려져 있다. 도식 회피, 도식 과잉보상 및 도식 굴복이 그것이고 이에 대한 정의는 다음과 같다.

도식 회피

사람들은 도식과 관련된 생각이나 이와 연관된 감정의 경험을 피하기 위해 도식이 유발될 수 있는 상황을 만들지 않으려 하거나 혹은 관심을 돌리려 한다. 예를 들어, 유기/불안정 도식을 가지고 있는 사람의 경우에 대인관계상의 유대 관계는 나중에 버려질 가능성을 포함하고 있기 때문에 다른 이들과의 애착을 형성하는 데 적극적이지 않을 수 있다. 이런 사람들은 과거에 경험했던 유기를 기억하게 하는 상황들을 필사적으로 피하려 할 수 있는데, 이 결과 그들 기억과 연결되어 있는 감정들이 기억과는 멀어진 채 남아 있게 된다.

도식 회피

브람(Bram)은 삶에서 많은 상실로 고통을 받아 왔다. 다섯 살에 부모가 이혼한 후 곧바로 브람의 어머니가 유방암으로 돌아가셨다. 그의 아버지는 즉시 새로운 사람을 사귀기 시작했고, 브람은 보모와 함께 자주 외롭게 남겨지게 되었다. 브람은 그의 여자 친구가 예기치 않게 그를 떠나가게 된 후에 치료를 시작하게 되었다. 3개월의 치료 기간이 지난 후 그의 여자 치료자는 앞으로 6주간의 휴가를 가게 될 것이라고 이야기하였다. 브람은 다음 치료시간에 나타나지 않았다. 그는 치료자에게 알리지 않고 그 이후에도 몇 번의 치료시간에 참석하지 않았다. 그는 전화도 받지 않았고, 그녀는 휴가를 떠나기 바로 전날 그로부터 이메일을 받았다. 이메일에서 브람은, 나중에 다시 연락을 하겠지만 지금은 치료가 자신에게 너무 큰 스트레스를 준다고 이야기하였다.

도식 과잉보상

어떤 사람은 도식에 저항하기 위해 반대의 행동을 보여 준다. 지나친 기준/과잉비판 도식을 가진 사람은 완벽해지려고 발버둥을 치는 대신에 게을러지거나 충동적이 될 수 있고 더 나아가 혼돈을 즐기자고 주장할 수도 있다.

도식 과잉보상

　에리카(Erica)는 의심할 여지없이 성실한 사람이다. 다른 사람들도 그녀가 지나치게 성실하다고 생각한다. 에리카는 직장에서 자신의 동료들이 무능력해 보이면 짜증이 늘고, 이럴 때마다 일을 하는 것이 힘들다고 반복적으로 느껴져서 치료를 받으러 왔다. 증례 개념화를 준비하는 동안에 에리카가 자신과 남들에게 지나치게 높은 기준을 부여하고 있다는 것이 명백하게 드러났다. 이것이 그녀가 직장에서 겪는 문제의 이유 중 하나였다. 치료자는 문제에 개입되고 있는 추가적인 도식이 있을 것이라는 가정을 했고, 그것을 찾아 가자고 제안을 했다. 에리카는 빨리 일로 돌아가야 한다고 생각했기 때문에 회사의 담당 의사에게 자신이 회복되었다는 통고를 하고 일로 복귀했다. 그녀는 일을 급하게 처리하게 되어 자신의 서류를 집에 두거나 열차에 두고 내리는 일이 잦아졌으나, 자신은 자신의 부주의에 대해 걱정하지 않는다고 주장을 하였다. 다음 치료회기에 에리카는 우울하고, 자기비난에 차 있고, 절망적으로 보였다. 그녀의 상사는 그녀의 칠칠하지 못함에 대해 꾸짖었고, 그녀는 다시 아파서 결근을 하겠다고 전화를 하게 되었다. 그녀는 자신이 건강하지 않다는 것이 진저리가 날 정도로 싫었기 때문에 치료자가 서둘러 주고 특별한 조언을 해 주기를 바랐다.

도식 굴복

　어떤 사람은 자신의 도식과 일치하게 행동을 한다. 그는 시종일관 도식에 따라 생각하고, 행동하며 이에 따라 감정을 느낀다. 예를 들어, 자기희생 도식이 유발되면 대처 전략으로 도식 굴복에 따라 움직이는 사람은 자기 자신의 요구나 욕망보다는 남들의 요구나 욕망을 우선에 두어야 한다고 느끼게 될 것이다.

도식 굴복

알렉스(Alex)는 자신의 치료자에게 다음과 같은 이야기를 하였다. "어제는 제 여자 친구가 저에게 음식 재료를 사서 저녁을 준비해 줄 수 없냐고 부탁을 했습니다. 그래서 저는 제 상사와의 만남까지도 재조정하여 일을 일찍 끝냈습니다. 제 여자 친구가 하루가 어땠느냐고 물었을 때 저는 그녀에게 모든 게 좋았다고 이야기했습니다. 저는 그녀에게, 음식 재료를 사러 가야 하기 때문에 제 상사와의 만남을 미루어서 제가 준비하고 있는 판촉 행사에 대해서 들은 것이 없다고 이야기했습니다. 그랬더니 갑자기 제 여자 친구가 매우 화를 냈습니다. 그녀는 제 상사와 약속을 취소한 것이 너무 바보 같은 짓이라고 이야기했습니다. 그녀는 저에게, 당신은 왜 항상 다른 사람들의 일로 바쁘냐고 이야기하면서 당신 자신을 위해서는 그렇게 하지 않는 것 같다고 이야기했습니다. 저는 너무 놀라서 그녀를 바라보고 있을 수밖에 없었습니다. 그녀가 저에게 음식 재료를 사러 가라고 이야기하지 않았던가요? 그래서 그렇게 했을 뿐인데 무엇이 잘못된 것이지요?"

사람들은 다양한 대처 전략을 사용할 수 있다. 도식치료에는 유발되는 도식과 양식을 호전시키고 특정한 도식 대처 양식들이 좀 더 자동적으로 개입되지 않도록 치료하는 것이 포함된다.

도식 기법들

도식치료[1]는 몇 개의 치료 양식들로부터 가져온 다양한 기법을 포함하고 있는 통합적인 접근을 하는 치료법이다.

도식치료의 핵심은 **제한된 재부모노릇하기**라는 전략이다. 치료적 동맹은 초기 애착관계에서 기인한 도식이나 양식에 대한 교정적인 효과를 가져오게 할 수 있다. 치료자는 능동적이고 치료기간 내내 솔직해야 한다. 치료의 핵심요소에서는 신중하고 현명한 자기노출, 치료적 동맹에 대한 논의 및 이런 관계에서 활성화되는 도식과 양식의 발견 등이 포함된다.

도식치료의 다른 중요한 기법들에는 도식 그리고/혹은 양식에 초점을 맞춘 증례 개념화를 완성하는 것과, 이들의 활성화나 작동을 알아차리는 힘을 키울 수 있도록 자극을 하는 도식 및 양식 일지를 쓰는 것도 포함이 된다.

도식과 양식이 적절한가는 인지적 개입을 통해서도 확인이 가능하다. 인지적 기법의 예에는 득과 실 따지기, 파이 차트, 다차원적 평가, 자료 수집하기 및 도식을 고발하고 변호하는 법정기법의 사용 등이 포함이 된다.

다른 유형의 개입은 행동적 기법을 시행하는 것이다. 예를 들어, 역할 놀이 연습이 지금-여기를 알아차리게 하는 데 도움이 될 수 있다. 환자에게 도식이나 양식이 전형적으로 활성화되는 상황을 실연해 보라고 요청할 수 있다. 역할 놀이 연습의 첫 번째 회기에서 짐작이 가는 도식이나 혹은 양식이 유발될 수 있게 상황을 가상으로 만들어 볼 수 있다. 특정 도식 행동이 일어나 이에 특별히 주의를 기울인 다면 이는 환자에게 감정적 경험을 위한 충분한 공간을 제공해 줄 것 이다. 그런 다음 환자로 하여금 다음 단계의 역할 놀이 연습을 반복 하게 하는데, 이번에는 건강한 성인의 관점에서 반응을 하도록 시도 를 하게 한다.

경험적 개입은 도식과 양식이 발전하는 데 기여했던(어린 시절) 상 황과 연관된 감정을 경험하거나 표현할 수 있도록 준비되어 있다. 도식치료에서의 경험적 기법에는 이전 사건에 대한 역할 놀이 연습 (historical role play exercise), 의자 작업 기법, 심상 훈련, 표현치료(예: 정신운동치료, 시각 및 연극치료기법) 및 도식 마음챙김에 기반한 인지 치료(sMBCT) 등이 포함된다. 이전 사건에 대한 역할 놀이 연습을 하 게 되면 환자가 아동기 상황에 노출되는 것을 고려해야 하는데, 이와 함께(흔히는 부모가 되겠지만) 다른 사람의 경험도 함께 이루어지게 된 다(역할 전환을 통해서). 이 결과, 환자는 상황에 보다 적절하게 반응 하는 방법을 배우게 되는 것이다. 환자를 지지해 주고 자신의 요구와 욕망을 표현할 수 있도록 도와주는 건강한 성인 양식은 환자가 특정 한 상황에 대해 좀 더 적절하게 반응할 수 있는 방법을 얻을 수 있도 록 해 주는 데 주된 역할을 해 준다.

다중-의자 기법에서 환자는 각각 다른 의자에 자신 각각의 양식 을 지정한다. 이렇게 하는 것이 정신 내적인 접촉을 촉진시킨다. 환 자가 특정 양식으로 들어가는 바로 그때에 치료자는 그 양식을 의자 에 앉도록 해서 건강한 성인의 관점에서 그것을 이야기하도록 지시 한다. 이런 공간적 접근이 환자의 취약한 측면에 대한 일종의 공간을 제공해 주어 잘 통제된 환경하에서 자신의 기본적 요구를 마주할 수 있게끔 허용해 준다.

심상은 환자에게 안정한 공간을 만들어 주는 데 사용된다. 심상은 다시 쓰기(rescripting) 과정에도 사용된다. 이런 경우 환자에게 특정 도식과 연관된 기억들을 떠올리도록 요청한다. 일단 특정 기억이 마음속에 장면으로 떠오르면, 예를 들어 다정하게 돌봐 주는 할머니와 같은 건강한 성인의 심상을 그 장면에 들어가게 한다. 그런 뒤 이런 심상 속의 성인은 환자의 취약한 아동 부분을 도와주거나 혹은 취약한 아동이 기억이지만 심상 안에서 일어나고 있는 상황에서 타협할 수 있도록 무엇이든 필요한 것을 제공해 준다.

예술치료적 접근(Haeyen, 2007)도 이와 유사하게 비언어적 기법을 이용해서 도식과 양식을 변형시키는 데 도움을 주기 위해 적용이 될 수 있다. 도식치료에 있어 마음챙김적 기법과 함께 예술치료적 접근은 최근에 와서 이 분야에서 더욱 발전된 분야이다.

도식치료의 연구 소견들

경계성 성격장애 환자들을 치료하는 데 있어 도식치료의 효과는 도식치료와 일종의 정신 역동적 치료(전이에 초점을 맞춘 치료, TFP)와의 비교를 통한 무작위 대조군 연구(Giesen-Bloo et al., 2006)를 통해 보인 바 있다. 이 두 가지 유형의 치료법이 경계성 성격장애의 치료에 모두 효과적으로 보이지만 도식치료를 받았을 때 완전 회복한 환자의 수가 더 많았고, 치료탈락률도 더 낮았으며, 더 높은 비용 효율성을 보였다(Giesen-Bloo et al., 2006; Van Asselt et al., 2008). 나도르트

(Nadort)와 동료들은 연구(제출중인 논문)에서 외래 상황의 경계성 환자들에 대한 도식치료의 효과(비용)에 미치는 영향에 대해서 조사를 실시하였다. 바멜리스, 에버스, 스핀호벤 및 아른츠(Bamelis, Evers, Spinhoven, & Arntz, 2014)는 다른 성격장애 환자들에 대한 도식치료의 효과에 대해 연구를 하였다. 몇몇 장애들에 있어 도식치료를 집단치료적 상황에 적용하는 연구들도 진행되고 있다(Farrel, Shaw, & Webber, 2009; Renner et al., 2013; Simpson, Morrow, Van Veerswijk, & Reid, 2010; Van Vreeswijk, Spinhoven, Eurlings-Bontekoe, & Broersen, 2012). 도식치료에 대한 연구 문헌들에 대한 최신 개관을 보려면 반 브레스비크, 브로에르센 및 나도르트(Van Vreeswijk, Broersen, & Nadort, 2012)의 논문을 보면 된다.

도식치료의 발전

도식치료의 지속적인 발전은 경계성 성격장애 환자들에 대한 도식치료의 효과에 대한 무작위 다기관 연구결과 발간에 의해 촉진되고 있다(Giesen-Bloo et al., 2006). 도식치료는 관계치료에도 적용된 바 있고(Atkinson, 2012; Van Vreeeswijk et al., 2012), 청소년(Geerdink, Jongman, & Scholing, 2012; Renner et al., 2013) 및 법적인 상황에 있는 환자들(Bernstein, Arntz, & De Vos, 2007)에게도 적용된 바 있다. 이 치료는 예술치료사들에 의해서도 점차 사용이 증가되고 있다(Haeyen, 2006, 2007).

📖 참고

1. 도식치료 기법에 대한 포괄적인 기술을 보고 싶다면 참고문헌(Arntz &
   Van Genderen, 2009; Van Vreeswijk, Broersen, & Nadort, 2012; Young,
   Klosko, & Weishaar, 2003)을 참조하라.

마음챙김

마음챙김은 현재에 일어나는 생각과 감정을 지켜보고 허용하는 것을 포함하는 마음상태이다. 이것은 직접적인 주의력 훈련을 통해서도 배울 수 있고, 이미 존재하는 치료방법의 일부로 통합될 수도 있으며, 많은 심리적인 문제들의 훈련 프로그램에도 적용될 수 있다.

마음챙김을 실행에 옮기는 것의 핵심은 오래되고 뿌리 깊은, 그리고 자동적인 감정적 반응 양상이 일어날 때 그것을 알아차리는 능력을 만들어 내고 키우는 것이다. 이 과정은 감정 양상에 대한 신체적 반응에 대한 주의력에 초점을 맞추는 것을 필요로 한다. 알아차림으로 반복적으로 돌아가는 것과 이런 양상을 허용하는 것은 점진적으로 수용을 가져오도록 연결이 되고 행동 적응과 조절을 위한 공간을 만들어 준다. 연습을 통해 환자들은 이 기술을 자신의 심리적 증상에 적용하는 법을 배울 수 있다.

이것은 일반적인 예를 통해 보일 수 있다. 당신을 비난하는 누군가를 상상해 보아라. 아마도 즉각적으로 당신은 불쾌한 긴장감을 느끼

게 될 것이다. 가슴이 답답해지고 맥박이 쿵쾅거리면서 당신의 마음
에서 생각들이 소용돌이치기 시작할 것이다. 당신이 진짜로 이야기
하고 싶은 것이 무엇이든 그것을 참고 있으면 몸이 뜨거워지고 얼굴
이 달아오르기 시작할 것이다. 몇 시간 후에도 그 일은 끝이 나지 않
고 지속된다. 당신은 일들이 일어난 순서 혹은 당신이 했어야만 했는
데 그렇게 하지 못했던 말 또는 다음에 어떤 방식으로 다르게 대응할
지에 대해 꼼꼼히 되씹고 있을 것이다.

　마음챙김은 당신에게 이런 종류의 자동적 양상들을 알아차릴 수
있게 도움을 준다. 당신은 당신 머리에서 반복적으로 떠오르는 "나
는 쓸모없는 인간이야.", "나는 자신감이 없어." 혹은 "나는 무기력
해."와 같은 이야기들을 알아차릴 수 있게 배울 수 있다. 당신은 당신
의 몸에서 일어나는 감각들이 자신이 원치 않는 감각들이라는 것을
알아차릴 수 있고 당신의 생각과 행동 중 많은 부분이 이런 불쾌하고
고통스러운 감정을 제거하려는 데 초점이 맞추어져 있다는 것을 깨
닫게 된다.

　우리는 끊임없이 **행동 양식** 안에 있다. 우리는 항상 바쁘게 어떤
목적을 향해 생각하고 행동한다. 명상은 우리에게 **존재 양식**으로 들
어가 그곳에 머무르라고 가르친다. 우리는 우리가 원치 않는 것을 포
함하는 모든 경험과, 마치 습관처럼 그리고 충동적으로 반복하는 경
험들을 허용하도록 배운다. 이런 과정을 통해 우리의 오래되고 뿌리
깊은 반응 양상들은 힘을 잃게 되고, 우리는 다르게 반응할 수 있는
자유를 얻게 되는 것이다.

마음챙김에 기반한 치료방법들의 기원

이 책에서 제시해서 논의하는 마음챙김 훈련은 마음챙김에 기반한 인지치료(MBCT)에 출처를 두고 있다. 1995년에 시작한 MBCT는 재발성 우울증 환자집단을 위한 훈련 프로그램으로 개발되었다. 최근에 이것은 개인치료 형태로도 점차 더 적용되고 있고, 다른 유형의 장애들로 치료가 더 확대되어 가고 있다(Teasdale, Segal, & Williams, 1995).

서구사회에서 치료적 접근으로서 명상에 대한 관심은 1960년대에 나타나기 시작했다(Germer, 2005). 존 카밧진(John Kabat-Zinn)이 이 분야에 선구자적인 역할을 했는데 그는 통증과 정신, 신체적 증상을 가지고 있는 환자들을 대상으로 의학적 상황에서 이런 유형의 명상을 적용하였다. 마음챙김에 기반한 스트레스 완화 프로그램(MBSR, Kabat-Zinn, 1990)이라고 불리는 카밧진의 치료법은 8주간 일주일에 3시간의 치료시간으로 구성된 강력한 마음챙김 훈련 프로그램으로 이루어져 있는데, 이를 통해 환자들은 요가훈련을 비롯해 다양한 명상 기법들을 배운다.

티스데일 등(Teasdale et al., 1995)도 또한 이 분야에 개척자적인 작업을 하였다. 재발성 우울증을 치료하는 데 성공적인 체계가 없다는 사실은 그들에게 마음챙김에 기반한 인지치료(MBCT)를 개발하게 하는 동기가 되어 주었다. 그들은 3회 이상의 우울삽화를 가진 과거력이 있는 환자들에게 재발을 방지하는 데 도움이 될 수 있도록 MBSR과 인지행동치료 기법을 통합하였고, 이 프로그램은 긍정적인 결과를 보여 주었다. 치료 후 60주간의 추적기간 동안 기존의 치료를 받았던 대조군과 비교할 때 우울증 재발률이 거의 반으로 감소되었다 (Ma & Teasdale, 2004; Teasdale et al., 2000).

이런 초기 연구결과들은 마음챙김 기법의 잠재적인 적용 효과에 대해 낙관적인 기대감과 폭발적인 관심을 가져오게 하였다. 마음챙김에 관한 수백 권의 대중적인 책이 출간되었고 질적 연구, 대조군을 이용한 임상연구 및 신경과 연구에 이르기까지 다양한 주제를 망라하는 마음챙김에 기반한 치료에 대한 연구 문헌들이 늘어났다. 블랙 (Black, 2013)은 과학적 논문의 수가 매년 늘어 2002년에는 20편이었던 것이 2011년에는 397편으로까지 늘었다는 것을 보여 주었다. 이들 연구 중 많은 수가 마음챙김에 기반한 치료적 개입이 긍정적인 효과를 가지고 있다는 것을 보여 주었다.

임상실제에서 마음챙김의 성공은 치료방법론에 있어 새로운 모형 (paradigm)의 출현과 일치한다. 이런 발전은 행동치료의 제3세대를 확실하게 구분한 헤이스(Hayes, 2005)에 의해 아주 잘 설명되었다. 제1세대는 행동치료의 시작을 이야기한다. 이 치료는 고전적 조건화와 조작적 조건화와 같은 학습의 심리학적 원리를 강조하는 것이 특징이다. 심리학에 있어 인지적인 혁명이 일어나 이것이 두 번째 세대인 인지-행동치료로의 길을 열었다. 이 치료의 기본적인 가정은 심리적 문제가 특정한 인지적 기능이나 도식의 장애에 의해 일어나거나 지속된다는 것이다. 따라서 치료는 비적응적인 행동을 제거하거나 이에 대한 조절을 얻기 위해 역기능적 사고를 변화시키는 것에 맞추어져 있다. 제3세대 치료는 역기능적 사고, 감정 및 행동의 변화에는 크게 관심이 없는 대신 이들에 대한 그 사람의 태도(attitude) 변화에 초점을 맞춘다. 이 '제3의 물결'은 현재 치료의 효과가 검증되어 있고 마음챙김이 치료에서 중요한 역할을 하고 있는 4개의 완전한 기능적인 치료 체계로 이루어져 있는데, 마음챙김에 기반한 스트레스 감소 프로그램(MBSR), 마음챙김에 기반한 인지치료(MBCT), 변증법적 행동치료(DBT) 및 수용전념치료(ACT)가 바로 그들이다.

위의 치료들을 제외하고도 몇 개의 마음챙김에 기반한 치료중재법(mindfulness-based intervention)들이 있고, 마음챙김이 인지행동치료에 통합되어 있는 치료 실시요강(protocol)들도 있다. 시갈(Segal), 윌리엄스(Williams) 및 티스데일(Teasdale)은 마음챙김에 기반한 치료 프로그램이 치료 전문가들 사이에서 커다란 변화를 이끌어 내게 될 것이라고 예언한 바 있다. 이들의 예언은 그들이 상상했던 것보다 더 정확했다. 그 권위 있는 책 『우울증을 위한 마음챙김에 기반한 인지치료』(2013)라는 책의 개정판인 제2판에서 저자들은 아주 많은 신체 및 심리적 문제의 치료에 마음챙김의 사용에 대한 관심이 상상할 수 없을 정도로 폭발하고 있음을 지적하고 있다.

정의

MBCT의 관점에서 간단하게 이야기하자면, 마음챙김은 (a) 경험하고 있는 모든 것(감각에 대한 지각, 생각 및 감정)을 지켜보는 것, 그리고 (b) 생각(분석, 계획, 상상, 판단, 추론), 행동 및 행동하려는 충동(회피행동, 관심을 돌릴 것을 찾는 것)과 같이 경험하는 모든 것에 대해 자동적으로 반응하지 않고 허용하는 것으로 정의된다.

그러나 마음챙김이란 용어는 흔히 다른 방식으로도 사용이 되는데, 그래서 종종 혼란을 불러일으키기도 한다. 몇몇 정의가 존재하는데 그것은 그 용어를 사용하는 맥락에 달려 있다. 명상적 기법으로서(정규적인 마음챙김 명상), 마음의 상태로서(마음챙김적이 되는 것), 기질로서, 기술로서(마음챙김적 반응) 및 치료적 방법(치료적 적용)으로서 사용될 때 정의가 다르다.

구성상의 불명확함을 고려해서 마음챙김에 기반한 치료분야의 전문가들은 이 용어의 조작적 정의(operational definition)를 만들기 위해 합의체를 구성하였다. 비숍 등(Bishop et al., 2014)은 마음챙김을 기능적이거나 역기능적인 생각, 감정 및 행동이 어떻게 일어나는지를 이해할 수 있도록 해 주고, 여기에 더해 기능적인 면은 강화시켜 주며 역기능적인 면은 완화시켜 주는 데 목표를 둔 일련의 정신적 과정으로 기술하였다. 그들은 마음챙김의 조작적 정의가 다음과 같은 두 가지 요소에 근거를 두고 있다고 제안하였다. 첫 번째 요소는 주의력에 대한 자기-조절(self-regulation of attention)과 연관된 것으로서, 이것은 현재 순간에 떠오르는 감각적 경험과 정신적 사건에 주의력을 집중하는 것이 수반된다. 두 번째 요소는 경험에 대한 지향(orientation to experience)으로, 이것은 의도적인 판단이나 변화에 대한 바람 없이 모든 생각, 감정 그리고 신체적 감각에 대해 개방적이고 기꺼이 받아들여 수용하는 것을 이야기한다.

주의력에 대한 자기-조절

주의력을 모으는 것이 첫 번째 단계이다. 목적은 매 순간순간 의식적인 알아차림을 유지하는 것으로, 의식적인 알아차림은 생각이나 감각의 형태 그 자체로 나타난다. 이것은 광범위하고, 모든 유형의 주의력을 포함하기도 하며 혹은 신체의 감정 반응과 같은 특별한 현상에 초점을 맞추는 것을 의미하기도 한다. 지속적이고 일정한 집중력이 필요하다. 집중력을 돕기 위해 흔히 사용되는 방법은 호흡에 대한 알아차림에 집중하는 것이다. 따라서 호흡하기에 대한 경험이 주의력의 중심이 된다.

이 연습의 중요한 요소는 주의력이 분산될 때 그것을 인식해서 바로 알아차리려 하는 대상으로 되돌려 놓는 능력이다. 마음챙김에서 이루어야 할 핵심 기술은 습관적인 경향을 무의식인 반응으로 바꾸어 놓는 '자동항법'을 끄는 것이다(Segal, Williams, & Teasdale, 2002). 마음챙김은 효과적으로 메타적 알아차림(meta-awareness)을 증진시킨다. 메타적 알아차림이란 어떤 것에 대해 그 자체와 그것의 행동을 관찰할 수 있는 인간의 능력을 말하고, 거리를 두고 한 사람의 행동이나 상황을 심사숙고할 수 있는 능력을 말한다. 메타적 알아차림은 우리에게 자동항법을 수동적 조절로 전환할 수 있도록 도와준다.

경험에 대한 지향

마음챙김의 두 번째 요소는 생각, 감정 및 신체적 반응에 대해 개방적이며 수용적인 태도를 발전시키는 것이다. 수용은 불쾌함을 제한이나 평가 그리고 그것을 잡으려 하거나 저항하려 함 없이, 있는 그대로 존재할 수 있도록 허용할 때 나타날 수 있다. 이런 태도는 판단에 의해 행동하려는 우리의 일상적인 경향성에 반하는 것이다. 시갈, 윌리엄스와 티스데일(Segal, Williams, & Teasdale, 2013)은 이것을 **행동 양식**이라고 명명하였고, 뇌가 우리의 현재 상태와 원하는 상태 사이에 괴리를 발견했을 때 자동적으로 활성화되는 것이라 하였다. 이것은 불쾌한 생각이나 감정이 일어났을 때 가장 뚜렷해진다. 이 양식은 불편한 이유를 찾고, 지각된 문제에 대한 해결책을 찾아내고, 앞으로 생길 불편함을 피하기 위해 노력을 하게 만든다. 만약 좀 더 급박한 문제가 일어나 이것에 주의력이 집중되면 불쾌함을 사라지게 할 해결책이 만들어진 후에야 문제가 다루어지게 된다. 행동 양식과 연관된 중심 단어에는 분석하기, 판단하기, 평가하기, 해결하기, 성취하기, 실험하기, 계획하기, 목표를 추구하기, 조정하기 및 준수하기(obsessing) 등이 포함된다. 행동 양식은 실용적이고 기술적이며 지적인 과제에 잘 맞는데, 이것이 너무 뿌리 깊게 자리 잡고 있어 감정적인 문제를 다루는 데도 활성화가 된다.

감정이 개입될 때는 여러 면에서 행동 양식과 반대가 되는 **존재 양식**이 더 적절하다. 존재 양식은 비판단적이고, 허용적이며, 비투쟁적이고, 수용적이며, 직접적인 경험을 통해 이해하고 알아차림을 광범위하게 집중하는 특징을 가졌다(Segal, Williams, & Teasdale, 2013).

마음챙김 훈련과 적용

마음챙김에 기반한 치료에서는 마음챙김 훈련과, 이를 부절적한 반응이나 심리적 문제를 유발시키는 상황에 적용시키는 것을 중심으로 치료가 이루어진다. 특히 MBSR과 MBCT에서는 정규적인 명상 훈련이 매일 최대 45분까지 포함되어 있다. 반면 ACT와 DGT에서는 정신교육의 형태를 이용하거나 마음챙김을 촉진시킬 수 있는 많은 훈련법들이 사용되나 명상 훈련은 거의 포함되지 않는다.

이 장에서는 실제적으로 적용이 가능한 몇몇 명상 훈련법을 다룰 것이고, 이들은 모두 같은 실시요강이나 목적을 공유하고 있다. 우리는 우선 가장 널리 사용되고 있는 마음챙김 기법인 호흡명상에 대해 이야기를 하고, 그 다음에 몇몇 다른 명상 훈련법과 그들의 적용에 대해 논의하려 한다.

호흡명상

긴장을 풀고, 그러나 정신 차린 자세로 똑바로 앉아, 주의력은 호흡에 대한 신체적 감각에 집중을 한다. 주의력은 아주 쉽게 다른 곳으로 흩어진다. 이렇게 되면 해야 하는 일은 단지 부드럽고 비판적인 방식으로 이를 알아차려, 알아차림을 원래의 주의 집중 대상으로 되돌려 놓는 것이다. 이 경우 목적은 호흡에만 전적으로 집중하는 것은 아니다. 실제로 호흡하기에 대한 진짜 알아차림은 개방적이고 지각력이 있는 태도(stance)를 발전시키기 위한 일차적인 매체로 작용해서 모든 것이 습관적인 반응에 뒤따르지 않고 경험할 수 있게 된다. 다르게 이야기하자면 한 사람의 생각, 감정 및 충동이 단지 관찰되기만 할 뿐인 것이다. 이것들은 무시되거나, 분석되거나 혹은 억압되지 않고 뒤따르는 행동 없이 그리고 호흡에 대한 알아차림을 잃지 않고 허용되게 된다. 의심할 여지없이 이 훈련은 자동항법장치를 꺼서 행동 양식에서 벗어나게 하는 훈련이다. 환자들에게 이 기술을 가능한 매일 자주 연습할 것을 권고하는데, 특히 역기능적인 감정 양상이 드러나려 할 때 더 연습할 것을 권고한다. 이런 방식으로 마음챙김은 경험과 이것이 유발하는 즉각적인 반응 사이에 일시적인 휴지기를 만들어 준다. 이것은 자동변속에서 수동변속으로 전환을 촉진시켜 주는데, 이렇게 되면 무엇이 일어났던지 간에 이에 대해 다르게 반응할 수 있는 자유와 공감을 허용해 준다. 마음챙김 명상에 대한 좀 더 자세하고 구체적인 기술에 대해서는 구나라타나(Gunaratana, 2011), 스말레이와 윈스턴(Smalley & Winston, 2010) 및 시갈, 윌리엄스와 티스데일(Segal, Williams, & Teasdale, 2013) 등을 찾아보면 된다.

신체에 초점을 맞춘 명상(Body-focused meditation)

이것은 의자에 닿아 있는 몸의 부분과 같은 순수한 신체적 감각이나 혹은 가슴 부위의 긴장감과 같은 신체의 감정 반응에 대한 지각에 관한 알아차림에 초점을 맞추는 것을 말한다.

이 훈련에는 두 가지 종류가 있다. 먼저 바디 스캔 명상(Body scan meditation)에서는 알아차림이 점진적으로 신체의 한 부분에서 다른 부분으로 신체의 부분들을 따라 움직인다.

또 다른 훈련에서는 신체 전체를 대상으로 하여 넓고 개방적인 주의
력을 집중한다. 만약 특정한 신체적 감각이 나타나면 다른 감각에 의
해 주의력을 빼앗길 때까지 이 감각에 주의력을 집중한 채 유지한다.

이 훈련에 있어서의 지침은 지각이 떠오르면 그에 대해 어떤 것도
하지 않은 채 지속적으로 그 지각을 관찰하고 허용하라는 것이다.

다양한 대상에 초점을 맞춘 명상
(Meditation focused on various objects)

호흡과 다른 신체적 현상을 제외하면 주의력을 소리, 단어나 구
(phrase)로 나타나는 생각(내적 이야기) 혹은 심상의 형태로 나타나는
생각(기억과 환상) 들에 집중할 수 있다. 다른 종류의 명상 훈련에는
선택하지 않는 알아차림(choiceless awareness 혹은 대상이 없는 마음챙
김)이 있는데 여기서는 주의력이 넓게 그리고 모든 것을 포함한다.
여기서는 특히 집중해야 하는 것도 없고 모든 것이 흘러간다. 따라서
알아차림 안에 무엇이 나타났던 간에 그것은 사라지게 되며, 어떠한
개입도 없이 그렇게 이루어진다.

움직임 안의 명상(Meditation in movement)

걷기명상은 연습에 널리 사용되는 기법으로 정좌명상을 대신해
서 유용하게 사용할 수 있다. 걷는 동안 주의력은 처음에는 발바닥으
로 시작해서 점차 신체의 나머지 부분으로 확장되어 나간다. 걷기명
상은 움직임과 연관된 다른 유형의 명상과 함께 천천히 할 수도 있고

일반적인 속도로 할 수도 있다. 이런 종류의 훈련들은 매일의 일상생활 안에서 효과적으로 할 수 있는 마음챙김 기법이다.

일상 활동 안에서의 마음챙김
(Mindfulness in daily activities)

앞에서 언급한 매일 실시하거나 특별히 정해진 시간에 할 수 있는 훈련에 더해, 매일 규칙적인 활동이나 일을 하는 동안에 연습할 수 있는 방법들도 있다. 이를 닦을 때, 샤워를 할 때, 설거지를 할 때나 혹은 층계를 오르내릴 때 그리고 음식을 먹을 때와 같이 일상적으로 매일 하는 행동들이 주의력의 대상이 될 수 있다. 예를 들어, 줄을 서서 기다릴 때, 짧은 거리를 걸을 때 혹은 전화 통화를 할 때와 같이 일상에서 자발적인 활동을 할 때도 연습을 할 수 있다. 또 다른 마음챙김 훈련은 하루 일과 중에 가끔 가지는 휴식 시간에 실시할 수 있다. 이때는 호흡의 감각에 한순간 집중을 한 후에, 그때 자신의 경험 안에서 무엇이 일어나든지 간에 그것에 집중하면 된다. 목표는 자동적으로나 충동적으로 반응하지 않고 당신이 반응하기 전에 자극을 먼저 알아차리는 것이다.

호흡하기 공간(Breathing space)

3분 호흡하기 공간은 시갈 등(Segal et al., 2002, 2013)에 의해 만들어진 특별한 형태의 마음챙김 훈련이다. 이 훈련은 일상생활에서 습관적인 양상이 유발될 때 적용할 수 있다. 호흡하기 공간은 환자에게 상황이 의식적인 고려나 생각이 필요할 때 자동항법장치 양식에서 벗어날 수 있는 기회를 제공해 준다. 훈련은 세 가지 단계로 이루어져 있는데 각 단계를 끝내는 데에는 약 1분 정도가 소요된다. 첫 번째 단계는 신체 감각이나 생각, 감정이 발생하면 그것이 무엇이든 그것을 알아차려서 그대로 두는 것이다. 두 번째 단계에서는 주의력을 가능한 한 호흡에 집중을 시키고, 세 번째 단계에서는 호흡에 대한 알아차림은 배경에 그대로 놔둔 채 주의력을 신체적인 존재(physical presence) 전체에 확장시킨다. "그것이 무엇이든 괜찮아……. 그것은 이미 이곳에 있던 것이야. 내가 그것을 그냥 느낄 수 있게 놔두자."라는 내용의 문장을 속으로 이야기해 줄 수 있다(Williams, Teasdale, Segal, & Kabat-Zinn, 2007).

특별한 문제와 연관된 마음챙김 명상

감정이 부가된 문제가 명상의 목적이 될 수도 있다(Segal, Williams, & Teasdale, 2013). 이런 훈련에서는 주의력을 호흡의 감각과 감정 반응이 가장 뚜렷하게 드러나는 신체 부분으로 나누어 주라는 지침을 준다. 이렇게 함으로써 만약 감정이 너무 압도적이면, 알아차림을 잠시 호흡에 집중하게 할 수 있다.

마음챙김적 노출

현재 힘든 경험이나 혹은 외상에 의한 기억이 떠오르면 치료자는 마음챙김적 노출 훈련을 지도할 수 있다. 환자의 불쾌한 경험을 가장 잘 반영해 줄 수 있는 심상을 선택한다. 그런 다음 치료자는 환자에게 10초에서 20초 간격으로 자신의 신체적 감각을 보고하도록 요청한다. 환자에게는 나타나는 모든 것에 대해 아무런 반응을 하지 말고 전부 허용하라고 지침을 제시한다. 비록 행동치료와 마음챙김적 노출이 몇몇 절차를 공유하고 있기는 하지만 둘이 갖는 기본적인 지침은 중요한 점에서 차이가 있다. 행동치료에서 전형적인 노출에 대한 설명은 다음과 같다. "만약 당신이 문제가 되는 상황(흔히는 매우 위협적인)에 지속적으로 직면을 하게 되면 당신의 감정적 반응은 가라앉고, 당신의 예상(흔히는 불안을 유발시키는)이 실제로는 그렇게 되지 않는다는 것을 알게 될 것입니다." 다르게 이야기하자면 불쾌한 감정이 순응을 통해 점차 약화되고, 이에 따라서 비합리적인 생각도 없어질 것이라는 이야기이다. 하지만 마음챙김적 노출은 이런 관점이 아니다. 다른 마음챙김 훈련들과 마찬가지로 지침은 아무것도 예상하지 말고, 아무 행동도 하지 말고, 일어나는 감정을 허용하고, 그 감정의 신체적 반응에 집중하라는 것이다. 길게 보면 역설적으로 변화는 그냥 놔두어야 일어난다는 것이다. 따라서 목표는 감정의 빈도나 강도를 조절하는 것이 아니라 그들에 대해 개방적이고 수용적인 태도를 키우는 것이다.

'어떤 명상 훈련을 선택해서 그것을 계획할 것이냐'는 문제의 특성, 치료계획, 환자가 원하는 것 및 이용 가능한 선택들에 달려 있다. 마음챙김에 기반한 기법을 치료에 적용하는 것은, 위에서 이야기한 모든 기법을 사용하는 완벽한 훈련 프로그램의 형태를 취하는 것에서부터 기존에 있는 치료계획과 함께 몇 개의 훈련을 제한적으로 적용하는 것까지 다양할 수 있다(Rapgay et al., 2013).

마음챙김 훈련 지속기간

훈련 및 치료적 맥락에 따라 다르겠지만 치료회기 중 및 치료시간
사이에 매일매일 해야 하는 마음챙김 훈련에 대한 추천 지속기간은
30분에서 45분까지이다. 그리고 훈련이 끝난 후에도 매일 마음챙김
훈련을 지속하도록 권고하고 있다. 카모디와 베어(Carmody & Baer,
2009)는 참가자들이 매주 6일간 하루 평균 45분씩 훈련을 했다고 주
장하는 30개의 연구들에 대해 메타 분석을 시행하였다. 이와 함께 훈
련 참가자들은 비정규적인 연습이라고 알려진 일상 활동 중에 실시
하는 마음챙김 기술도 연습할 것을 요청받았다. 여기에 더해 많은
MBSR 훈련 프로그램에 침묵의 날을 포함하거나, 훈련참가자와 지도
자 모두 자신들의 전문기술을 증진시키기 위해 수일간의 거주명상
훈련에 규칙적으로 참가하라고 조언을 받는다. 이런 장기간의 훈련
은 흔히 영적인 목적을 위해 이루어지나, 마음챙김에 기반한 정신치
료의 영역에도 적용이 되고 있다. 아직 과학적 연구들에서 훈련을 더
길게 하는 것이 항상 좋은 결과를 가져온다는 것을 보여 주고 있지는
않지만, 자주 그리고 길게 하는 명상이 필요하다는 것은 일반적으로
받아들여지고 있는 생각이다.

마음챙김 훈련(정규적이거나 비정규적인 훈련 모두)의 시간과 효과
사이에 상관에 대한 연구결과는 불명확하거나 아직 시행된 바가 없
다. 데이비드슨 등(Davidson et al., 2003)은 마음챙김 훈련 후에 일어
나는 신경학적 변화와 생물학적 변화에 대해 연구를 하였고, 훈련의
기간과 동반된 변화 사이에 유의한 관계가 없다고 하였다. 뇌에 대한
마음챙김에 대한 휄젤 등(Hözel et al., 2011)의 연구에서도 같은 결과

를 보였다.

클라트, 벅워스 및 말라키(Klatt, Buckworth, & Marlarkey, 2008)는 최신 연구를 통해 전문가들에게 있어 시간을 줄인 MBSR 훈련 프로그램의 효과를 평가하였다. 표준 MBSR 훈련 프로그램은 10주에 걸쳐 20시간 이상의 연습을 필요로 하는 데 반하여 이 연구의 참가자들은 일주일에 5일, 한 번에 20분간, 그렇게 해서 총 6시간의 명상을 시행하게 하였다. 이 짧은 훈련은 스트레스와 수면의 질과 같은 측정치에 의미 있는 효과를 보였고, 이는 표준 훈련의 효과와도 견줄 만한 결과였다고 발표하였다.

베테세, 토네아토, 스테아, 응우원 및 왕(Vettese, Toneatto, Stea, Nguyen, & Wang, 2009)의 메타 분석은 24개의 연구를 대상으로 하였는데, 훈련기간과 효과에 대한 자료가 포함되어 있었다. 마음챙김 연습에 사용한 시간은 하루 5분에서 58분 사이로, 평균 시간은 하루 31.8분이었다. 베테세에 의하면 거의 절반에 해당되는 연구에서, 더 긴 시간의 훈련이 더 좋은 결과를 보여 준다는 가설을 지지하는 결과를 보이지는 않았다고 하였다. 기간과 효과 사이의 상관을 보여 주는 가설을 지지해 주는 연구들은, 대상자들이 자진해서 훈련에 참가를 하였거나 건강을 돌보는 데 능동적인 참가자들이 많이 참석한 경우였다. 아마도 긍정적인 기대와 마음챙김에 대한 이전의 노출경험이 이런 결과에 영향을(부분적으로) 주었을 것으로 추측된다.

페리히, 마나카바스갈, 미첼 및 발(Perich, Manacavasgar, Mitchell, & Ball, 2013)은 양극성 장애에 MBCT를 적용한 연구를 시행하였는데, 이 연구 중 훈련 전·후에 측정한 측정치 비교에서 마음챙김 연습 기간과 정신과적 증상 사이에 연관을 찾을 수 없었다고 보고하였다. 이에 더해 훈련 12개월 후에 실시한 추적 평가에서, 지속적으로 마음챙김을 연습한 참가자와 그렇지 않은 참가자를 비교할 때 증상의 유의한 호전은 볼 수 없었다고 보고하였다.

호프만, 소이어, 위트 및 오(Hofmann, Sawyer, Witt, & Oh, 2010)가 실시한 메타 분석에서는 총 39개 연구의 1,140명의 참가자를 포함하였는데, 그들은 이 연구결과에서 마음챙김에 기반한 치료는 훈련기간에 상관없이 불안과 기분장애에 확실하고 긍정적인 효과를 가지고 있다고 이야기하였다. 대부분의 훈련 프로그램이 6회에서 12회 사이, 평균 8회의 회기로 이루어져 있었다. 그리고 많은 프로그램이 하루나 반나절을 일상에서 떠나는 거주 훈련을 포함하고 있었다. 보웬과 쿠르츠(Bowen & Kurz, 2012)는 8주간의 프로그램에서 훈련시간 사이의 연습량이 훈련의 결과를 측정해 주는 마음챙김의 정도와 긍정적인 연관이 있다는 것을 발견하였으나 2개월 후 그리고 4개월 후의 추적조사에서는 이런 효과를 발견할 수 없었다고 보고하였다.

최근에 발표된 메타 분석(Khoury et al., 2013)에서는 훈련회기의 횟수와 할당된 훈련 및 MBI의 효과 사이에 일관적인 관계를 발견할 수 없었다고 발표되었다. 그러나 훈련효과와 치료자의 마음챙김의 경험 수준 사이에는 상관이 있었다. 저자들은 추가적인 요소들로 집단의 결합 정도와 연습의 질 등을 제시하였다.

실제 현장에서 치료자들은 자신들의 일상적인 일정에 이런 긴 시간의 연습을 맞추는 것이 어렵다는 이야기를 환자들로부터 흔히 듣는다. 일반적으로 치료가 진행이 될수록 추적회기를 보면 많은 환자들이 긴 훈련은 제대로 다 하고 있지 않고 있음을 알게 된다. 반면에 '3분 호흡하기 공간 기법' 같은 짧은 훈련은 바쁜 일정에 더 적절하게

적용된다. 따라서 규칙적으로 연습하게 만들고 치료에 대한 순응도
를 올리기 위해서는 짧은 명상(8분에서 15분)이 현실적으로 더 적합할
수 있다.

　과학적인 연구들과 실제 경험은 훈련기간과 효과와의 상관관계
및 치료나 훈련 후에 지속적인 연습이 꼭 필요한가에 대해 앞으로 더
한 연구가 필요함을 제기한다. 여기에 더해 특정 장애와 대상에서 마
음챙김 연습의 효과와 기간에 대한 자료가 거의 없다. 현재로서는 매
일의 일상에 적용하기가 쉽지 않은 기간이 긴 훈련 대신에 실행 가능
한 좀 더 짧은 마음챙김 기법을 선택하는 것이 더 나아 보인다. 훈련
이나 치료가 끝난 후에 환자에게 마음챙김을 지속적으로 연습할 것
을 권하는 것은 아직 연구에 의해 지지되지는 않았다.

　마지막으로, 마음챙김 훈련을 선택할 때나 기간을 정할 때는 내담
자가 가진 문제의 특정 양상이나 능력(혹은 장애)을 꼭 염두에 두어야
한다. 명상을 처음 시작하는 초심자에게 알아차림이 크게 느껴지면
이것이 종종 불쾌한 감정의 경험과 동반될 수 있다. 만약 이것이 문
제가 된다면, 예를 들어 증상이 신체적 현상과 연관된 불안(건강염려
증에서와 공황장애에서처럼)을 포함하고 있는 경우, 보다 짧은 훈련을
실시해야 한다. 이런 경우에는 처음에는 주의력을 외부적 자극(소리)
에 국한시키거나, 움직임에 집중하도록 하거나 그리고/혹은 일상 활
동에 대한 마음챙김하기에 집중하도록 할 수 있다. 신체 감각에 대한
알아차림을 포함하는 훈련은 나중 단계에 시도하는 것이 좋다. 채드
윅, 뉴먼, 테일러 및 아바(Chadwick, Newman, Taylor, & Abba, 2005)는
정신병 환자들을 위한 자신의 마음챙김 프로그램을 만드는 것에 대
해 기술한 바 있는데, 4년의 치료기간 동안 마음챙김 훈련의 기간을

긴 명상에서부터 실행 가능한 길이인 단 4분으로 줄여야 했다고 이야기하였다.

도식치료에서 마음챙김

도식치료는 두 단계로 이루어진다. 도식과 양식이 확인되는 평가단계와 도식과 양식의 변화를 위해 공감적 직면과 현실평가가 적용되는 변화단계가 그것이다. 도식과 양식을 변경하기 위해 사용되는 기법은 인지행동치료(인지 재구조화, 내적인 건강한 목소리 만들기 및 역기능적 행동을 무너뜨리도록 만들어진 행동적 훈련 등)와 경험적 치료(분노, 슬픔 혹은 아픔을 표현하기) 그리고 게슈탈트치료 및 대인관계 정신치료 기법에서 빌려 사용하고 있다.

마음챙김에 기반한 접근은 제3단계라고 할 수 있다. 도식과 양식의 활성화에 대한 내적인 경험에 대해 비판단적인 주의력을 집중함으로써 새롭게 반응할 수 있는 공간이 만들어지는 것이다. 이런 주의-지향적 과정(attention-oriented process)은 안나(Anna)의 예에서 보이고 있다.

지금 막 안나는 그녀의 16세 딸과 불쾌한 말싸움을 했다. 그녀는 화가 나서 웃옷을 집어 던졌고 계획보다 훨씬 일찍 직장에 가려고 집을 나왔다. 자전거를 타고 직장을 향해 가는데 가는 내내 마음에 화난 생각이 가득 차 있고 몸에는 끔찍한 긴장감이 느껴졌다. 그녀는 이 상황을 어떻게 다루어야 할지 곰곰이 생각하면서 무슨 일이 일어난 것인지를 분석하기 시작했다. 그리고 안나는 그녀의 도식(지나친 기준)이 촉발되었다는 것을 깨달았다. 그녀의 첫 반응은 자전거를 타는 감정을 허용하면서 자신의 호흡에 집중하는 것이었다. 일단 마음챙김 상태에 들어가고 난 후 그녀는 자신의 주의력을 자신의 몸의 다른 부분으로 확장시켰다. 빠른 심장 속도, 거친 호흡 그리고 긴장된 근육들이 의식적인 알아차림 안으로 들어왔다. 안나는 자신이 어떻게 슬퍼졌는지 그리고 불안해졌는지를 점차 깨닫게 되었다.

잠시 후 기억들과 환상이 마음 안에서 솟아오르면서 그녀는 자신의 마음이 오늘 아침의 사건으로 다시 돌아가 방황을 하고 있음을 알아차리게 되었다. 자신의 본분을 유지할 수 있도록 그녀는 자신을 진정시켰다. 생각에서 헤매고 있는 자신을 발견할 때마다 그녀는 그녀의 도식이 활성화되고 있는 것을 깨닫고, 호흡과 자전거 타기 그리고 자신의 몸에 더 집중을 하였다.

안나는 이 과정을 사무실에 도착할 때까지 지속하였다. 이제는 일에 모든 집중을 해야 하기 때문에 그녀의 화난 반응은 뒤로 사라져야 했다. 하루 일과 사이사이에 다시 감정이 솟아오르면 그녀는 이런 마음챙김 상태에서 자신의 일을 할 수 있게 될 때까지 자신의 호흡과 몸에 자신을 다시 연결시켰다.

안나는 이 훈련을 감정을 조절하거나, 아니면 이것을 밀어내려는 자신의 습관적인 양상을 깨뜨리고 빠져나오는 데 사용하였다. 그녀가 집에 들어갔을 때 그녀는 딸에게 무어라 이야기를 해야 할지 몰랐다. 이번에는 다른 사람들과 싸우고 난 뒤에 정상적으로는 계속 사용해 왔던 정신적 예행연습을 사용할 수 없었다. 이런 경우 자신이 흔히 사용해 왔던 "솔직히 말해 봐."라는 반응 대신에 그녀는 자신의 감정을 그대로 받아들일 수 있는 공간으로 들어갔고, 자신의 딸에게 자신이 아침 일에 대해 얼마나 후회하고 있는지를 이야기하였다. 딸은 자신도 그렇다고 했고, 둘은 서로 따뜻하게 꼭 껴안았다.

다른 사람들도 그렇듯이 이런 경험을 통해 안나도 중요한 발전을 깨닫게 되었다. 그녀는 자신의 도식을 알아차릴 수 있는 능력이 더 커지게 되었고 압도하는 감정을 더 견딜 수 있게 되어 좀 더 건강한 방식으로 반응할 수 있는 자신을 위한 공감을 만들어 낼 수 있게 되었다.

정신장애에 대한 마음챙김에 관한 연구

대부분의 마음챙김 훈련은 MBSR이나 MBCT의 형태로 이루어진다. MBSR이 처음 만들어졌을 때는 주로 신체적 증상(만성 통증/스트레스)이 있는 사람들을 위해 적용되었으나 이후로는 좀 더 적용 범위가 넓어졌다. MBCT는 특히 재발성 우울증 환자들을 위해 개발되었다. 처음에는 주로 이들에게 적용되었으나 점차적으로 다른 정신장애의 치료에 확대 적용되고 있다.

마음챙김의 치료적 효과에 대한 연구는 시작 시에 활발하게 진행이 되었으나 아직 몇몇 특정 장애 영역의 적용에 대해서는 무작위 대조군 연구(randomized controlled trials: RCTs)를 통해 검증되지 않았다. 그럼에도 다른 영역에 대한 적용이나 비대조 연구 및 증례 연구들과 관련된 많은 연구문헌들이 있다[최근에 이루어진 개관은(바이어, 2010)을 찾아보면 된다]. 대부분이 RCTs거나 메타 분석인 다양한 연구들은 다음 각 세부 항목에서 논의가 될 것이다.

우울증

MBCT가 재발성 우울증의 방지 방법으로 각광을 받기 시작한 것은 MBCT의 효과를 보여 준 두 무작위 대조군 연구발표 이후였다. 티스데일 등(Teasdale et al., 2000)은 두 번 이상의 우울증 삽화를 경험한 145명을 '일상적인 치료(treatment as usual: TAU)'를 받은 대조군과 비교하는 연구를 실시하였다. 마음챙김에 기반한 치료개입이 두 번만의 삽화를 경험한 환자들에게는 일상적인 치료를 받은 환자군보다 더 효과적이지 않았다. 그러나 세 번 이상의 삽화를 경험한 환자들에게서는 이 치료법이 의미 있게 큰 효과를 보여 주었다. 60주의 기간 동안 MBCT군에서는 37%가 재발을 경험한 반면, 대조군에서는 66%가 재발을 경험하였다. 두 번째 연구는 마와 티스데일(Ma & Teasdale, 2004)에 의해 이루어졌는데, 75명의 환자를 대상으로 하였고 위의 연구와 비슷한 연구결과를 보였다. MBCT군에서 36%의 재발률을 보였고 대조군은 78%의 재발률을 보였다. 2000년도부터 많은 연구들이 이 결과를 재확인하였고, 모든 연구들에서 마음챙김이 재발성 우울증에 효과가 있음을 지지하는 소견을 보였다. 최근에 이루어진 RCTs에서는 세 번 이상의 이전 재발삽화가 있는 환자들(현재 삽화가 있건 없건 간에)이 포함되어 있는 MBCT군과 대조군을 비교하였다(Van Aalderen et al., 2012). 이 연구에서 치료에 의해 의미 있을 정도로 우울증상이 감소하였다. 환자들은 염려와 반추를 유의할 정도로 덜 하게 되었고, 이것은 마음챙김 기술의 유의한 호전 및 삶의 질 평가 점수에서의 유의한 높은 점수 등을 통해 나타났다. MBCT를 받은 군에서는 현재 우울증 삽화가 있건 없건 간에 모두에서 비슷한 증상의 감소를 보였다.

피에트와 호우가드(Piet & Hougaard, 2011)는 MBCT의 여섯 개 RCTs 연구에 대한 메타 분석을 시행하였다. 그 결과, MBCT를 받은 재발성 우울증 환자군이 대조군에 비해 유의한 정도로 낮은 재발률을 보였다. 가장 큰 차이는 세 번 이상의 우울증 삽화를 보인 환자들 사이에서 나타났다.

클라이닌-요바스, 조 및 크리디(Klainin-Yobas, Cho, & Creedy, 2012)가 실행한 8개 연구에 대한 메타 분석 연구에서는 정신장애를 가진 환자들의 우울증상에 대한 MBSR의 효과를 검증하였다. MBSR은 정신장애를 가진 환자들의 우울증상의 감소에 효과적인 치료로 나타났고 그 효과는 인지행동치료의 효과와 유사하였다. 클라이닌-요바스 등(Klainin-Yobas et al., 2012)은 다양한 정신장애를 가진 환자의 우울증상에 대한 MBCT의 효과에 대한 22개의 연구에 대한 메타 분석을 실시하였고, 이들은 MBCT가 우울증상을 감소시키는 데 중증도의 효과 크기(medium effect size)를 가졌다고 보고하였다.

게쉬윈드, 피터스, 후이버스, 반 오스 및 위처스(Geschwind, Peeters, Huibers, van Os, & Wichers, 2012)에 의한 RCTS에서는 적어도 한 번의 우울삽화 이후에 남아 있는 잔여 우울증상에 대해 살펴보았다. 환자들은 MBCT군(여기에 더해 표준 치료를 받은 군)이나 대조군(대기자군이거나 지속적인 표준 치료를 받은 군) 둘 중 하나에 속하였다. MBCT가 대조군에 비해 잔여 우울증상을 줄이는 데 유의하게 효과적이었다. 이런 결과는 한 번 혹은 두 번의 삽화군과 세 번 이상의 삽화군 사이에 유의한 차이를 보이지 않았다.

불안장애

볼레스타드, 닐센 및 닐센(Vollestad, Nielsen, & Nielsen, 2012)의 메타 분석에는 다양한 불안장애(사회공포증, 공황장애, 범불안장애, 우울증과 불안이 병발) 환자에게 있어서의 불안증상에 대한 MBSR의 효과를 실험하는 4개 연구가 포함되었다. 이들 연구 각각은 불안증상을 줄이는 데 MBSR이 효과적임을 지지하고 있었고, 이 효과는 4개의 연구 중 3개에서 유의하였다. 볼레스타드 등(Vollestad et al., 2012)은 불안에 대한 MBCT의 효과에 대해서도 검증을 하였다. 이들의 메타 분석에는 9개의 연구가 포함되었고, 모든 연구에서 MBCT의 결과로 불안이 감소하였다. 그리고 이 효과는 9개 중 4개에서 유의하였다.

사회공포증

자짜이에리(Jazaieri), 골드인(Goldin), 워너(Werner), 지브(Ziv) 및 그로스(Gross)는 사회공포증 환자를 대상으로 MBSR에 대한 RCT를 시행하였는데, 8주 동안 적어도 일주일에 두 번은 체육관에서 하는 운동에 참가하는 활동 대조군과 MBSR의 효과를 비교하였다. MBSR은 훈련이 끝났을 때와 추적 3개월 시에 자기가 보고한 불안, 우울 및 스트레스 증상을 감소시켰고, 같은 시기에 측정한 안녕감은 증가시켰다. 운동 또한 훈련이 끝났을 때와 추적 3개월 시에 자기가 보고한 불안, 우울 및 스트레스 증상을 감소시켰고, 같은 시기에 측정한 안녕감은 증가시켰다. 두 종류의 치료적 개입 사이에 유의한 차이는 없었다. 저자들은 사회공포증을 가진 성인에게서 MBSR과 운동 모두가 임상적 증상의 감소에 효과가 있다고 결론을 내렸다.

건강염려증 · 건강 불안

맥마누스 등(McManus et al., 2012)은 건강 불안에 대해 MBCT(표준
치료와 함께)의 효과에 대해 연구를 하였는데 대조군은 표준 치료만
받게 하여 비교하였다. MBCT 참여자들은 치료 직후와 1년 후 평가
에서 대조군에 비해 유의할 정도도 낮은 건강 불안을 보였다. MBCT
참여자군에서 치료 직후와 1년 후 평가 시에 대조군에 비해 유의할
정도로 낮은 건강염려증의 진단율을 보였다(36.1% 대 76.3%). 저자들
은 MBCT가 건강 불안을 가진 환자들에게 표준 치료에 더해 유용하
게 사용할 수 있는 보조적인 치료가 될 수 있다고 결론을 내렸다.

이질적인 정신 건강 진단들(heterogenous mental health diagnoses)을 포함하는 메타 분석

비겔, 브라운, 샤피로 및 슈베르트(Biegel, Brown, Shapiro, &
Schubert, 2009)는 청소년에게 있어서의 이질적인 정신장애군(기분장
애, 불안장애, V-코드장애 및 기타 장애)에 대한 MBSR의 효과에 대해
RCT를 시행하였다. 이 연구에서는 MBSR(표준 치료에 더해서 이루어
진)을 표준 치료만 받은 군(개인 혹은 집단치료 그리고/혹은 약물치료)
과 비교하였다. 대조군과 비교할 때 MBSR군은 5개월간의 연구기간
동안 진단율(%의 변화)에 있어 유의한 저하를 보였고, 전반적 기능평
가 척도(Global Assessment of Functioning: GAF) 점수는 유의할 정도로

증가하는 소견을 보였다. 이와 함께 MBSR군에 속하는 참여자는 자기가 보고한 불안, 우울 및 신체화 증상이 유의할 정도로 낮은 소견을 보였고, 자신감에서는 유의하게 높은 소견을 보였다. 자기가 보고한 증상에 있어 이런 변화의 효과 크기는 지속적으로 컸다. 저자들은 MBSR이 이질적인 정신장애를 가진 청소년들의 치료에 효과적인 보조적 치료가 될 수 있다고 결론지었다.

호프만 등(Hoffmann et al., 2010)에 의한 메타 분석에는 암 관련 심리적 문제들, 범불안장애, 우울증 및 기타 정신의학적 증상들과 같이 다양한 호소에 대한 마음챙김 치료를 받은 총 1,140명을 대상으로 하는 39개의 연구가 포함되었다. 저자들은 다음과 같은 결과를 보고하였다. 메타 분석에 포함된 모든 연구들에서 마음챙김에 기반한 치료가 불안과 기분증상에 대해 평균적으로 강력한 양적(positive)인 효과를 가졌다. 주 진단이 불안이거나 기분장애를 가진 환자들에서 효과가 크다고 측정되었고, 이 효과는 12주 후(평균) 추적 조사 시에 측정했을 때도 그대로 유지되었다.

최근 코우리 등(Khoury et al., 2013)에 의해 이루어진 메타 분석에서는 다양한 심리적 문제 때문에 마음챙김에 기반한 치료(MBT)에 참가한 총 12,415명을 대상으로 하는 209개의 연구를 재검토하였다. 연구결과는 MBT가 전체적으로는 중등도의 효과 크기를 갖는 것으로 보였고 인지행동치료보다 더 효과가 있지는 않았다. 그러나 MBT는 불안과 우울증을 치료하는 데는 더 큰 효과와 임상적으로 적절한 효과를 보여 주었고 이런 효과는 치료 후의 추적 시 평가에서도 유지되었다. 여기에 더해 MBT는 인지행동치료에 비해 치료 탈락률이 낮았는데, 이것은 MBT 참여군에서 치료적 동기가 더 크다는 것을 보여 주는 것이다.

모든 가능한 장애에 있어 마음챙김의 효과에 대해 전부를 이야기하는 것은 이 장의 범위를 넘어서는 일이다. 실제로 모든 연관된 연구들의 최근 개관은 웹사이트 http://www.mindfulexperience.org.에서 찾아볼 수 있다. 이 웹사이트의 마음챙김 연구 안내(Mindfulness Research Guide)는 연구자, 임상가 및 일반인들에게 마음챙김에 관한 과학적 연구에 대한 포괄적 전자 자료이자 출판에 대한 축적 자료이다. 여기에는 마음챙김 영역에 있어 연구 출판물에 대한 축적 자료, 마음챙김의 작동을 측정할 수 있는 도구, 마음챙김 기법들이 포함된 치료개입 방법 및 마음챙김 연구를 수행하는 대학 및 센터 등이 포함되어 있다.

정리하자면 연구결과와 자료들은 마음챙김에 기반한 치료적 개입이 기존에 존재하는 치료방법에 효과적인 보조적 치료가 될 수 있다는 것을 지지해 준다는 것이다.

마음챙김을 측정하기

마음챙김의 특정한 면을 측정하는 연구와 마음챙김을 증강시키는 훈련을 평가하기 위해 몇몇의 질문지가 만들어졌다. 현재는 마음챙김을 측정하기 위해 적어도 7개의 서로 다른 질문지가 있으며 이들 중 유명한 것들은 다음에 열거하였다. 마음챙김 주의력 및 알아차림 척도(The Mindfulness Attention and Awareness Scale: MAAS; Brown & Ryan, 2003)는 주의력을 유지하고 주의가 산만해지는 것을 견디는 개인의 능력을 측정하도록 고안된 자기보고식 설문지이다. 토론

토 마음챙김 척도(The Toronto Mindfulness Scale: TMS; Bishop, 2004)
는 명상 후에 곧바로 시행하는데, 내적 자극에 대한 주의력과 반응
성을 측정한다. 마음챙김 기술에 대한 켄터키 척도(The Kentucky
Inventory of Mindfulness Skills: KIMS; Baer, Smith, & Allen, 2004)는 관
찰하기, 기술하기, 알아차림으로 행동하기(acting with awareness) 및
비판단적으로 수용하기와 같은 4가지 요소를 측정한다. 프라이버
그 마음챙김 척도(The Freiburg Mindfulness Inventory: FMI; Buchheld,
Grossman, & Walach, 2011)는 현재 순간의 알아차림, 자신과 타인에
대한 비판단적인 수용, 부정적인 정신 상태에 대한 개방성 및 통찰
력을 측정한다.

비록 마음챙김의 두 가지 중요한 요소(주의력과 수용적 태도)에 대
해 연구자들 사이에 합의는 있지만 이들 요소가 어떻게 타당성 있게
측정될 수 있는가에 대해서는 논란이 계속되고 있다. 다양한 마음
챙김 설문지가 가지는 심리 측정적(psychometric) 특징에 대한 연구
에 대해서는 베어, 스미스, 홉킨스, 크리에테메이어 및 토네이(Baer,
Smith, Hopkins, Krietemeyer, & Toney, 2006)를 볼 것을 권한다.

베어 등(Bear et al., 2006)은 최근에 만들어진 5가지 설문지에 근거
해서 마음챙김의 구조가 어떻게 구성되어 있는가에 대한 연구를 하
였다. 그들은 마음챙김에 기술하기(describing), 알아차림으로 행동하
기, 비판단하기, 반응하지 않기(nonreactivity) 그리고 관찰하기의 5가
지 측면이 있다고 결론을 내렸다. 기술하기는 경험에 대해 단어를 이
용해서 표지를 붙이는 것을 이야기한다. 알아차림으로 행동하기는
적극적인 주의력하에서 행동을 수행하는 것을 의미한다. 비판단하
기는 생각이나 감정에 대해 긍정적이거나 부정적인 언급이 없는 것

을 이야기하고, 반응하지 않기는 감정이나 생각에 대해 자동적으로 반응하지 않고 그들을 허용하는 것을 이야기한다. 관찰하기는 불쾌하거나 고통스러운 경험까지도 그 경험에 대한 의식을 유지하는 것을 필요로 한다. 수용은 마음챙김의 한 측면으로 보기보다는 마음챙김의 결과로 간주한다. 예를 들어, 불안의 수용은 충동적이고 불안에 근거한 반응이 없는 비판단적인 상태에서 일어날 수 있다.

베어 등에 의해 연구된 척도에 있는 문항들은 마음챙김의 다섯 측면을 아주 잘 측정할 수 있는 문항들인데, 이들은 다섯 국면 M 질문지(The Five Facet Mindfulness Questionnaire: FFMQ; Baer et al., 2006)의 형태로 병합이 되었다. 저자들에 의하면 이 질문지는 발간된 문헌들에서 기술되었던 마음챙김의 요소들과 내적으로 그리고 개념적으로 일치된다고 하였다. FFMQ로 마음챙김의 독특한 측면들 각각을 독립적으로 측정할 수 있게 된 그 자체가 마음챙김에 근거한 치료적 개입으로 인한 긍정적인 심리적 변화를 결정하는 요인에 대한 연구를 가능하게 만들었다(Baer, 2010). 마음챙김의 서로 다른 측면에 대한 경험적 연구 또한 도움이 될 수 있는데 그 이유는, 연구에 의해 좀 더 명확한 설명이 가능해지면 이것이 환자들에게 마음챙김을 더 쉽게 설명할 수 있도록 도와주기 때문이다.

어떻게 마음챙김이 작동하는가?

마음챙김 뒤에서는 어떤 기능적 기전이 있는가에 대한 과학적 연구는 아주 최근에 와서 이루어졌다. 베어(2010)는 이에 대한 다양한 설명 모델(explanatory model)에 대해 자세하게 논의를 하였는데 그는 관련이 있는 요소들로 마음챙김, 탈중심화(decentering), 심리적 유연성, 가치, 감정 조절, 자기연민, 뇌의 변화 및 주의력과 작업 기억(working memory)에 있어서의 변화 등을 거론하였다.

- **마음챙김**: 명상 훈련은 일상생활에서 알아차림을 증진시키고, 이는 안녕감의 증진을 가져온다.
- **탈중심화**: 생각은 현상으로 간주된다. 이 이야기는 생각이 필연적으로 진실이거나 중요한 것이 아니라는 것을 의미한다. 따라서 여기에 개인적인 노력을 투자할 필요가 없다. 그리고 특정한 반응을 필요로 하지 않는다.
- **심리적 유연성**: 불쾌하거나 원치 않은 생각이나 감정을, 그것을 극복하기 위해서나 반대로 만들기 위해 무엇인가를 하지 않고 그대로 있을 수 있도록 허용하는 것이 가능하게 되며, 그 사람으로 하여금 자신의 목표나 가치에 따라 행동할 수 있도록 해 준다.
- **가치**: 개인의 중요한 가치를 알아차리게 해 주어 그에 따라 행동할 수 있도록 배우기
- **감정 조절**: 모든 감정을 그들이 경험하는 대로 알아차리고 허용하기, 자동적으로나 혹은 충동에 의해 반응하지 않고 합리적이고 목표지향적인 방식으로 반응하기
- **자기연민**: 자신에 대해 비난하는 대신 자기 자신에게 친절하게 대하기, 실망이나 고통스러운 감정이 인간이라는 존재의 일부분임을 인식하기, 힘든 상황에서 도망가려 하거나 말려들지 않

고 마음챙김으로 머무르기

- **뇌의 변화**: 마음챙김이 인지처리과정과 감정처리과정을 증강시켜 주는 뇌의 구조적인 변화와 기능적인 변화를 가져온다.
- **주의력과 작업 기억에 있어서의 변화**: 증상을 완화시키고 심리적 기능을 강화시키는 데 도움이 되는 주의력과 작업 기억을 호전시킨다.

위에 열거한 것들 외에 중요한 3가지의 또 다른 설명 모델이 있는데, 상호작용적 인지 하위체계가설(Interacting Cognitive Subsystems(ICS) theory), 마음챙김에 대한 불교적 심리 모델(Buddhist Psychological Model: BPM) 및 치료적 공감이 그것이다.

상호작용적 인지 하위체계가설

MBCT(Teasdale et al., 1995)의 발전은 마음챙김의 효과에 대해 설명이 가능하게 해 주었는데, 이 설명은 상호작용적 인지 하위구조의 정보처리 모델에 근거를 두고 있다. 이 모델은 다층적 기억체계를 제시해 주고 있는데, 이 체계에서는 내적이고 외적인 모든 입력 자극들이 명제적(propositional, ……에 대해 알고 있는) 방식과 암묵적(implicational, ……에 대해 느끼는) 방식의 두 방식으로 부호화된다. 명제적 기억 저장은 언어적으로 표현되고 이해될 수 있는 인지형태로 이루어진다. 암묵적 저장은 좀 더 광범위하고 직접적으로 말로는 표현될 수 없는 감정적인 경험의 형태를 띠게 된다. 암묵적 수준에서 보면 정신교육이나 비합리적인 생각에 도전하는 것과 같은 이성에 근거한 개입은 효과적인 방법이 아니다. 환자들이 자주 어렵다고 이야기하는 문제는, 자신이 무엇을 해야 하는지는 잘 알고 있지만 감정적으로는 그렇게 되지 않아 다르게 행동하게 된다는 것이다. 마음챙김적 개입은 명제적 수준에서의 언어적 의미에만 매달리는 대신, 암묵적 수준에서 감정을 가지고 작업하는 것을 강조하고 있다(Baert, Goeleven, & Raedt, 2006).

마음챙김에 대한 불교적 심리 모델 (The Buddhist Psychological Model: BPM)

그라보바크, 라우 및 윌레트(Grabovac, Lau, & Willet, 2011)는 불교적 심리 모델에 근거해서 마음챙김에 대한 흥미로운 개념을 소개하였다. BPM은 우리의 습관적인 반응이 어떻게 이루어지는지를 단계적으로 기술하고 있다. 즉, 쾌감에 대한 집착과 불쾌한 감정을 밀어내려는 것이 괴로움을 만든다는 것이다. 주관적인 경험의 흐름은 실제적으로는 대부분 우리가 의식하지 못하는 감각적 느낌(sense impression)이나 감정 그리고 생각 등의 아주 빠른 연속선으로 이루어져 있다. 각각의 경험은 즉각적이고 자발적인 '감정 기조(feeling tone)'를 동반하는데 이는 중립적이거나, 아니면 즐겁거나 혹은 불쾌할 수 있으며, 두려움이나 분노와 같은 모든 감정 및 관련된 행동에 선행을 한다. 이 과정은 두 가지 방법, 즉 마음챙김 훈련을 통해서나 혹은 통찰을 통해서 피할 수가 있다. 마음챙김을 증진시키면 이런 역기능적인 과정을 좀 더 빨리 인식할 수 있게 되어 습관적인 감정적 반응에서 주의력을 돌려 목표지향적인 행동에 초점을 맞추도록 할 수 있다. 직접적인 경험을 통해 통찰이 생기면 모든 경험 안에 자리 잡고 있는 존재의 가장 기본적인 세 가지 측면인 무상(impermanence), 괴로움(suffering) 및 무위(not-self)를 깨닫게 된다.

- 무상: 감각적 느낌과 정신적 사건들은 일시적이다(그들은 생겨나서 지나쳐 간다).
- 괴로움: 감각적 느낌이나 정신적 사건들에 대한 습관적인 반응 (예: 집착과 혐오) 및 이들 과정에 대한 자각의 부재는 고통을 가져온다.
- 무위: 감각적 느낌과 정신적 사건은 자기라고 불리는 지속적이고 분리된 개체에 포함되지도 않고 이를 만들어 내지도 않는다 (Grabovac et al., 2011).

BPM에 의하면, 존재의 상호 연결적인 이 세 가지 특질에 대한 즉각적이고 명백한 그리고 반복적인 경험은 심리적인 문제의 완화를 가져오고 심리적 기능에 호전을 가져온다. 불교의 전통에서 이것은 궁극적으로 영적인 깨달음을 완성시킨다고 본다.

치료적 공감

지난 수십 년간은 실시요강(protocol)에 근거한 치료, 증거에 근거한 의학 및 무작위 임상 시도 등이 강조되었다. 그리고 이들 모두 치료의 효과는 전부 혹은 일차적으로는 특정한 치료적 개입이나 정신약물학적 개입과 연관이 있다는 가정에 기반을 하고 있다. 그러나 메타 분석(예: Lambert & Barley, 2002; Wampold, 2001)은 점점 더 치료의 효과에서 특정한 치료적 기법의 효과가 아주 일부분에 지나지 않는다는 것을 보여 주고 있다. 비록 많은 치료적 개입들이 특정 장애의 치료에 있어 적절해 보이고 심지어는 결정적인 것처럼 보이기도 하지만(예: 강박장애에 있어 노출과 반응방지법), 그들의 특별한 효과는 과대평가되어 있는 경향이 있다. 치료적 성공을 결정하는 요인들이 치료적 성공에 얼마나 영향을 주는가에 대한 결과는 대략 다음과 같다. 치료 기법 15%, 외적 요인(생활환경, 직업, 관계 등) 40%, 위약효과(긍정적 기대, 믿음) 15%, 치료적 동맹과 치료자의 개인적인 자질 30%(Lambert & Barley, 2001)가 그 결과이다. 치료자와의 상호작용에 대해 이야기를 할 때 환자들이 가장 긍정적인 양상으로 이야기하는 것들은 비난, 무관심 및 거절 등이 없는 것과 함께 공감능력, 따듯함, 이해 및 수용 등이다. 이러한 긍정적인 측면은 **공감**이라는 용어에 함축될 수 있다. 공감은 천부적인 자질이기도 하지만 또 발전될 수 있는 기술이기도 하다.

데이비드슨 등(Davidson et al., 2003)은 마음챙김 명상이 연민과 연관된 뇌의 영역을 활성화시킨다는 것을 발견하였다. 그렙마이어 등(Grepmair et al., 2007)은 SCL-90과 다른 측정도구를 이용한 연구에서 훈련 중인 치료자에 의해 이루어진 치료결과를 평가하였는데, 명상을 한 치료자가 그렇지 않은 대조군보다 유의할 정도로 높은 점수를 보였다고 보고하였다. 루츠, 슬렉터, 듄 및 데이비드슨(Lutz, Slagter, Dunne, & Davidson, 2008)에 의하면 자신의 신체 감각과 반응에 대한 알아차림의 증가는 공감능력의 증가와 연관이 있었다. 풀턴(Fulton, 2005, 2008)과 같은 많은 저자들은 치료자의 마음챙김 명상 훈련이 공감을 증진시키는 데 도움이 될 뿐만 아니라 치료적 동맹의 다른 요소들을 유지하는 데 도움이 된다고 이야기한다. 이것의 이점은 치료에 있어 주의력의 증가, 환자의 감정에 대한 내성의 증가, 더 큰 수용 및 더 개방적인 태도 등이 포함된다는 것이다.

마음챙김에 대한 설명 모델이 다양하다는 사실이 치료자나 환자에게는 문제가 될 수 있다. 임상실제에서는 심리적 개입에 대해 현재 존재하는 지식에 의해 지지되거나, 아니면 명료하게 설명해 줄 수 있는 직접적이고 분명한 설명 모델이 필요하다. 주의력과 감정 조절에 기반한 설명은 이런 기준을 충족시켜 준다.

기능적 기전으로서 주의력 조절

주의력 처리과정은 거의 모든 경우의 정보처리에 있어 핵심적이고, 일반적으로는 뇌에 있어 다른 유형의 처리과정에 선행을 한다. 역기능적인 주의력 처리과정은 많은 정신과적 상태에서 상당한 정도의 역할을 하고 있다. 이것이 불안과 우울증에서 어떻게 작용하고 있는가에 대해서는 코스터, 바에르트 및 데 라에드트(Koster, Baert, & De Raedt, 2006)에 의해 잘 기술되었다. 불안장애에 생물학적 소인이 있는 사람들은 지나치게 각성되어 있어, 이것은 (a) 전반적으로 산만함을 증가시키고, (b) 환경에서 위협적인 정보에 대한 살핌을 증가시키며, (c) 위협적인 정보에 대해 선택적으로 주의력을 집중시키고, (d) 위협을 찾아내기 전에 주의력을 광범위한 영역으로 흩어지게 만들며, (e) 그래서 실제로 위협을 찾아낼 때는 주의력을 협소화시킨다. 이러한 주의력의 편파적인 치우침은 결과적으로 세상은 안전하지 않은 장소라는 경험을 하게 만든다. 거기에 더해 이런 치우침은 불안한 예측과는 모순되게 정보에 대한 주의력의 접근을 매우 제한적으로 만든다.

이와 비슷하게 역기능적인 주의력 처리과정이 우울증에서도 문제를 일으킨다. 침울한 전망을 확인해 주는 정보가 선택될 가능성이 높고, 부정적인 기억들이 일어날 가능성이 높으며, 긍정적인 정보에는 주의력이 할당될 가능성이 낮다. 우울증을 가진 사람들은 긍정적인 경험에는 충분한 주의를 기울이지 않는 경향성이 있고(McCabe & Toman, 2000), 침울한 기분에 빠져 있는 사람들은 정상적인 대조군에 비해 부정적인 정보에서 주의력을 다른 곳으로 돌릴 가능성이 낮다. 반대로 긍정적인 감정은 좀 더 넓고 개방적인 주의력과 연관이 되어 있다(Fredrickson, 2004). 주의력 범위에 있어 변화는 행동의 변화와 결합되어 있다. 넓고 골고루 퍼져 있는 주의력은 접근적인 행동(approach behavior)과 일치하고 협소한 주의력은 회피행동과 일치한다(Förster, Friedman, Özelsel, & Denzeler, 2006; Föster & Higgins, 2005).

정도의 차이는 있지만 대부분의 사람들에게 주의력은 자신이 가졌거나 아니면 가지지 않은 어떤 것이다. 이것은 지향된 어떤 것(능동적 주의력)이거나 아니면 추적되는 어떤 것(수동적 주의력)이다. 물론 주의력이라는 것이 심리학자들에 의해 백 년 이상 연구되어 온 복합적인 형상이지만, 사실상 주의력은 몇몇 중복되는 유형이 있다. 집중(focused), 유지(sustained), 선택(selective) 및 분할(divided) 주의력 등이 그것이다. 이런 능력들을 훈련하는 것이 메타알아차림을 증진시키는 데 도움을 준다.

- **집중 주의력:** 특정한 자극, 활동 및 과제에 몰두하는 것
- **유지 주의력:** 장기간을 통해 유지되는 주의력
- **선택 혹은 실행(executive) 주의력:** 해당되는 새로운 정보에는 몰두하면서 해당되지 않는 정보는 동시에 무시하도록 주의력을 집중할 수 있는 능력
- **분할 주의력:** 특히 일상적인 활동을 할 때 다수의 주제나 과제 사이에 주의력을 변경하거나 공유하는 것

이들 독특한 주의력 처리과정은 원하는 행동을 조절하고 그것을 유지하는 것과 선천적으로 관련이 있다.

앞에서 언급한 주의력 처리과정을 훈련하는 것이 메타알아차림을 증진시켜 주는 데 도움을 준다. 이것은 메타 인지적 알아차림이라고도 불리는데, 특히 인지와 연관이 있다[생각하고 있는 것을 알고 있는 것(knowing what one is thinking)]. 그러나 메타알아차림이라는 용어는 생각과 감각을 통해 경험하는 모든 것을 알아차리는 것을 포함한다. 메타알아차림은 자동항법장치에 의해 작동되는 것이 아니라 수동항법장치에 의해 작동되는 것을 의미한다. 문헌상에 이런 메타속성(metaposition)을 의미하는 수많은 용어들이 이전에 있어 왔다. 탈동일시(disidentification), 중립적 관찰자(neutral observer), 재인식(reperceiving), 탈중심화(decentering), 탈융합(defusion), 거리두기(distancing) 및 치우치지 않는 관찰자(impartial spectator) 등이 그것이다(Smalley & Winston, 2010). 다양한 연구들에서 마음챙김의 작용이 부분적으로는 메타알아차림의 증대에 기인한다는 것을 지지해 준다(Carmody, 2009; Hargus, Crane, Barnhofer, & Williams, 2010; Rapgay,

Bystritsky, Dafter, & Spearman, 2011; Teasdale et al., 1995, 2000).

뇌는 외적 자극과 내적 자극에 다른 방식으로 반응한다. 그중 하나는 아래에서 위로(bottom-up, 혹은 자극 주도형 주의력)라고 알려진 것인데, 이는 예기치 않은 소리나 혹은 통증이 자동적으로 혹은 부지불식간에 우리의 주의력을 끌어낼 때처럼 자극 양상에 주의력의 흐름이 따라가는 것을 말한다. 또 다른 유형은 위에서 아래(top-down), 혹은 목표 주도형이나 실행 주의력이라고 알려진 것으로, 이것은 자신이 조절할 수 있는 주의력을 이야기한다. 아래에서 위로 과정은 진화적인 용어로 이야기하면 뇌간과 같은 뇌의 오래된 영역과 연관이 있다. 위에서 아래 주의력은 뇌의 조절기전과 연관이 있는데, 이는 전두엽 피질과 같은 보다 새로운 뇌의 영역이 관여한다(Posner & Petersen, 1990; Posner & Rothbart, 1998).

또한 위에서 아래로의 과정은 작업 기억과도 연결이 되어 있어 이는 감정과 같이 둘러싸고 있는 '시끄러운(noisy)' 자극들이 효과적으로 조절이 될 때 적절하게 기능을 한다. 작업 기억은 능력 제한 체계(limited-capacity system)로, 이것이 효율적으로 작동하기 위해서는 해당되지 않은 정보를 걸러 내서 새로운 정보가 체계 내로 들어올 수 있도록 해야 한다. 작업 기억(working memory)은 마음챙김에 의해 증진될 수 있고(Chiesa, Calati, & Serretti, 2011), 이 결과 감정 조절 능력을 향상시킬 수 있다.

온래어드트, 코스터, 게레어르츠, 데 리스나이더 및 라에드트 (Onraedt, Koster, Geraerts, de Lissnyder, & Raedt, 2011)는 역기능적 작업 기억 처리과정이 우울증의 위험인자를 만들어 낸다고 주장하였다. 작업 기억으로부터 어려움을 무시하도록 하는 것과 부정적인 정보를 제거하는 것이 우울증을 가진 사람들을 부정적인 생각과 감정의 악순환에 빠져드는 것을 방지해 준다. 따라서 주의력, 특히 선택 주의력과 분산 주의력을 훈련하는 것이 중요하다. 시글레, 기나씨 및 테세(Siegle, Ghinassi, & Thase, 2007)는 우울증 환자에게 작업 기억을 훈련시키는 것이 도움이 된다는 것을 지지하는 소견을 발표하였다. 이와 함께 외상 후 스트레스 장애(PTSD)의 치료에 있어 적절한 작업 기억 부하에 대한 연구도 진행이 되었다. 불쾌한 생각, 심상 혹은 신체적 감각들에 집중을 하는 동안에 실행한 마음챙김적 호흡과 안구운동(안구운동 탈감각화와 재처리, Eye Movement Desensitization and Reprocessing: EMDR) 모두가 부정적인 경험의 직접적 영향과 감정적 영향에 있어 비슷한 수준의 감소를 보여 주었다(Van den Hout et al., 2010).

지속적인 마음챙김 훈련은 사람들로 하여금 자신의 주의력 처리 과정을 좀 더 이해하고, 인식하며, 조절할 수 있도록 해 준다. 이것은 특정 생각 혹은 감정에 자동적으로 빠져들어 그와 동일시하는 경향성을 점차적으로 줄여 주는 데 도움을 주고, 그렇지 않았다면 알아차리지 못하고 지나쳤을 경험들의 범위를 더 확장시킬 수 있는 주의력과 힘을 더 크게 만들어 주는 데 도움을 준다. 반복적인 연습을 통해 이것은 습관이 될 수 있다(Carmody, Baerm, Lykins, & Olendzki, 2009).

기능적 기전으로서 감정 조절

감정은 모든 정신장애에서 사실상 핵심적인 역할을 한다. 감정은 내적인 자극 및 외적인 자극과 연관이 있는 인지, 생리학적 반응 및 행동으로 이루어지는 복합적인 현상이다. 감정은 내외적 사건에 대한 결정적인 정보를 제공하고, 우리의 행동에 동기를 제공하며, 다른 사람과 정보를 소통할 수 있게 해 준다. 감정 조절은 우리가 경험하기를 원하는 감정에 영향을 주어 그것을 언제, 어떻게 경험하고 어떻게 표현할지를 알 수 있게 해 주는 과정이다.

정신장애에 대한 최근의 관점, 특히 초진단 이론(Transdiagnostic theory)과 수용-전념치료의 관점은 모든 정신병리의 핵심에 감정조절장애가 자리한다고 가정하고 있다(Farchione et al., 2012; Hayes, Wilsonm Gifford, Follette, & Strosahl, 1996; Watson, 2005). 자신들의 강력하고 부정적인 감정의 양상에 상관없이 환자들은 회피, 억압 및 반추와 같은 이전의 역기능적인 전략에 습관적으로 기대는 경향이 있다. 이들은 단기적으로 효과가 있을 수는 있어도 장기적으로는 오히려 상태를 악화시킨다. 이것이 병발증을 설명할 수 있게 해 주고, 또한 치료효과가 한 장애에서 다른 장애로 일반화될 수 있는 현상을 설명 가능하게 해 준다(Barlow et al., 2011).

마음챙김에 기반한 치료적 개입은 감정이나 혹은 생각의 내용을 바꾸려 시도하기보다는 이것들을 감내하는 것(tolerance)을 필요로 한다는 점에서 표준 인지행동치료나 다른 치료모델들과는 완전히 다르다. 명상은 그들에 매이지 말고 단지 주의력이 흩어지는 것을 알아차리라고 가르친다. 집중력이 흩어지는 가장 힘든 형태로 감정이 나타난다면, 이에 대한 마음챙김은 바로 신체의 불쾌한 느낌과 마음 안에 떠오르는 힘든 생각에 지속적으로 직면하는 것이다. 여기에 더해 고조된 알아차림은 감정의 원인이나 이들이 불쾌한 과거 경험의 기억과 어떻게 연결되어 있는지와 같은 기저에 놓여 있는 요소들(예: 감정적 알아차림)에 대한 정보에 더 큰 통찰을 가질 수 있도록 해 준다. 다르게 이야기하면 마음챙김이 노출과 같은 일을 하는 것이다. 따라서 골먼(Goleman, 1988)은 마음챙김의 결과를 '전면적인 탈감작화(global desensitization)'라고 언급하였다. MBCT에는 어려운 명상으로 작업하기(Working with Difficulty Meditation)와 같이 감정에 초점을 맞춘 특별한 마음챙김 훈련이 포함되어 있다(Segal et al., 2013).

감정 조절을 마음챙김에 있어 가장 의미가 있는 기능적 기전으로 보는 관점을 지지해 주는 소견은 챔버스, 굴론 및 앨런(Chambers, Gullone, & Allen, 2009), 랍게이 등(Rapgay et al., 2011, 2013) 및 트레아너(Treanor, 2011)에서 찾아볼 수 있다. 키에사, 세레티 및 야콥센(Chiesa, Serretti, & Jakobsen, 2013)은 마음챙김에 기반한 감정 조절과 연관이 있는 뇌의 구조와 처리과정에 대해 자세한 설명을 해 주었다. 어떤 연구자들은 마음챙김이 위에서 아래로의 과정이라고 생각하는 반면 또 다른 연구자들은 아래에서 위로의 감정 조절 전략이라고 생각한다. 뇌 연구에 의해 가장 지지되는 가설은, 명상을 시작하는 사람들에게 마음챙김의 효과는 전전두엽 조직에서 변연계로, 즉 위에서 아래로의 조절을 통해 이루어진다는 것이다. 좀 더 경험이 있는 명상가들에 있어서는 아래에서 위로의 과정이 더 큰 역할을 하게 된다. 비록 '위에서 아래로'에서 '아래에서 위로'의 과정으로 점차적인 변환이 있기는 하지만 이 둘 각각은 감정 조절에 있어 지속적으로 중요한 역할을 한다(Chiesa et al., 2013).

요약

마음챙김이 주의력과 감정 조절을 훈련시켜 주기 때문에 효과가 있다는 사실은 임상가나 환자들 모두에게 유용한 합리적 근거가 된다. 이것은 환자에게 일상적인 예를 통해서나 환자 자신이 살면서 경험한 문제가 되는 사건들을 통해서 쉽게 설명될 수 있다. 감정적인 문제는 항상 그 문제를 일으키는 사건이 존재하고, 그다음 불쾌하거나 고통스러운 감정이 따라오고, 결국은 비판적인 반응이 나타나게 된다. 그것은 "너무 불편해." "나는 이것을 원치 않아." "이제 그만." 등이다. 이렇게 되면 이번에는 불쾌한 신체 감각이나 생각을 해결하기 위해 특정한 양상의 생각이나 행동과 같은 반대가 되는 조치를 하게 된다.

마음챙김 훈련은 이런 양상을 보다 빨리 깨달을 수 있게 해 주고 충동적이거나 자동적인 반응 없이 목표 지향적인 주의력을 유지할 수 있도록 해 준다. 이렇게 되면 우리는 자신의 행동이나 상황을 마치 거리를 두고 보는 것처럼 지켜보는 것을 배우게 되고, 이것은 통찰을 제공해 줄 뿐만 아니라 이전과는 다르게 그리고 좀 더 적절한 방식으로 반응할 수 있는 공간과 자유를 제공해 준다. 또한 마음챙김 훈련은 주의력이 흩어지는 것을 알아차려서 그것을 있는 그대로 놓아둘 수 있는 능력을 발전시키게 해 준다. 주의력을 흩어지게 하는 가장 큰 원인이 감정이기 때문에 명상은 지속적인 학습 처리과정을 제공해 주어, 이를 통해 문제가 되는 생각과 신체적 감각을 다루는 데 유연성을 얻을 수 있도록 해 준다. 주의력 훈련과 감정 조절을 함께 함으로써 정신과적 증상을 줄일 수 있을 뿐만 아니라 건강을 호전시킬 수 있다.

2부

훈련 매뉴얼

구성(Framework)

이 훈련 실시요강(training protocol)은 90분간 8번의 집단치료시간에 더해 두 번의 추적치료시간을 포함한다. 집단은 18~65세 남녀 8~12명으로 이루어진다. 집단의 구성은 다양할 수 있지만 참가자가 조화를 이룰 수 있도록 노력해야 한다. 예를 들어, 남자가 치료에 참가하기로 했다면 다른 한 명의 남자를 집단에 포함시키는 것이 좋다. 비록 이것이 기술적으로 집단치료는 아니지만 참가자가 다른 집단 구성원을 동일시할 때 인정(validation), 인식(recognition) 및 학습능력이 증진되기 때문에 우리는 아직도 '모든 것이 쌍을 이루게 하는' '노아의 방주 원칙'을 찬성한다. 특별한 집단의 경우, 감정을 즉각적으로 그리고 매번 드러내는 충동적인 사람과 마찬가지로 둔마되거나 메마른 정서를 가진 억제되거나 분리된 사람을 포함할 수 있다. 다양한 집단에 대한 기본적인 생각은 안전한 훈련 환경하에서는 모든 사람들이 서로 배울 수 있다는 것이다.

이 훈련 실시요강을 치료 실시요강(treatment protocol)과 다르게 만들어 주는 주요 특징은 집단 안에서 기술을 습득하는 것과 관련된 것은 모두 논의가 된다는 점이다. 참가자의 통찰을 위한 시간도 마련되어 있지만 이것도 이상적으로는 훈련이라는 과정과 연결되어 있다. 그것이 드러난 정도만큼 집단 역동도 자동항법과 도식/양식 간의 상호작용을 보여 주는 데 이용이 된다. 훈련가의 태도는 참가자가 무엇을 내놓든 간에 그것에 대해 호기심을 보여 주고 개방적이어야 한다. 그래야 이것을 통해 참가자들이 효과적으로 경험에 대한 마음챙김에 기반한 접근을 보고 배울 수 있다. 여기에 더해 훈련가는 도식, 양식 및 도식 대처에 대해 정신교육을 할 수 있다.

이 훈련 실시요강과, 예를 들어 시갈 등(Segal et al., 2002)이 기술한 훈련 실시요강과의 다른 점은 훈련가가 더 많은 정신교육을 해야 하는 것을 포함해 더 활동-지향적이면서 조절적인 기능을 담당하도록 되어 있다는 점이다. 이런 훈련은 좀 더 심한 성격문제를 가진 사람들을 훈련시킬 때 훈련가가 더 어려운 과제를 부담해야 하기 때문에, 마음챙김적인 행동-지향적 접근이 필요할 때 훈련가에게 꼭 필요한 훈련이라는 것이 밝혀졌다.

참가자의 성격적인 문제를 전반적으로 파헤치는 대신에 각 집단 구성원의 가장 영향력 있는 도식과 양식 중 3개를 확인하고 이들의 기능에 대해 훈련기간 내내 초점을 맞추는 것이 필요하다. 이들 특정한 도식과 양식에 초점을 집중하게 되면 도식 과정을 더 쉽게 알아차리고 이해할 수 있게 된다.

처음 두 치료시간은 기본적인 마음챙김 기술에 대한 기술, 설명 그리고 연습으로 이루어진다. 훈련에는 우울증이나 다른 문제들을 위해 만들어진 마음챙김에 기반한 인지치료(Segal et al., 2002)에서 기술되어 있는 것들이 포함된다. 세 번째 시간에 참가자들은 고통스러운 기억을 마음챙김적으로 알아차리는 것을 연습한다. 네 번째 시간부터 계속해서 참가자들은 의식적으로 현재 작동하고 있는 자신의 도식과 양식을 관찰하는 것을 배우게 된다. 다섯 번째와 여섯 번째 시간에 참가자들에게 자신의 도식에 대해 인지적 수준에서 도전하도록 요청하게 되고, 이것을 통해 참가자들은 마음챙김에 기반한 행동 양식을 연습하게 된다. 일곱 번째와 여덟 번째 시간에는 건강한 성인과 행복한 아동 양식에 대해 마음챙김적으로 알아차리는 것을 촉진하는 연습을 하게 된다. 끝으로 두 번의 추적 시간이 준비되어 있고, 이를 통해 참가자들은 자신의 기억을 새롭게 하고 도식과 양식의 맥락 안에서 추가적인 마음챙김 훈련을 배울 수 있는 기회를 제공받게 된다.

마음챙김 훈련에 대해 우리는 의도적으로 이 훈련이 가지는 주의력–지향적 측면과 행동–지향적 측면(행동 양식) 사이를 명확하게 구분하여 기술하고 있다. 이런 구분은 이 둘 사이에 인위적인 구분을 만들려고 한 것이 아니고, 참가자로 하여금 이 둘을 두 가지의 서로 다른 과정으로 알아차릴 수 있도록 돕게 하기 위한 것이다.

학지사 홈페이지(http://hakjisa.co.kr)의 '도서안내 → 도서 상세정보 → 도서자료'에서 환자들은 이 책에 제시되어 있는 것과 같은 마음챙김 훈련의 청취 파일을 구할 수 있을 것이다. 우리는 이 파일을 듣기를 권고하는데, 왜냐하면 우리의 경험상 이 파일을 가지고 집단 만남 외의 시간에 자신만의 연습을 하는 것이 훈련을 더 효과적으로 만들었다는 것이 밝혀졌기 때문이다.

훈련 전과 후에 참가자들은 자신의 경험을 질문지(YSQ와 SMI-1)의 도움을 받아 기록하여 측정을 한다. 질문지 중 하나는 치료기간을 통

해 수회 측정이 된다(다섯 국면 M 질문지, Baer, 2010). 결과는 참가자
들에게 돌려주는데, 이를 통해 참가자들은 훈련기간 동안의 자신의
경험에 대해 추가적인 통찰을 갖는 데 도움을 받는다. 이들 질문지에
사용된 용어들이 치료효과에 대한 것보다는 경험 자체에 초점이 맞
추어져 있다는 점에 주목해야 한다. 효과에 대한 이야기는 그것이 무
엇이든 간에 훈련이 증상이나, 도식, 혹은 양식에 있어 어떤 종류의
변화든지 간에 변화를 가져올 것이라는 기대를 가지게 할 것이다. 비
록 변화가 확실히 일어나기는 하겠지만, 이것이 목표는 아니다. 훈련
의 목표는 행동-지향성이나 미리 주어진 목표 없이, 마음챙김으로
있기를 배우는 것이다.

(비)적응증

우울감의 증상을 가진 매우 불안해하는 젊은 남자가 첫 평가를 위해 방문하였다. 환자는 학교를 그만두고 대부분의 시간을 집에 앉아서 보내거나, 비디오 게임을 하거나, 아니면 TV 앞에서 멍하니 앉아서 보내고 있었다. 그는 이전 치료들에서 치료가 끝나기 전에 중단했던 과거력을 가지고 있었다. 환자의 두드러진 도식은 실패, 감정적 박탈 및 사회적 고립이었고 그의 가장 흔히 활성화되는 양식은 분리된 보호자, 취약한 아동 및 요구적 부모 양식이었다. 그는 진정으로 도움을 원했고 치료를 받을 준비가 되어 있었으나 다시 치료 중에 중단하지 않을까 두려워하고 있었다.

환자는 치료가 시작되기 전에 8회기의 마음챙김과 도식치료 훈련을 받는다는 것에 동의하였다. 이것이 그에게 변화를 위해 치료 프로그램을 진짜로 끝낼 수 있다는 기대를 가지도록 해 주었다. 비교적 짧은 기간의 훈련 기간 또한 그에게 도식치료에 대해 입문할 수 있도록 도와주었을 뿐만 아니라, 자신이 치료를 지속하고 필요한 과제를 할 만큼 충분히 동기를 가지고 있는가 아닌가를 결정하는 데 도움을 주었다. 이에 더해 이것은 비디오 게임과 TV로 끊임없이 도망가지 않고도 그에게 철퇴와 반추에 대한 대체물을 제공해 주었다.

마음챙김 훈련은 다양한 문제의 임상적 상황에서 사용이 증가되고 있으나 효과에 대한 연구는 아직 부족하다. 그래서 적응증과 비적응증(금기)을 충분하게 지지해 주는 기준이 없다. 이 훈련 안에서의 기준은 저자들의 임상적 경험에서 온 통찰 및 일반적인 정신치료와 심리적 치료에 대한 지침에 근거하고 있다.

적응증에 대한 기준은 다음과 같다.

• 습관적인 패턴(도식/양식)을 알아차리게 되는 것에 대한 개방성
• 명백한 성격장애/문제가 관련되어 있는 재발하는 '축 I 장애'
• 지속적인 반추
• 감정 조절에 있어 어려움
• 충동성 그리고 그것을 검토하고 변화시키기 위한 준비
• 사회적 상호작용에 있어 반복적인 어려움
• 장기적인 도식치료에 대해서 확신은 없지만 그럼에도 도식치료에 대해 개방되어 있음
• 도식이나 양식에 대한 이해는 제한적이지만 도식치료에 대해 개방되어 있음(예: 질문지에서 예상외로 낮은 점수를 보여 주는 것)

금기는 다음과 같다.

• 확실하게 심한 '축 I 장애'를 가져 환자가 훈련에 적절하게 집중할 수 없거나, 시작부터 훈련하기가 너무 힘든 경우(예: 심한 물질남용장애의 경우)

- 심한 학습장애
- 마음챙김 훈련에 시간을 투자할 준비가 되어 있지 않은 경우
- 위기 상황을 위해 미리 결정된 행동 계획에 대한 준비가 되어 있지 않은 경우
- 즉각적인 개입이 필요한 사회경제적인 생활상의 문제들(예: 절박한 퇴거 문제, 심한 재정적 부채 문제, 법적인 문제)
- 환자의 사회적 지지망이 환자가 훈련에 참가하는 것에 대한 지지가 없을 경우
- 언어의 유창성에 제한이 있는 경우

집단에 근거한 마음챙김 훈련에 대한 특별한 금기는 다음과 같다.

- 공감능력이 없는 경우
- 청각장애

훈련

진단, 초기 평가 및 효과 측정

초기 평가 전에 환자는 몇 가지 질문지를 작성해야 한다. 치료자는 이것들을 치료 시작 몇 주 전에 환자에게 보내 주거나 받도록 해서 첫 만남에서 이 결과를 논의할 수 있게 한다.

주어지는 질문지는 다음과 같다.

- 간이 증상 설문지
  (Brief Symptom Inventory: BSI; Derogatis & Spencer, 1982)
- 영 도식 질문지
  (Young Schema Questionnaire: YSQ-2; Schmidt et al., 1995)
- 도식 양식 설문지-1
  (Schema Mode Inventory-1: SMI-1; Lobbestael et al., 2007)

질문지들은 초기 평가 전에 점수가 매겨진다. 이 결과는 가장 점수가 높은 3개의 도식과 양식을 결정하는 데 사용된다. 보고서에 이들의 목록을 작성하고(예를 보기 위해서는 부록 II-A를 확인하라), 초기 평가 시에 환자에게 알려 준다. 환자의 기록과 환자를 의뢰한 곳과의 의견 교환 또한 평가를 보완해 줄 수 있는 유용한 정보를 제공해 줄 수 있다.

초기 평가에서 질문지가 훈련의 일부라는 것을 설명해 준다. 질문지는 치료 초와 마지막에 작성하도록 주어질 것이고, 이는 환자의 점수가 높은 도식과 양식 3개를 확인하기 위해 사용될 것이다. 초기 평가를 위한 만남을 마련하는 것은 질문지를 완성하는 것에 달려 있다. 비록 대부분의 환자들이 시간에 맞추어 질문지를 완성하고 가져오지만 일부는 그렇지 않다. 만약 환자가 부족한 자기통제/자기훈련 도식을 가지고 있다면 질문지를 완성하지 못할 수 있다. 그런 경우에는 환자와 치료자가 협동해서 행동분석을 만들어 낼 수 있다. 환자에게 많은 훈련과 과제가 포함되어 있는 마음챙김과 도식치료 훈련에 대해 소개를 해 주고, 이들 훈련과 과제를 수행하는 것이 중요하다는 것도 이야기를 해 준다. 환자는 자신의 질문지를 완성하기 위해 투자한 노력의 양이 앞으로 마음챙김 훈련을 수행해 나가는 데 있어 자신의 동기를 보여 주는 지침이 될 수 있다는 것을 깨달아야 한다.

질문지 결과에 대한 해석은 칠판에 써서 보여 주는 것이 바람직하다. 환자의 가장 점수가 높은 3개의 도식과 양식이 논의되고, 이와 함께 가장 점수가 높은 그의 세 개의 심리적 증상도 논의된다. 환자의 도식과 양식이 기능하는 것을 보여 주는 예를 찾을 수 있도록 환자의 일상생활에서의 경험을 탐색해야 한다. 환자가 자신의 증상이 증가할 때 그것을 인지할 수 있는 환자의 능력을 평가하는 데 노력을 기울여야 하고, 이와 함께 이런 상황에서 '자동항법'의 역할(예: 특정한 상황에서 자동적인 방식으로 반응하는 것)에 대한 환자의 이해능력에 대한 평가에도 노력을 기울여야 한다. 이들 환자들이 충동적인 경향성이 있는지, 아니면 억제적으로 행동하거나 지나치게 조절하지는 않는지, 환자가 자신의 증상을 자신이 약한 증거로 해석하고 있지는 않는지를 찾아내는 것도 중요하다. 환자의 가장 뚜렷한 도식과 양식 3개를 통해서 환자가 보여 주는 '자동항법'의 기능이 점차적으로 드러나게 된다.

평가 후에 치료자는 훈련에 대해 일부 정보들을 제공해 준다.

우리가 하고 있는 많은 것들이 자동항법에 의해 이루어진다. 당신의 자동항법이 작동하는 방식이 당신의 상황이나 당신 자신 그리고 남들에 대해 반응하는 방식을 결정하는데, 이것은 도식과 양식에 의해 많은 영향을 받는다. 예를 들어, 지나친 기준 도식이 발동이 되면 당신은 쉴 수 없다는 느낌에 대해 지나치게 열심히 일을 하거나 당신 자신에게 지나치게 높은 기준을 적용함으로써 이에 반응하게 될 것이다. 만약 당신이 누군가가 화가 나 있는 것을 보았다면, 당신은 개인적인 경계에 대한 인식을 잃어버리고 자신이 하던 일을 멈추면서까지 그 사람을 돌보려 할 수 있다(순응적 굴복자 양식). 아니면 당신은 분리되어 작은 관심조차 보이지 않을 수 있다(분리된 보호자 양식). 우리 모두는 서로 다른 방식으로 우리의 상황이나 감정을 다루는데, 이때 우리는 매번 같은 전략을 고수하는 경향이 있다. 그러나 이렇게 항상 같은 반응에 의존하는 것은 최소한 이것이 편협성(tunnel vision)을 가져오게 한다는 것 이외에도 적지 않은 불이익을 가져다줄 수 있다. 편협성은 대체적인 생각이나 행동 그리고 감정을 다루는 것을 어렵게 만든다.

마음챙김과 도식치료 훈련은 당신에게 도식과 양식이 촉발되었을 때 그것을 인지할 수 있도록 가르쳐 준다. 당신은 도식, 감정 그리고 행동을 그것들에 대해 자동적으로 반응해서 행동하지 않고 지켜보는 것을 배울 수 있다. 훈련은 당신의 경험에 대해 아주 개방적이고 넓은 관심을 가질 것을 요구할 것이다. 당신은 생각, 감정 및 행동이 그들 자신이 가지고 있는 자연스러운 경과를 따라 단지 왔다가 가는 경험이라는 것을 알아차리게 될 것이다. 어떤 때는 당신의 경험이 커지다가 또 어떤 때는 가라앉을 것이다. 이 중 어떤 것이건 간에 그들은 항상 마치 파도처럼 오고 또 가는 예측이 가능한 패턴을 따를 것이다.

8주간의 훈련기간 동안 당신은 당신의 훈련지를 작성하고 마음챙김 훈련을 연습하는 데 많은 시간을 쓰게 될 것이다. 아마도 이렇게 하는 것이 쉽지 않을 수 있다. 매우 충동적인 사람들은 연습하는 것을 어렵게 만들 수 있다. 그들은 훈련이 따분하거나 지루하게 느껴질 수 있고, 치료주제를 계획하지 못할 수 있다. 지나친 기준 도식에 의해 움직이는 또 다른 사람들은 즉각적인 결과를 원하기 때문에 해결책이 바로 제시되지 않으면 좌절하게 된다. 어떤 이들은 자신이 우울해지거나 불안해지고 혹은 반추를 하게 될 때 연습을 제대로 못 하게 되는 반면, 일부는 모든 일이 잘 되어 나갈 때 연습을 제대로 하지 않는다. 이 훈련의 과정을 통해 당신이 훈련을 연습하는 동안 당신이 어떤 종류의 문제들을 만나게 될지를 찾아내도록 해 보자. 우리가 원하는 것은 당신이 자동항법하에 있을 때 당신의 상황, 생각, 감정, 행동 그리고 신체적 감각 등을 어떻게 다룰 것인가를 배우는 것이다.

만약 환자가 참가에 대해 관심을 보이면 실제적인 문제들을 더 논의하게 된다. 집단의 구성과 규칙을 정하고 비밀보장 및 시간엄수에 대한 문제도 논의한다. 훈련비와 훈련가와의 접촉에 대한 정보 등에 대한 정보도 제공된다. 환자에게 마음챙김 훈련에 대한 인쇄물을 주도록 한다(부록 II-B).

환자는 자기 자신의 '자동항법'을 인지하는 것을 배우는 것이 바로 증상이 호전이 되거나 혹은 모든 것을 포함하는 해결책이 생기는 것을 의미하는 것이 아니라는 것을 이해해야만 한다. 이것은 뿌리 깊은 패턴에 대해 알아차림이 증가하는 것은 상황, 생각, 감정 및 행동에 대한 환자의 관점을 확장시켜 주고 마음챙김은 편협성의 효과를 감소시켜 준다는 것을 설명해 줌으로써 이루어진다.

질문지의 결과, 환자 자료에 대한 분석 및 초기 평가는 환자가 훈련기간 동안 마주칠 가능성이 있는 문제점이 무엇이 될지를 예측하는 데 이용이 될 수 있다. 지나친 기준 도식을 가진 사람은 결과를 기다리지 못할 가능성이 높고 모든 훈련의 목적을 미리 알고 싶어 할 가능성이 높다. 훈련되지 않은 아동 양식에서 높은 점수를 보인 사람은 규칙적으로 훈련을 연습하는 데 문제를 보일 것이고 지루하게 느낄 것이다. 이런 행동들은 그들 자신의 '자동항법'과 연결이 된다. 훈련이라는 맥락에서 이런 가능한 장애물이 나타나는 것을 탐색하는 것은 훈련을 수행하려는 환자의 동기를 증가시켜 줄 수 있고, 좀 더 쉽게 자동적 패턴에 대해 이야기할 수 있으며, 이들이 일어날 때 이들을 좀 더 쉽게 다룰 수 있게 해 준다.

마르타(Martha)는 빠른 기분 변화를 보여 주었다. 그녀는 사람들이 아주 가까워지거나 개인적인 관계가 되면 그들에게 적대적이 되는 경향을 보여 주었다. 마르타는 기분이 내려갈 때마다 철퇴하는 경향을 보였다.

첫 평가 동안 마르타의 자동적 반응은 그녀의 유기/불안정 도식과 연결되어 있었다. 집단으로부터 철퇴되고 싶은 욕구를 보이거나, 집단에 도움이 되기를 피하거나, 자기 자신에 대한 과장된 이미지를 보이거나 혹은 자기 자신을 충분히 통제하기 위해 지나치게 주장을 하거나 하는 등과 같이 마음챙김 훈련에 대해 그녀가 보일 수 있는 가능한 반응들을 추측할 수 있었다. 마르타는 이들에 대해 실제로 그럴 수 있는 가능성이 높다는 것을 알고 있었고, 이들이 나타날 때마다 치료자가 자신의 자동항법에 대해 지적하는 것에 대해 동의를 하였다.

환자에게 1, 3, 5 및 7번째 치료회기 동안 다섯-국면 M 질문지(〈부록 Ⅲ-B〉 Baer, 2010)를 완성하도록 주문한다. 이 자가보고형 질문지는 매일 마음챙김적 경험의 빈도를 측정한다. 이것은 참가자로 하여금 자신들에게 대해 새로운 관점을 갖게 하는 데 도움을 준다. 이 질문지는("내가 얼마나 좋아졌지?" "변화하기 위해 필요한 게 무엇이지?"와 같이 즉각적인 생각이 아니라) 자신들의 결과를 행동-지향적인 패턴에 빠지지 않고 마음챙김적으로 보라고 요구한다.

마지막 회기 후에 참가자들은 BSI, YSQ 및 SMI-1 검사를 다시 받는다. 이 결과는 점수를 매겨 보고서에 적어 훈련 전의 점수와 비교한다. 이들 모든 검사결과에 대해 참가자와 논의를 하고 이 결과에 따라 프로그램을 끝낼 것인지, 아니면 치료를 지속해 나갈 것인지를 결정하게 된다.

훈련태도

친밀감, 따뜻함, 지지, 관심 및 존중 등이 훈련을 긍정적으로 효과 있게 만들 수 있는 훈련가의 자질 중 일부이다. 훈련기간을 통해 훈련가는 경험 자체보다는 태도에 지속적으로 초점을 맞추어야 한다. 훈련이 진행됨에 따라 강조하는 점이 경험의 내용에서 경험에 대한 지향성(the orientation toward experience)으로 바뀌어야 한다. 훈련가가 참가자들에게 관심과 주의를 기울이며 호기심을 가진 태도를 가지고 접근할 때, 참가자들은 자신들이 인정을 받고 있다고 느낀다. 매 훈련 후에 훈련에 대한 그들의 경험에 대해 물어볼 때 질문을 더해서 그들의 답을 끝까지 추적하여 확인하는 것이 필요하다. '그들이 어떤 종류의 신체적 감각, 생각 및 감정을 경험하였는가?' 그리고 '그들이 좋아했던 것은 무엇인가?' '그들이 자신의 경험 탓으로 돌리려 했던 진짜 의미는 무엇이었을까?' 등과 같은 훈련가의 호기심이 참가자들의 개인적인 경험에 대한 참가자 자신의 관심을 자극시키는 데 도움이 될 수 있다.

우리는 훈련가 중 한 명이 마음챙김 훈련 동안 눈을 감고 똑바르고 위엄을 갖춘 자세를 유지한 채 집단에 참가할 것을 권고한다. 이렇게 함으로써 훈련가는 자주 불안해지거나 자신들이 연습하는 것을 남들이 지켜보고 있다는 생각에 당황해하는 참가자들에게 역할 모델이 되어 줄 수 있다. 여기에 더해 참가자들은 훈련을 수행하는 훈련환경

안에서 자유롭게 장소를 고르거나 혹은 자세를 취할 수 있어야 한다. 만약 그들이 가장 편안하다면 구석에 앉을 수도 있고, 집단을 향하지 않고 등을 돌리고 앉을 수도 있다. 중요한 점은 참가자들이 훈련기간 동안 억제적이지 않고 편안하게 느껴야 하고, 자신의 환경에 대해 신경 쓰는 것에 몰두하고 있지 않아야 한다는 것이다.

시갈, 티스데일 및 윌리엄스(Segal, Teasdale, & Williams, 2002)는 훈련가들에게 남들을 가르치기 전에 자기 자신의 마음챙김을 숙련시키라고 조언을 하였다. 훈련가들은 마음챙김 훈련을 매일의 습관처럼 만들어서 마음챙김의 원칙에 대해 '내적 관점'에서 이해를 해야만 한다. 시갈 등(Segal et al.)의 연구에서 실험적으로 훈련을 수행시켰을 때 단지 미리 녹음된 마음챙김 청취 파일과 과제를 내 주는 것만으로는 효과적이지 못하다는 것이 명백히 밝혀졌다. 훈련가들은 자신들이 어려움을 경험해 봤을 때, 참가자들이 훈련 중에 부딪치는 문제를 다루는 데 좀 더 자신이 있을 수 있다. 단지 지적으로 이해하는 것으로는 충분하지가 않다. 훈련가들은 마음챙김적인 태도와 기법을 전달할 때 자신만의 언어와 행동을 사용할 수 있어야 한다. 시갈 등(Segal et al.)은 이를 수영강습에 비교하여 이야기하였다. 자신감이 있는 수영강사는 수영을 잘할 뿐 아니라 규칙적으로 수영훈련을 한다.

치료회기 때 훈련 후에는 논의를 위한 많은 시간을 내주어야 한다. 모든 참가자들이 자신들의 경험을 이야기할 수 있는 충분한 시간을 내기가 어려우므로 훈련가들은 새로운 치료회기 때마다 각각 다른 참가자들의 과제에 초점을 맞추어서 이야기할 수 있다.

훈련 후 논의 시에는 주의 깊고, 관심을 기울이며 그리고 탐구적인 훈련태도가 필요하다. 우리의 경험에 의하면 각 참가자들은 훈련에 대해 각각 다른 반응을 보인다. 그래서 그들에게 호기심이 가득하지 만 배려하는 태도로 '훈련 중에 무엇을 경험하셨나요?' '하루 중 어느 때 훈련을 해야겠다고 생각을 하게 되는지요?' '당신이 훈련을 미루 려 하면 마음이 어떤가요?' 등의 질문을 해야 한다. 또한 참가자들의 연습에 관여하는 가능한 도식과 양식을 찾으려 노력을 해야 한다.

베르트(Bert)라는 이름의 27세 남자가 이제 막 마음챙김 훈련을 시 작하였다. 그는 자신의 삶에 있어 요구적인 부모 양식이 문제의 근원 이라는 이유로 치료자를 찾았다. 그는 일에 의해 허우적거리는 것이 일상이었고, 그의 요구적 부모 양식은 주기적으로 그를 우울하게 만 들었다. 그는 항상 일을 빨리 그리고 효율적으로 처리해 왔으나 최근 들어서는 그렇게 할 수 없게 되어 일을 놓아 버렸고 모든 것을 피하 게 되었다.

두 번째 치료회기에 베르트는 훈련가에게 훈련을 하는 데 어려움 이 있다고 이야기하였다. 좀 더 물어본 결과, 훈련가는 베르트가 연 습을 하고 있지만 계속 집중하는 자체에만 머물러 있으려 하고 훈련 이 끝날 때까지 이것만 지켜보고 있다는 것을 알게 되었다. 연습 동 안에 그의 감정과 신체적 감각에 대해 물어보니 베르트는 몸이 안절 부절못하게 되고, 초조하고, 짜증이 느껴진다고 이야기하였다. 그러 면 그냥 일어나서 청취 파일 듣기를 중단하고 가서 무언가 가치가 있 다고 생각하는 것을 하게 된다고 하였다. 결국 그는 일주일에 네 번 하는 그의 운동과 연습을 중단하기로 마음을 먹었다. 훈련가는 베르 트의 생각, 감정 그리고 신체적 감각 모두를 칠판 위에 적었다. 정상 적으로 베르트는 자신의 경험에 대해서 이렇게 많이 주의를 기울이 지 않는다. 그는 마치 '자동항법'에 지시받은 것처럼 자신의 경험을 그냥 행동화하는 데 익숙해져 있다. 그러나 이제는 자신의 경험을 자신이 보면서 그것이 고통스럽게 보이게 되었다. 이를 통해 베르트

는 자신이 매우 자기요구적이 되며 또 판단을 아주 빠르게 해 버린다
는 것을 깨닫게 되었다. 그리고 이것은 반복적으로 나타나는 패턴이
었다.

앞의 예에서, 훈련가의 탐색적인 접근과 추적 질문에 의해 베르트
는 실제로 자신이 마음챙김 훈련을 하는 동안에 일어나는 몇몇 생각
및 충동의 패턴을 알아차릴 수 있게 되었다. 이런 경험에 대해 알아
차리게 되는 것은 매우 중요하다.

만약 참가자가 신체적 감각, 감정, 그리고/혹은 생각에 대해 마음
챙김적 경험을 고려하지 않는다면 이에 대해 환자에게 꼭 질문을 해
야 한다.

베르트는 마음챙김 훈련 동안에 저항과 이자극성이 계속 느껴지
는 것에 대해 이야기를 하였다. 이런 현상은 매우 자주 일어났다. 훈
련가는 베르트에게 신체의 어디에서 그 저항의 감정을 느낄 수 있느
냐고 물어보았다. 그는 위에서 일종의 긴장감을 느낀다고 하였다. 이
신체적 감각에 대해 좀 더 집중적으로 주의력을 기울이게 해서 그런
경험을 허용하도록 하고 난 뒤에 베르트의 저항은 수그러들기 시작
했다. 그는 점차적으로 슬픔과 절망의 감정을 알아차리게 되었다. 이
것들은 베르트가 전에는 전혀 제대로 감당할 수 없는 감정들이었다.

가끔 참가자들이 과제의 유용성에 대해 의문을 보일 때가 있다. 그
들의 의문에 대해 주의 깊게 경청을 하고 이에 대해 더 물어보는 것
이 필요하다. 참가자들이 자동항법에 반응하고 있을 때 이를 파악하

려 노력하고 확인해야 한다.

베르트는 자신을 가라앉히고 쉬는 것이 어렵다고 이야기를 하였다. "어떻게 해야 이렇게 바쁘고 광적인 사회에서 자신을 진정시키고 명상을 할 수 있지?" 훈련가는 이에 대해 이것은 아마도 진정시키는 문제가 아닐 수 있다고 답을 하였다. 중요한 것은 마음챙김적으로 주의를 기울이는 행동을 하는 것이다. 훈련가는 다음과 같은 실례를 들어 주었다. "이것은 마치 당신이 사냥감을 찾아 뛰고 있는 사냥 여행을 하고 있는 것과 같다. 목표를 명중시킬 것을 기대하면서 미친 듯이 총을 쏘고 있다. 만약 당신이 진짜로 당신의 사냥감에 집중을 하려 한다면 무슨 일이 일어날 것 같은가?" 이에 대한 참가자의 반응은 "아마도 총을 쏘기 전에 조준을 할 것이고 그러면 명중할 확률이 더 높아질 것이다."였다.

베르트의 예는 모든 참가자가 이 훈련을 좋아하지만은 않는다는 것을 보여 준다. 그들이 보여 주는 불만족은 아마도 특정 도식이나 혹은 양식 때문일 수 있다. 지나친 기준/과잉비판 도식은 자신들이 연습을 위해 할애하는 시간을 제한하게 만들 수 있다. 우리의 경험상 부족한 자기조절/자기훈련 도식을 가진 사람들은 마음챙김 훈련을 지루해하는 경향이 있다. 참가자들과 함께 도식이 자신이 과제를 마치는 것과 그것에 대한 경험에 어떻게 영향을 주는지를 함께 알아 가야 한다.

　훈련가가 집단의 모든 경험을 칠판이나 수첩에 기록하는 것이 중요하다. 훈련에 대해 무슨 이야기가 나왔었는가에 대해 전체적으로 보여 주는 것은 참가자들이 논의를 지속하고 서로 반응하며 질문을 하는 것을 좀 더 쉽게 할 수 있도록 도와준다. 이와 함께 무엇인가 적는 것은 탐색적이며 호기심이 많은 접근을 도와준다. 매 치료회기의 경험들을 전부 다 적는 것은 현실적이지 못하다. 한 회기에 대해 그렇게 하는 것으로 충분하다.

훈련 프로그램

훈련은 8회기의 치료회기와 두 회기의 추적회기로 이루어지고 집단 상황에 맞도록 만들어져 있다. 치료회기는 일주일에 한 번 이루어지고 한 번에 한 시간 반씩 진행된다.

각 치료회기의 구조는 거의 유사하다. 두 번째 회기의 시작부터 참가자들은 도착하면 자신들의 수첩을 맡겨야 한다. 일주일마다 도식 마음챙김 점수를 측정하기 위해 평가지가 주어지면, 이는 0점부터 10점(0=전혀 마음챙김적으로 관찰되지 않은 도식, 10=충분한 마음챙김을 가지고 관찰된 도식)까지 점수를 매기게 되어 있다. 예는 부록 II-C를 보면 된다. 2회기가 시작되면 과제를 논의하기 전에 간단한 마음챙김 훈련이 이루어진다. 각 회기에는 한 번 이상의 좀 더 긴 마음챙김 훈련이 포함되어 있다. 새로운 훈련은 과제로 주어지게 된다. 회기는 또 다른 짧은 마음챙김 훈련으로 마치게 된다.

훈련은 개인적으로도 이루어질 수 있다. 이런 개인회기는 통상적으로 90분보다 짧게 이루어진다. 집단 치료를 위해 만들어져 있는 각 회기의 모든 프로그램을 끝내려 하는 것은 적절하지 않다. 개인회기는 간단한 마음챙김 훈련으로 시작해서 참가자의 수첩에 저장되어 있는 주마다 측정하는 도식 마음챙김 측정지를 완성하게 한다. 과제를 논의할 수 있도록 충분한 시간을 허용해 준다.

훈련 프로그램은 다음에 전체적으로 기술되어 있다. 회기 동안 연습되는 마음챙김 훈련들과 과제로 주어지는 마음챙김 훈련들은 이 책의 3부에 전부 수록되어 있고(참가자 연습지), 여기에 모든 훈련과 그 훈련의 이론적 배경이 설명되어 있다. 훈련가는 미리 이 정보를 읽어 보도록 권고하고 이를 매 회기에 적용하면 된다.

1회기: 도식, 양식 및 마음챙김 훈련

프로그램

- **도입**: 인사말을 한 후에 참가자들로 하여금 간단하게 자신을 소개하도록 한다. 마음챙김 훈련에 대한 이전의 경험에 대해 물어본다. 이외에 요가나 혹은 명상의 경험에 대해서도 물어볼 수 있다.
- **도식과 양식에 대한 설명**: 마음챙김 훈련의 목적에 대해 논의한다.
- **건포도 훈련**: 집단이 이 훈련을 시행할 수 있도록 한 후에 논의를 한다. 참가자들로 하여금 자신들의 경험을 나누도록 하고 자신들의 생각을 칠판에 쓰도록 한다. 그런 후에 이 훈련의 목적에 대해 설명한다.
- **도식과 양식 수첩**: 참가자들에게 자신의 점수가 가장 높은 3개의 도식과 양식을 자신의 수첩에 쓰도록 지시하고(예는 부록 II-C를

보면 된다.) 그것을 벽에 써 붙이도록 한다. 매주(2회기 시작부터) 참가자로 하여금 관찰된 자신의 도식 각각에 대해 마음챙김의 정도를 점수 매기게 할 것이다(0=전혀 마음챙김적으로 관찰되지 않은 도식, 10=충분한 마음챙김을 가지고 관찰된 도식). 참가자들에게 앞으로 모든 치료회기에 자신의 집계표를 가지고 오라고 이야기 한다.

• 바디 스캔 훈련: 집단이 훈련지침을 잘 알 수 있도록 만든다. 집단이 얼마간 연습을 하도록 해 주어야 구성원들이 서로 간의 경험을 연결시킬 수 있다. 이것을 칠판에 적는다. 훈련가들은 참가자들이 논의하는 중에 비판단적인 태도를 유지하도록 노력해야 하고 질문을 더 해서 참가자들의 경험을 좀 더 추적해야 한다.

• 과제: 다음 회기 과제에 대해 논의한다. 참가자에게 자신들에게 주어진 과제를 어떻게 완성해 올 것인지를 보여 준다.

과제에 대한 설명: 매일 하는 마음챙김

오늘 회기에서 해야 할 훈련은 당신의 매일매일의 일상생활에서 마음챙김을 연습하기 위한 훌륭한 기법입니다(부록 III-C). 당신이 해야 할 것은 당신의 일상 활동이나 허드렛일 중 하나를 정해서 그것에 계속해서 주의력을 집중하는 것입니다. 당신이 이를 닦거나, 머리를 말리거나, 샤워를 하는 동안에 마음챙김을 연습하도록 시도해 보십시오. 당신은 이 훈련을 사회적 상황에서도 사용해 볼 수 있고 사랑하는 사람과 함께 있을 때도 시도해 볼 수 있습니다. 예를 들어 보면, 당신의 배우자와 식사를 하면서 혹은 어머니와 전화 통화를 하면서 마음챙김적 대화를 시도하는 것 등이 있습니다. 여기서 핵심은 활동에, 특히 경험에 당신의 주의력을 집중하는 것입니다. 만약 당신이 이를 닦고 있다면 칫솔이 이에 어떤 느낌을 주는지에 대해서나, 아니면 치약의 맛이 어떻게 느껴지는지에 대해 주의력을 집중하면 됩니다. 당신의 입안에서 칫솔의 움직임을 느껴 보십시오. 당신의 생각이 벗어날 때마다 단지 그것을 알아차리세요. 그러면 당신은 지금 하고 있는 활동에 다시 집중할 수 있을 것입니다. 일단 당신이 당신의 삶에서 이런 짧은 순간의 온전한 경험을 받아들이는 것이 시작되면 당신 자신의 자동항법을 알아차리는 것이 훨씬 수월해질 것입니다(Segal et al., 2002).

질문지에 대한 설명: 다섯-국면 M 질문지
(부록 Ⅲ-B를 보라)

이 질문지(Baer, 2010)는 매일의 마음챙김 경험의 빈도를 측정합니다. 목록에는 39항목이 포함되어 있고 이들 각각은 경험에 대해 5점 척도를 이용해 점수를 매기게 되어 있습니다(1=전혀 혹은 아주 드물게, 5=매우 자주 혹은 항상).

저희가 당신에게 이 질문지를 1, 3, 5 및 7회기에 측정할 수 있도록 이야기할 것입니다. 이들 회기 말미에 당신의 점수를 확인할 수 있도록 잠깐 시간을 줄 것입니다. 당신은 무엇인가를 알아차리셨습니까? 당신에게 어떤 변화나 결과가 꼭 와야 하는 것은 아닙니다. 당신은 그냥 당신의 대상에 집중하면 됩니다. 그것은 어떤 판단이나 행동 없이 그냥 지켜보는 것입니다.

과제에 대한 설명: 당신의 도식에 대해 알아차리게 되기

이 훈련은 당신에게, 당신의 도식이 활성화되는 것을 알아차리게 하고 이 중 어떤 것이 촉발되고 있다는 것을 인식할 수 있게 가르쳐 줍니다. 유용한 전략은, 당신의 도식 중 제일 점수가 높은 3개의 도 식이 활성화된 것을 인식하고 있을 때가 일주일에 몇 번인지를 기 억하는 것입니다. 이 훈련을 위해 당신은 개인 마음챙김 평가(The Personal Mindfulness Evaluation) 형식을 이용할 수 있습니다. 이 형식 은 매 회기를 시작하기 전에 완성하도록 되어 있습니다. 이런 식으로 당신의 점수가 제일 높은 3개의 도식 각각이 규칙적으로 점검과 관 심을 받게 됩니다.

과제 내 주기: 요약하기

당신은 이 훈련 동안 훈련가와 집단 동료들로부터 많은 정보를 받 게 될 것입니다. 정보를 기억하는 흔한 방법은 당신 자신의 언어로 그 것을 적어 놓는 것입니다. 당신은 이것을 '요약하기' 형식(부록 Ⅲ-D를 보라)을 이용해서 할 수 있습니다. 각 회기에 대한 요약은 참가한 날 짜와 회기 횟수, 아직 이용이 가능한 회기 횟수, 현재 회기에 대한 간 략한 기술, 이 회기에서 당신이 배운 것에 대한 요약, 자신이 계속 유 지하기를 바라는 것 및 다음 치료회기를 위한 과제 등이 포함되어 있 습니다. 당신이 배운 것에 대한 기록을 보관하는 것은 당신이 기억하 는 것을 도와줄 것이고 훈련으로부터 당신이 얻은 이점을 더 확장시 켜 줄 것입니다. 무언가 새롭게 할 필요가 있을 때 당신은 당신 자신

의 경험에 근거를 하고 있는 당신의 수첩에 있는 정보에 의해 도움을
받을 수 있습니다.

2회기: 당신의 환경에 대한 마음챙김

프로그램

- **도식과 양식 수첩**: 참가자들은 지난주 동안 자신들의 도식 마음
  챙김의 정도에 점수를 매긴다(1회기를 보아라). 만약 참가자 중
  자신의 수첩을 가져오는 것을 잊어버린 사람이 있다면 새로운
  수첩에 새로 적을 수 있게 해야 한다(앞으로의 치료회기에도 같은
  원칙이 적용된다).
- **짧은 바디 스캔 명상(5분)**: 훈련가는 1회기로부터 바디 스캔에 대
  한 설명을 인용할 수 있다.
- **마음챙김 점수와 과제에 대한 논의**: 집단이 바디 스캔을 집에서
  연습하는지를 물어본다. 만약 그렇다면 훈련가 중 한 명이 집단
  의 경험과 이에 대한 이해를 칠판에 적는다. 자, 이제 이런 경험
  들을 기술하고 적어 놓았다. 그렇다면 참가자들은 무엇을 알아
  차릴 것인가? 이들 경험을 통해 알아볼 수 있는 어떤 특정한 패
  턴이 존재하는지? 예를 들어, 참가자들이 신체적 관찰이나 감정
  적인 관찰을 무시하고 정신적 경험만을 강조하고 있는 것을 알
  아차릴 수도 있다. 이런 경우 훈련가는 이들 무시된 측면에 대
  해 조사할 수 있다.

- 만약 참가자들이 연습을 해 오지 않았다면 이에 대해 좀 더 파고 들어야 한다. 참가자들로 하여금 연습을 방해하는 어떤 사건이나 생각이 있는지를 알아보고 이를 칠판에 적는다. 이들 이유에 대해 비판단적인 방법으로 탐색을 해서 명백하게 참가자들이 과제를 하나의 목표로 생각해서 하는 것이 아니도록 만든다. 목표는 각 훈련의 시작 전이든, 아니면 훈련 동안에 일어나는 것이든 그 모든 것에 대해 마음챙김적이 되는 것이다. 변화나 결과를 얻는 것이 아니라 알아차림을 키우는 것이다.

- 매일의 마음챙김 훈련: 이 집단은 어떤 일일 활동을 선택하였는가? 참가자들이 한 가지 활동만 계속하고 있는지, 아니면 여러 활동을 번갈아 가며 했는지? 만약 후자라면 참가자들로 하여금 이렇게 혼합하게 만든 이유는 무엇이었는지? 훈련 도중에 일어나는 주의 산만이나 어려움이 무엇이든 이에 대해 물어보아라. 어떤 생각들이 그들의 주의력을 흩어지게 만드는가? 참가자들이 관찰하는 다양한 감정들과 신체적 감각들을 탐색한다. 참가자들의 대답을 쫓아가면서 항상 비판단적으로 반응하도록 당신의 최선을 다해야 한다. 참가자들이 어떻게 과제를 했는지 그리고 과제를 해 왔는지 아닌지는 문제가 아니고, 그들이 자신을 방해했던 어떤 것을 알아차리도록 노력했는가가 문제이다. 다시 말하자면, 목표는 알아차림이지 결과가 아니다.

- 당신의 환경에 대한 마음챙김 훈련: 집단 안에서 이 훈련을 연습한다. 그런 다음 경험에 대해 논의하고 관찰 상황이 무엇이든 칠판에 적는다.

- 과제: 다음 주 과제를 내 주고 이번 회기를 종료한다.

3회기: 마음챙김적 호흡하기

프로그램

- **도식과 양식 수첩**: 참가자들은 지난주 동안 자신들의 도식 마음 챙김의 정도에 점수를 매긴다.

- **3분 호흡하기 공간(Three Minute Breathing Space) 훈련**: 집중을 돕기 위한 실제적 방법으로 호흡이 어떻게 사용이 되는지에 대해 설명한다.

- **도식에 대한 마음챙김 점수와 과제에 대한 논의**: 참가자들이 청취 파일을 듣고 바디 스캔 훈련을 할 수 있었는지? 연습을 하지 못한 구성원을 포함한 집단의 경험에 대해 알아보고 방해 요소가 무엇이었는지에 대해 탐색한다. 같은 방식으로 당신의 환경에 대한 마음챙김 훈련에 대한 청취 파일에 대해서도 알아보고, 매일의 마음챙김 과제에 대해서 논의한다. 모든 논의에서 과제에 대해 다루는 데 있어 도식과 양식이 어떤 역할을 했는지에 대한 탐색이 이루어질 수 있다.

- **고통스러운 기억에 대한 훈련**: 집단 안에서 이 훈련을 연습한다. 참가자들로 하여금 경험에 대해 논의하도록 하고 그들이 관찰한 것을 칠판에 적게 한다.

- **마음챙김적 걷기**: 이 훈련방법에 대해 설명을 한다. 훈련가들은 참가자들이 원하면 걷기 위해 바깥에 나가기 전에 참가자들이 이 훈련에 대해 이해하고 있는지에 대해 확인을 해야만 한다.

집단 안에서 논의가 이루어지고 난 뒤에 모든 생각, 행동, 감정 및 신체적 경험들을 칠판에 적는다.

- 종료: 다음 회기를 위한 과제를 내 주고 3분 호흡하기 공간 훈련으로 회기를 마친다.

4회기: 도식 대처에 대한 마음챙김

프로그램

- 도식과 양식 수첩: 참가자들은 지난주 동안 자신들의 도식 마음챙김의 정도에 점수를 매긴다.
- 3분 호흡하기 공간 훈련: 집중을 돕기 위한 실제적 방법으로 호흡이 어떻게 사용되는지에 대해 설명한다.
- 도식에 대한 마음챙김 점수와 과제에 대한 논의: 참가자들이 청취 파일을 듣고 훈련을 수행할 수 있었는가? 만약 그럴 수 없었다면 이런 노력을 방해하는 생각 패턴을 확인한다. 고통스러운 기억에 대한 마음챙김 훈련을 연습하였는가? 매일의 마음챙김 훈련은 어땠는가? 경험에 대해 논의하고 반복되는 생각 패턴의 출현에 대해 조사를 한다. 훈련의 전이나 훈련 중에 지속적으로 일어나는 특정한 도식이나 양식은 존재하지 않는가?
- 도식 대처: 훈련가는 도식 대처의 개념에 대해 설명을 해 준다. 그런 다음 참가자는 도식 대처 질문지(참가자 학습지를 보라.)를 완성하고 그 점수를 계산한다. 그 점수가 그들 자신에 대한 집

단 구성원의 의견을 반영하는 것인지 결과를 집단 안에서 논의한다.

• **마음챙김적 저글링**(juggling): 각 참가자들에게 저글링을 위한 세 개의 작은 공이 주어진다.

〈참고〉 처음에는 두 개의 공으로 훈련을 시작한다. 한 훈련가가 지시 사항을 가르쳐 주고 훈련에 참가하고, 다른 한 명의 훈련가는 관찰을 한다. 만약 집단 참가자가 어려움 없이 두 개의 공을 가지고 저글링을 하는 것처럼 보이면, 그에게 세 번째 공을 건네 준다. 그리고 1~2분 후에는 모든 참가자들에게 공을 하나 더 주고, 좀 더 있다가 공을 하나 또 주고를 계속한다. 어떤 환자들은 그들이 세 번째나 혹은 네 번째 공을 받았을 때 바로 저글링하기를 그만두지만, 어떤 환자들은 그들이 얼마나 많은 공을 받았는지 또는 얼마나 바닥에 공을 떨어뜨리는지와 상관없이 시도를 계속한다. 훈련을 하고 난 뒤 어떤 도식과 양식들이 활성화되었었는지에 대해 논의하고, 언제 그리고 어떤 종류의 도식 대처 방식이 활성화되었었는지에 대해 논의한다. 칠판 위에 이들 경험에 대해 적는다.

• **종료**: 다음 주를 위한 과제에 대해 논의한다.

〈참고〉 청취 파일을 듣고 할 수 있는 새로운 두 개의 훈련이 주어질 것이다. 이들은 집단 안에서 아직 연습이 된 것이 아니지만, 참가자들은 참가자 연습지에서 이들 훈련에 대해 읽어 볼 수 있다. 다음 주를 위한 훈련을 과제로 내 주고 3분간 호흡 공간 훈련을 하고 회기를 종료한다.

5회기: 허용하기와 있는 그대로 수용하기

프로그램

• 도식과 양식 수첩: 참가자들은 지난주 동안 자신들의 도식 마음
챙김의 정도에 점수를 매긴다.

• 3분 호흡하기 공간 훈련: 집중을 돕기 위한 실제적 방법으로 호
흡이 어떻게 사용되는지에 대해 설명한다.

• 도식에 대한 마음챙김 점수와 과제에 대한 논의: 도식 회피, 도식
과잉보상 및 도식 복종을 보여 주는 행동이 어디에 적용되었는
지를 확인한다. 참가자들에게 최근의 두 가지 목록(당신의 도식
에 대해 좀 더 알아차리게 되기, 당신의 도식에 대해 좀 더 잘 알게 되
기)을 포함한 청취 파일을 듣고 훈련을 연습하였는지를 물어본
다. 훈련 전이나 훈련 도중에 특정 도식이 활성화되었는가?

• 3분 도식 마음챙김(Three Minute Schema mindfulness): 집단이 이
훈련을 할 수 있도록 이끈다. 참가자들의 경험을 쓰고 이에 대
해 논의한다.

• 자기와 다른 사람을 마음챙김적으로 수용하기: 이에 대한 개념을
훈련가가 설명해 준다. 참가자들로 하여금 훈련을 시작하기 전
에 인쇄된 정보를 읽어 보도록 권한다. 그런 다음, 집단을 소집
단으로 나누어서 구성원들이 자신들의 도식에 대해 수용에 근
거한 생각(acceptance-based thought)을 개념화하는 데 20분간을
보내도록 한다(참가자 훈련지 5회기를 보라). 집단 구성원 간에 각

자가 서로 어떻게 하면 긍정적이고 수용적인 생각을 수립하는데 도움을 줄 수 있는지에 대해 강조한다. 결과는 각 소집단 안에서 논의를 하고 그 후에 더 큰 집단 내의 논의로 통합을 시키게 된다.

• 종료: 다음 회기를 위한 과제를 내 주고 3분 호흡하기 공간 훈련으로 회기를 마친다.

6회기: 도식, 사실 혹은 허구?

프로그램

• 도식과 양식 수첩: 참가자들은 지난주 동안 자신들의 도식 마음챙김의 정도에 점수를 매긴다.

• 3분 호흡하기 공간 훈련: 집중을 돕기 위한 실제적 방법으로 호흡이 어떻게 사용이 되는지에 대해 설명한다.

• 도식에 대한 마음챙김 점수와 과제에 대한 논의: 도식이 언제 보통때보다 더 활성화되는 것 같은지 알아보고, 이들을 지난주 회기의 내용과 연결시켜 보도록 하라. 참가자들이 자신의 도식이 촉발되는 것을 지켜보는 것을 좀 더 수용적인 태도로 할 수 있는지를 알아보라. 가장 최근 목록(3분간의 도식에 대한 묵상)을 포함해서 녹음된 훈련을 들었는지를 물어보라. 만약 필요하다고 느끼면 매일 마음챙김 훈련을 위해 시간을 사용하라. 행동이나 생각에 혹시 특별히 눈에 띄는 패턴이 있지는 않은가?

- 의도를 보여 주기(manifesting intent): 의도의 개념에 대해 설명한다. 참가자에게 마음챙김적 의도를 가지고 걷기(walking with mindful intention) 훈련을 시키는데, 이 훈련은 실외에서 해야만 한다. 그런 다음, 집단의 경험을 논의하고 이를 칠판에 적는다.
- 도식을 그대로 놓아 주기(letting go of schemas): 집단으로 하여금 이 훈련을 연습하도록 한다. 논의를 하는 동안 경험에 초점을 맞추도록 하는 시간을 갖는다.
- 종료: 다음 회기를 위한 과제를 내 주고 3분 호흡하기 공간 훈련으로 회기를 마친다.

7회기: 건강한 성인과 행복한 아동을 통해 당신 자신을 돌보기

프로그램

- 도식과 양식 수첩: 참가자들은 지난주 동안 자신들의 도식 마음챙김의 정도에 점수를 매긴다.
- 3분 호흡하기 공간 훈련: 집중을 돕기 위한 실제적 방법으로 호흡이 어떻게 사용되는지에 대해 설명한다.
- 도식에 대한 마음챙김 점수와 과제에 대한 논의: 참가자들이 얼마든 상관없이 자신들의 자동항법이 아닌 도식 마음챙김의 기간을 경험한 적이 있는가? 매일의 마음챙김과 다른 청취 파일 훈련에 대해 알아보라. 참가자들이 가장 최근 청취 파일(당신의 도

식을 그대로 놔두기)을 들었는가?

- **건강한 성인과 행복한 아동을 통해 당신 자신을 돌보기:** 이들 양식의 특징에 대해 설명한다. 건강한 성인과 행복한 아동에 대한 마음챙김 훈련을 연습한 후에 집단 내에서 논의한다. 경험을 칠판에 적는다.

- **미래를 위해 준비하기:** 훈련가는 5분 동안에 이 훈련을 설명하고 집단을 좀 더 작은 소집단으로 나눈다. 이 훈련을 시작하기 전에 참가자들에게 자신의 연습지에서 이 훈련과 연관된 자료를 읽어 보았는지를 물어본다. 참가자들에게 서로가 훈련집계표를 적어 넣어 줄 수 있음을 상기시킨다. 그런 다음, 집단을 하나로 모아 자신들의 결과에 대해 논의하도록 한다.

- **건강한 성인과 행복한 아동이 필요한 것을 위해 무엇을 할 것인가?:** 집단에게 이 훈련에 대해 설명하고 이를 과제로 내 준다.

- **단지 생각일 뿐으로서 도식에 대한 마음챙김:** 집단에게 이 훈련에 대해 설명하고 이를 과제로 내 준다.

- **종료:** 다음 회기를 위한 과제를 내 주고 3분 호흡하기 공간 훈련으로 회기를 마친다.

8회기: 미래

프로그램

- 도식과 양식 수첩: 참가자들은 지난주 동안 자신들의 도식 마음 챙김의 정도에 점수를 매긴다.
- 3분 호흡하기 공간 훈련: 집중을 돕기 위한 실제적 방법으로 호흡이 어떻게 사용되는지에 대해 설명한다.
- 도식에 대한 마음챙김 점수와 과제에 대한 논의: 참가자들이 자신들의 건강한 성인과 행복한 아동 양식을 알아차리는 것이 가능하도록 노력하였는가? 이 훈련 전과 훈련 동안에 무엇을 관찰할 수 있었는가?
- 자신을 아동과 성인으로서 마음챙김하기: 이 훈련의 개념에 대한 설명을 한 후, 집단이 이 훈련을 하도록 시간을 준다. 경험을 논의하고 그 경험들을 칠판에 적는다.
- 개인적인 상호작용 안에서 도식과 양식을 마음챙김적으로 저글링하기: 집단으로 하여금 이 훈련을 짝을 지어 수행하도록 한다. 한 훈련가가 지시를 하고 다른 이는 관찰을 한다. 각각의 짝이 공 하나로 시작을 해서 둘, 셋 그리고 그 이상으로 공의 수를 늘려 나간다. 각 짝에게 서로 간에 말을 할 수는 없고, 공을 던지면 상대방이 어떻게 반응하는가를 보아서 그 사람의 욕구를 마음챙김적으로 알아차려야 한다는 것을 이야기해 준다. 훈련이 끝나고 나면 논의를 하게 되는데, 이 논의에서 다른 사람과의 관계

에서 도식과 양식이 어떤 역할을 하는지에 대해 특별히 더 주의를 더 기울여야 한다.

- **평가**: 이 회기의 마지막 10분을 훈련 프로그램을 평가하는 데 사용한다. 이 훈련을 통해서 배운 마음챙김 훈련을 참가자들이 앞으로 어떻게 자신들의 것으로 적용할 수 있을지에 대해 이해할 수 있도록 도와준다. 그리고 집단에게 앞으로 하게 될 개인 질문지 평가에 대한 정보도 알려 준다. 평가를 하기 약 2주쯤 전에 평가지가 보내질 것이다. 이들에 대한 결과는 평가회기를 통해 다루어질 것이다. 개별 참가자에게 앞으로 더한 치료에 대한 명백한 요구가 있는지, 치료가 가능한 곳이 있는지에 대해 조언이 주어질 것이다. 집단에게 앞으로 이루어질 추적회기에 대해 알려 준다. 이들 집단회기는 같은 참가자들로 이루어지게 될 것이다.

추적회기

참가자들에게 앞으로 2회의 추적회기가 있다는 것을 알려 준다. 첫 번째 추적회기는 한 달 후에, 그리고 두 번째 추적회기는 그로부터 두 달 후에 이루어진다. 추적회기는 정규회기보다는 짧은 총 1시간으로 이루어진다. 두 번째 회기에는 참가자들과 함께 평가에 대한 논의도 포함이 될 것이다.

추적회기들은 이전 만남보다 짧은데, 그 이유는 집중해야 할 문제가 다르기 때문이다. 새로운 기술과 기법을 배우는 데 필요한 시간이 거의 필요가 없게 된다. 대신에 우리는 이전에 학습한 기술을 유지하는 데(그리고 만약 필요하다면 새롭게 하는 데) 초점을 맞추게 될 것이다. 참가자들에게 이런 변화를 알 수 있도록 강조해 주는 것이 그들로 하여금 추적회기를 준비하는 데 도움을 줄 수 있다. 이외에도 참가자들은 특정한 관심 문제를 다룰 수 있는 시간이 별로 없다는 것도 알아야만 한다. 추적회기는 주로 다음과 같은 문제들이 다루어진다. '당신은 도식과 양식을 알아차리는 힘을 더 키우기 위해 마음챙김 훈련을 사용하고 있습니까? 지난 한 달 동안 당신이 연습하는 데 어떤 면이 잘 되고 어떤 면이 힘들었습니까? 앞으로 어떻게 훈련하려고 생각하고 있습니까? 당신이 자동항법에 의해 도식과 양식에 습관처럼 반응하는 것으로 돌아가지 않게 하기 위해 어떻게 할 것인지를 생각해 본 적이 있습니까?'

추적회기 1

훈련 프로그램은 8번의 정규회기와 두 번의 추적만남으로만 제한되어 있다. 그렇기 때문에 참가자들 모두가 학습된 모든 기술과 기법을 영원히 유지하기를 기대하는 것은 비현실적인 것이다. 이것이 바로 이 추적회기에서 지속적인 연습과 마음챙김 기술을 유지하는 것을 강조하는 이유이기도 하다. 우리의 경험으로 보면 마음챙김 훈련은 다른 일상에서 해야 되는 일 사이에서 점점 사라지게 된다. 따라서 추적기간이 매일의 생활 안에서 마음챙김을 유지하고, 발전시키고, 통합시키기 위한 전략을 확립시키는 데 사용될 것이다. 참가자들은 앞으로 몇 주에 걸쳐 완성해야 할 질문지를 과제로 가져가게 될 것이다. 그리고 그들에게 두 번째 추적회기에서 이루어질 개인평가를 위한 만남에 오도록 말을 해 준다.

8번째 회기 때 참가자들에게 앞으로 이루어질 추적회기에서는 새로운 기술이나 기법을 배우는 것보다는 마음챙김이 지속적으로 발전하는 것이 강조가 될 것이라는 이야기를 미리 해 준다. 참가자들에게 특정한 관심에 대해서 이야기할 수 있는 시간이 제한될 것이라는 사실도 상기시켜 준다.

프로그램(1시간)

- 도식과 양식 일지: 참가자들은 지난 한 달 동안 자신들의 도식과 양식 마음챙김의 정도를 보여 주는 점수를 적는다.
- 마음챙김 훈련: 마음챙김을 매일의 생활로 가져다주는 건강한 성인(The Healthy Adult Who Brings Mindfulness to Daily Life) 훈련
- 참가자들에게 지난 회기 이후 자신들의 마음챙김에 대한 경험에 대해 물어본다.
- 집단을 여러 집단으로 나눈다. 각 집단은 앞으로 마음챙김을 발전시키고 도식 및 양식을 관찰하는 데 필요한 확실한 전략에 대해 생각을 하게 될 것이다. 그리고 여기에 더해 일반적으로 사용되는 마음챙김에 기반한 기법들에 대해서도 제안할 수 있다. 각 소집단은 자신들의 전략이나 혹은 훈련에 대해 간략하게 정리해서 발표를 할 것이다.
- 각 참가자들에게 질문지와 회신봉투를 함께 나누어 준다. 그리고 그들에게 이를 완성해서 3주 후에 메일로 보내 줄 것을 요청

한다.
• 3분 마음챙김 훈련으로 회기를 마친다.

추적회기 2

훈련 프로그램이 종료한 후에 치료를 지속하는 참가자들은 자신들의 기술을 유지하고 지속적으로 발전시키기 위한 방법으로 이것을 개인 치료회기 안에 포함되도록 만들 수 있다. 가능한 방법 중 하나가 매 회기의 시작과 끝을 3분 마음챙김 훈련으로 하는 것이다. 이와 함께 집단 지도자는 향후 2년까지 추가적인 훈련회기를 계획하는 것도 좋다.

오늘이 공식적으로 마지막 추적회기이다. 우리는 앞으로 도식과 양식 마음챙김에 대한 전략을 위해 지속적으로 노력할 것이다. 참가자들은 개인적으로 평가를 위해 지도자들을 만나게 될 것이다.

프로그램(1시간)

• 도식과 양식 일지: 참가자들은 지난 한 달 동안 자신들의 도식과 양식 마음챙김의 정도를 보여 주는 점수를 적는다.
• 집단 마음챙김 훈련: 다음 훈련 중 하나를 고른다.
(a) 당신의 취약성을 지키고, 관대함으로 반응하며 미래에 대해 희망을 가지는 건강한 성인(The Healthy Adult Who monitors our Vulnerability, Responds with Gentleness, and has Hope for the Future)

(b) **마음챙김적 미래를 계획하기**(Planning a Mindful Future).

선택되지 않은 훈련은 집에서 듣고 연습할 수 있다.

- 참가자들에게 지난 회기 이후 자신들의 마음챙김에 대한 경험에 대해 물어본다.
- 집단을 여러 집단으로 나눈다. 각 집단은 자신들의 도식 마음챙김 과정에 대해 논의할 것이고, 앞으로의 마음챙김을 위한 자신들의 전략을 위해 지속적으로 작업할 것이다. 그런 다음 각 집단은 간략하게 정리를 해서 발표를 할 것이다.
- 회기를 종료한다.

문제점

훈련가와 참가자들은 문제점에 대해 다 같이 마음챙김적으로 될 필요가 있다. 도식 마음챙김 점수 집계표를 보여 주고 난 후에 각 훈련회기는 행동-지향적인 마음 상태에서 주의력-지향적 상태로의 변화를 촉진시키는 마음챙김 훈련으로 시작을 하게 된다. 이 시작 훈련은 종종 시간에 늦어 문을 두드리는 사람들에 의해 방해받을 수 있다. 이런 일이 일어나면 훈련가들은 행동-지향적인 상태로 빠져 버리게 되는 것에 대해 조심하는 것이 필요하다. 훈련가들에게 흔히 일어날 수 있는 충동적인 반응은 가서 문을 열어 주는 것인데, 그러면 집단의 마음챙김 상태가 무너져 버리게 된다. 늦게 온 사람이 문을 계속 두드리더라도 모든 사람들이 자리에 앉아 훈련을 끝내는 것이 더 낫다. 훈련가는 어떤 일이 일어나면 이것이 행동-지향적인 상태로 가려는 욕구를 불러일으키며 정신적으로 주의력을 흩뜨리는 것임을 마음챙김적으로 알아차릴 수 있어야 한다. 만약 이것을 그대로 가게 둔다면 이 주의 산만함은 훈련가의 자기희생 도식을 자극해서 늦은 사람을 들어오게 해야만 한다는 생각을 불러일으킬 수 있다. "그를 바깥에서 기다리게 하는 것은 불친절한 짓이야." 여기에 더해 지나친 기준/과잉비판 도식도 활성화되어서 "늦은 사람은 집단에 폐를 끼치고 있는 것이야."와 "그는 제시간에 오도록 더 노력을 해야만 해."와 같은 판단적인 생각을 떠오르게 할 수도 있다. 일단 훈련이 끝나고 난 뒤에 그 사람을 들어오게 해서 비판단적인 태도를 가지고 그 사람의 이야기를 들어 보는 것이 좋다. 문제를 마음챙김적으로 처리하는 것은 이중 효과를 가진다. 시작과 끝 시간을 지키는 집단 규칙을 다시 확인하는 것만이 아니라, 이것은 훈련가로 하여금 마음이 행동-지향적인 상태로 다시 돌아가려 하는 상황들을 어떻게 다루는지를 보여 줄 수 있도록 해 준다.

비슷한 치료적 접근이 회기 종료의 경우에도 마찬가지로 적용된다. 참가자들은 흔히 끝나면 바로 나가기 위해 회기가 끝나기 몇 분 전부터 나갈 준비를 하는 경향이 있다. 훈련가는 이 행동-지향성을 확인할 수 있어야 하고, 회기는 짧은 마음챙김 훈련으로 종료가 된다는 것을 알려 주어야 한다. 그러면 참가자들은 그 이후에 자동항법으로 들어가지 않고 주의력-지향적 상태로 시작할 수 있도록 선택이 가능해진다.

다음 주 회기를 위한 과제에 대해 집단 논의를 하는 동안에 베르나데트(Bernadette)는 벌써 짐을 꾸리기 시작했다. 짐을 꾸리느라 다른 사람들이 느낄 만한 소리가 나게 되었다. 훈련가는 왜 그런지를 알고자 잠깐 중단하도록 하였다. 그는 베르나데트에게 그녀가 짐을 싸기 시작한 이유에 대해 설명을 해 줄 것을 요청했다. 그녀는 학교로 아이를 데리러 가야 하기 때문에 훈련이 끝나자마자 나가야 한다고 설명하였다. 몇 가지 질문이 더해지니, 지난 30분 동안 그녀의 마음은 오늘 오후에 해야 할 모든 일들로 인해 바빠져 있었다는 것이 확연해졌다. 아이를 데리러 가는 일 이외에도 식료품 가게에도 가야 하고, 아이 중 한 명을 축구 연습을 위해 데려다 주어야 하고, 음식도 만들어야만 했다. 해야 할 목록은 끝이 없었다. 더한 질문을 통해 궁극적으로는 훈련 동안과 집에서의 그녀의 행동에 영향을 주어 왔던 그녀의 도식인 지나친 기준/과잉비판 및 자기희생 도식이 드러났다. 베르나데트는 거의 남편에게 도움을 청하지 않았고 집안일에 대한 책임을 혼자서 감당해 왔다.

훈련가는 베르나데트에게 지난 30분 동안 그녀의 생각이 다른 곳으로 가 있었던 것을 알아차리고 있었는지에 대해 물어보았다. 그녀는 몰랐다고 대답하였고 자신이 행동-지향적 상태에 있었다는 것을 알아차리지도 못했다고 이야기하였다. 그녀는 이제 자신이 해야만 하는 일에 대한 목록에 대해 걱정하고 있는 것에 의해 자신이 이 회기 중에 행동-지향적인 상태에 있다는 것을 깨닫게 되어 회기의 남은 시간을 좀 더 낫게 보낼 수 있었다.

참가자들은 종종 자신들의 도식 마음챙김 점수가 들어 있는 수첩을 가져오는 것을 잊어버리는 경우가 있다. 그럴 때는 이들에게 새로운 집계표를 주어 자신들의 도식과 양식을 새로 적게 하고 마음챙김 점수도 적게 한다. 집계표를 가져오는 것을 자주 잊어버리게 되면 이에 대한 행동 분석이 필요하다. 이 분석은 비판단적이고 마음챙김적인 태도로 이루어져야 한다. 잠깐 동안 이 사람이 어떻게 잊어버리게 되었는지에 대해 생각을 하고, 가능하다면 그것을 그의 도식·양식과 연관시킬 수 있는지를 고려해 봐야 한다. '그들이 기억을 잠깐 잊어버리는 것이 부족한 자기통제/자기훈련 도식에 의해 일어난 것은 아닌지? 참가자가 계속해서 다른 사람을 돌보는 데 바빠 자신을 챙길 만한 시간이 없어서(자기희생 도식) 자신의 수첩을 잊어버리고 가져오지 못한 것은 아닌지?' 등을 고려해 봐야 한다.

에블린(Evelyn)은 훈련에 올 때 도식 마음챙김 점수가 들어 있는 수첩을 잊고 가져오지 못하곤 했다. 훈련가는 그녀가 집에다 자료를 두고 오는 것이 이번에 처음이 아니라는 것에 대해 언급하였다. 에블린은 항상 시간에 맞추어 오기 위해 얼마나 서둘러야 하는지에 대해 설명을 했다. 실제로 에블린은 거의 모든 경우의 약속시간에 가까스로 도착하였다. 에블린의 부족한 자기통제/자기훈련 도식은 그녀가 자주 충동적으로 행동하도록 만든다. 질문을 더 하니 에블린은 혼자라는 느낌을 싫어하고, 그래서 그녀는 항상 바쁠 수밖에 없었다는 것이 드러났다. 에블린이 이런 행동 양상을 반복하기를 중단하니, 그녀는 자신이 외롭다는 느낌을 피하기 위해 자신에게만 집착하고 있었다는 것을 깨닫게 되었다. 그녀는 자기 자신이 실제로 얼마나 피곤하게 느끼고 초초하게 느끼고 있는지를 알아차리게 되었고, 그래서 자신의 현재 생활방식이 그녀로 하여금 자기 자신을 적절하게 돌보지 못하게 막고 있다는 것을 깨닫게 되었다.

참가자들은 종종 훈련 중에 눈을 감고 있어야 한다는 생각에 매우 불안을 느낀다. 예를 들어, 불신/학대 도식은 자신이 취약한 상황에서 다른 사람들에 의해 학대받게 되지 않을까를 걱정하게 만든다. 이런 참가자들은 훈련가 중 한 명이 이런 취약한 상태에 있을 때, 그들

과 함께하고 있고 그들도 함께 눈을 감고 있다는 것을 알게 되면 안
전함을 느끼게 된다. 훈련가는 집단에게, 각 구성원들은 훈련을 수
행하는 데 있어 자신만의 방식을 찾을 수 있도록 허용이 된다는 것을
알려 주어 그들이 연습을 하는 동안 편안함을 느낄 수 있게 해 주어
야 한다. 자신이 원한다면 눈을 뜨고 있는 것도 괜찮다는 것을 알려
주도록 한다. 만약 이런 경우에는 참가자들에게 시야의 특정한 곳에
집중을 할 수 있도록 조언을 해 줄 필요가 있다.

어떤 환자들에게는 집단으로 훈련을 하는 것이 고통스러운 심상
이나 기억을 가져오게 할 수 있다. 안전하지 않고 예측이 불가능한
상황에서 성장한 사람이 만약 치료목표가 미리 언급되지 않은 상황
에서 훈련에 참가하도록 요청을 받는 것은, 그 일을 매우 위협적으로
느끼게 만들 수 있다. 그들의 불신/학대 도식이 활성화되어 종종 그
들이 자신의 건강한 성인/행복한 아동 도식에 집중할 수 없을 정도
로 만들 수 있다. 이렇게 집중할 수 없다는 무능력감이 그들을 화나
게 만들 수 있다. 이런 경우에는 이들로 하여금 자신의 안에서 무슨
일이 일어나고 있는지를 생각해 보는 시간을 갖게 한다. 그들에게 개
방적이고, 공감적이며, 탐구적인 방식으로 물어본다. '어떤 종류의
생각이나 감정 그리고 행동을 경험하고 있는지? 신체에서 느끼는 것
은 무엇인지?' 등을 물어 그들로 하여금 눈을 뜬 채로 지속적으로 훈
련을 할 수 있도록 유도한다. 누군가가 자신이 조절하기에 훈련이 너
무 힘들다거나 중단하고 싶다는 욕구를 느낀다고 신호를 보내면 그
들에게 이에 대한 이해를 보여 주어야 한다. 무엇인가 고통스러운 것
을 관찰하는 일이나 혹은 자신의 안에서 건강한 성인이나 행복한 아
동을 찾아볼 수 없는 것과 같은 일은 모두 자기 자신을 행동하도록

만들지 않으면서, 개방적이고 호기심에 가득한 관점으로 지속적으로
지켜볼 수 있는 기회를 보여 주는 것이라고 설명해 준다. 다른 말로
설명하면 지금은 마음챙김을 위한 시간이 되어야 한다는 것이고, 그
러면 행동은 이제 더 기다릴 수 있게 된다.

마음챙김 훈련에서 일어날 수 있는 다른 문제는 잠에 빠질 위험성
이다. 참가자가 잠에 빠졌는지에 대해 판단을 하지 말고, 그 대신에
무엇이 그를 잠에 빠지게 하였는지에 대해 탐색하라. 이 사람이 단지
잠이 부족해서 피곤해서 그런 것인지, 아니면 자기알아차림에 대해
회피하는 전략으로 잠에 빠져 든 것인지를 알아보고 이 훈련 중에 깨
어 있는 상태를 유지하는 것이 왜 중요한지에 대해 설명하라. 수면은
생각, 감정 및 신체적 경험을 지켜보는 것을 불가능하게 한다. 깨어
있는 상태를 유지하기 위해서 참가자로 하여금 눈을 뜨거나 잠깐 동
안 몸을 살짝 움직여 볼 것을 권한다. 그런 다음, 다시 호흡으로 주의
력을 재집중하고 훈련으로 돌아오게 한다.

막스(Max)는 마음챙김 훈련 동안에 정기적으로 잠에 빠지곤 하였
다. 훈련가는 이전에 이것을 방지하기 위해서 어떻게 하는 것이 좋
은지에 대해 조언을 했었다. 몇 가지의 질문을 하니 막스는 처음에
는 훈련가의 조언대로 하려고 시도를 하였으나, 결국에는 그의 생각
이 벗어나 버리게 되었다는 것이 드러났다. 그런 다음에 그는 그의
주의력을 조절하려고 더 이상 노력하지 않게 되었고 자신의 생각, 감
정 및 신체적 감각에 대한 알아차림을 더욱 하지 못하게 되었다. 훈
련가가 그의 주의력을 산만하게 만드는 생각의 주제에 대해 물어보
니, 막스는 '해 아래 있는 모든 것'에 대해 공상을 하고 몽상을 하는데

정확하게는 기억할 수 없다고 대답을 하였다. 그가 자신의 행동에 있어 이런 양상에 대해 주의력을 집중하기 시작하면서 그는 서서히 어떻게 몽상을 하는지, 그리고 어떻게 잠에 빠지게 되는지, 그래서 자신을 매일매일의 일상과 감정의 현실로부터 도망가게 만드는지 깨닫게 되었다. 이런 식으로 몽상하기는 그를 편안하게 만들어 주는 방법이 되어 왔다. 이것이 일에서 보인 그의 분리된 자기위로자 양식이다.

과제하기 또한 문제가 될 수 있다. 몇 번의 시도 후에 참가자들은 과제하기를 중단해 버릴 수 있다. 만약 이런 일이 일어나면 이에 대해 살펴보고 어떤 도식과 양식들이 역할을 하고 있는지에 대해 탐색을 해야 한다. 어떤 참가자들은 훈련이 자신들이 원하는 만큼 빠른 결과를 가져오지 못할 것이라 느끼고 있을 수 있고, 그래서 더 이상의 노력을 하지 않게 된다(지나친 기준/과잉비판 도식 혹은 실패 도식).

매일의 마음챙김 훈련은 정말로 간단한 것처럼 보이지만 많은 참가자들이 이를 행하는 데 어려움을 느낀다. 이 닦기, 차 마시기 혹은 점심 먹기와 같은 일상적인 활동 중 하나만을 고르는 것이 중요하다. 참가자들은 이 훈련을 혼자 있거나 매일 같은 시간에 연습하기를 더 선호할 수 있다.

종종, 매일의 마음챙김 훈련이 단지 이 활동이 너무 힘들다는 이유로 행해지지 않을 수 있다. 부족한 자기통제/자기훈련 도식을 가진 참가자들은 매일 자신이 먹고 난 접시를 닦겠다고 이야기를 하지만, 이것이 자신의 매일 일상의 정상적인 부분이 아닌 경우에 이것을 행하지 않을 가능성이 높다. 다른 말로 하자면, 훈련을 완성하지 못하고 실패하리라는 예측이 가능한 결과라는 것이다. 비록 이 실패가 마음챙김의 주제가 되어야 하겠지만, 누군가에게 아직 익숙하지 않은 주의력—지향적 행동이 단지 비현실적이라고 치부해 버리는 일은 너무 지나친 것이다.

참가자들은 첫 회기가 끝나고 난 다음부터 청취 파일을 듣지 않을 수 있다. 특히, 해설자의 목소리 톤이나 질이 그들을 괴롭힐 경우에는 더 그렇다. 이런 참가자들은 개방적이고 탐색적인 장소에서 행동 양식으로 바로 들어가지 말고 자신의 경험에 주의를 기울이면서 청취 파일을 들어 보도록 시도해 볼 수 있다. 그래도 문제가 지속이 되면 다른 대체 방법을 찾아 보는 것이 좋다. 선택할 수 있는 것 중 하나가 참가자 자신이나 자신이 사랑하는 사람으로 하여금 자료를 직접 해설하도록 녹음을 하게 하는 것이다.

집단 구성원이 과제를 해 오지 못했을 때 훈련가는 도식, 양식 혹은 도식 대처 방식이 어떤 영향을 주지 않았는지에 대해 조사를 할 수 있어야 한다. 그러나 참가자들은 도식 회피, 과잉보상 그리고 굴복이 꼭 모든 경우에 부정적인 대처 전략이 되는 것은 아니라는 것을 알아야 한다. 중요한 것은 상황, 감정 및 생각을 다루기 위해 가능한 전략을 선택하는 데 마음챙김적인 선택을 하는 것이다.

바디 스캔이나 다른 호흡—중심적인 마음챙김 훈련을 하지 않는 참가자들에게도 같은 원칙이 적용된다. 어떤 참가자들은 호흡을 마음챙김적으로 하는 것에 대해 불안한 감정을 느낄 수도 있다. 이런 경우, 호흡에 어떤 변화도 필요하지 않음을 설명해 준다. 사람들은 종종 자신들이 배로 숨을 쉬어야 한다고 믿고 있기도 한다. 참가자들로 하여금 호흡 훈련에서 벗어나고 싶은 충동이 흔히 불편한 것에서

벗어나려는 경향성을 보여 주는 것임을 인식할 수 있도록 도와주어
야 한다.

낙담한 참가자들이 훈련기간 내내 절망감을 지속적으로 느낄 때,
예를 들어 모든 훈련의 목적에 대해 의문을 품고 있을 때, 훈련가들
또한 자기비난이나 더 열심히 해야 한다고 혼을 내는 생각과 함께 절
망감, 부적절감 및 실패감 같은 감정들을 경험할 수 있다. 이런 경험
의 근원은 흔히 효율성과 조절에 대한 욕구이다(지나친 기준/과잉비
판 도식). 객관적 사실은 참가자들이 이런 훈련들 뒤에 자리 잡은 근
본적인 이유에 매우 서서히 적응해 나간다는 것이다. 예를 들어, 그
들은 이들 연습이 슬픔과 분노 혹은 상처를 내고 싶은 충동 또는 반
복적으로 떠오르는 죽고 싶은 생각 등을 다루는데, 그들에게 어떻게
도움을 줄 수 있는지에 대해 끊임없이 묻는다. 이런 종류의 질문을
하면, 예를 들어 중립적인 닻 내림 점(anchor point)으로 호흡을 되돌
려 놓는 것처럼 훈련가들이 마음챙김적인 상태를 유지하는 것이 매
우 중요하다. 이것은 (경험이 많은) 훈련가로 하여금 가능한 한 반응
에 대해 생각할 수 있는 공간을 제공해 줄 수 있다. 종종 이런 참가자
들의 수첩에 생각, 감정 및 행동의 관점에서 그들이 정확하게 무엇을
경험하고 있는지를 적어 넣고 신체의 어떤 부위에서 자신의 감정이
가장 강하게 느껴지는지를 적어 넣는 방법을 이용해서 절망감을 공
감적으로 그리고 마음챙김적으로 탐색하는 것만으로도 충분할 수 있
다. 자신들의 생각이나 감정에 대한 그들 자신의 관찰이나 도전에 대
해 논의를 하지 않는 것이 필요하다. 그냥 그들이 무엇을 알아차렸는
지에 대해서만 탐색을 하라. 참가자가 자신의 의문이나 절망감으로
돌아갈 때마다 마치 처음인 것처럼 다시 새로운 주의력으로 반응하

도록 시도하게 한다. 취약한 아동, 요구적 부모 혹은 처벌적 부모와 같은 양식들의 활동을 확인한다. 훈련가가 공감적이면서도 탐색적인 자세를 유지하는 데 성공을 하게 되면 참가자의 도식이나 양식에 자동적으로 관여하게 되는 것을 막을 수 있게 되어 자유롭게 제한적 재부모노릇하기(limited reparenting) 역할을 제공해 줄 수 있게 된다.

집단 환경은 참가자들로 하여금 자신들의 경험을 공유함으로써 서로에게 지지적이거나 혹은 교정적인 역할을 할 수 있도록 도와준다. 이와 연관된 문제는 집단 구성원이 너무 지나치게 부모 역할을 하게 되거나 특정한 도식이나 양식 때문에 다른 사람들을 돕게 되는 것이다. 참가자들 안에서 일어나는 이런 반응을 확인하고 이들에게 행동-지향적 행동에 굴복되지 않는 것이 얼마나 가치 있는 것인가에 대해 설명하는 것이 훈련가의 일이다. 집단 구성원들은 행동-지향적인 방식으로 반응하지 않고 주의력을 기울여 주고 들어 주는 것만으로도 다른 이에게 충분한 지지를 제공해 주게 된다. 참가자들이 다른 이들의 고통스러운 감정을 인식하는 문제를 어떻게 다룰지를 배우는 것이 중요하다. 참가자들은 이것을 자기 자신의 경험에 대해 집중함으로써 배울 수 있다. 구성원 중 한 명이 고통스러운 생각과 감정을 경험하고 집단이 이에 대해 반응해서 모든 종류의 조언과 언질을 준 것처럼 보일 때, 훈련가는 이런 반응들이 실제적으로 어떤 이점이 있을지에 대해 마음챙김적인 논의를 시작할 기회를 가지게 된다. 문제가 있어 힘든 사람은, 흔히 모든 사람들의 최선의 노력에도 불구하고 그들의 조언이 별로 도움이 되지 않았다고 이야기할 것이다. 그는 이런 이야기를 이전에도 모두 들어 본 이야기거나 시도해도 헛수고였으며, 아니면 그냥 그중 어떤 것도 도움이 될 것 같지 않아 보였다고 이야기할 것이다. 이것이 집단에게 현실 검증으로 작용할 수 있고 주의력-지향적인 것과 행동 혹은 해결-지향적인 것 사이에 다른 점을 보여 주는 예로 사용될 수 있다.

훈련가가 참가자로부터 훈련시간 외에 전화를 받는 경우는 드물지 않은 일이다. 어떤 경우에는 아래에서 보인 바와 같이 위기에 놓여 있는 경우도 있다.

안드레아(Andrea)의 1차 도식은 결합/미성숙한 자기, 자기희생, 인정에 대한 갈망 및 위험과 질병에 대한 취약성 도식이다. 그녀는 우울증상과 불안증상 때문에 약물을 복용하고 있다. 드물지 않게 그녀는 공황이 임박한 첫 신호가 오면 자신의 훈련가에게 전화를 건다. 그녀의 전형적인 이야기는 약이 듣지를 않고 마음챙김 훈련이 전혀 효과가 없다는 것이다(취약한 아동 양식으로 전환).

안드레아가 위기 상황에서 건 전화 중 하나에서 그녀의 훈련가는 다름과 같은 은유를 연결시켜서 이야기하였다. "당신의 경험은 나로 하여금 전혀 스케이트를 타러 가지 못하는 한 여인을 상기시켜 줍니다. 한 화창한 날에 그녀는 자신의 두려움과 맞서기로 결심을 하고 자신의 집 근처에 있는 연못에 스케이트를 타러 갔습니다. 첫 15분간은 약간 비틀거렸지만 그녀는 탈수록 점차 스케이트 타는 것이 쉬워지는 것을 느꼈습니다. 너무 쉬워져서 그녀는 자신이 어디에서 스케이트를 타고 있는지에 대해 주의를 기울일 수도 없는 상태로 멈추게 되었는데, 결국에는 얼음구멍에 빠지게 되었습니다. 완전히 물에 빠진 그녀는 공황상태가 되어서 빠져나오기 위해 가장 빛이 밝은 곳을 향해 바로 헤엄을 치기 시작하였습니다. 표면으로 나와 숨을 쉴 수 있게 되기를 기대했으나 머리는 얼음에 부딪쳐 표면으로 나올 수 없었습니다. 그녀는 절망하여 다른 곳으로 수영해 가서 또 그렇게 했으나 모든 곳이 얼음뿐이었습니다. 이제 해 볼 수 있는 곳이 없다는 생각에 거의 포기를 하게 되었을 그 순간에 문득 생각이 떠올랐습니다. '얼음 밑에서 사투를 벌일 때 어두운 곳을 찾아야 한다. 왜냐하면 그곳에서 당신은 바로 구멍을 찾을 수 있을 것이기 때문이다.' 비록 이것이 통찰과 아주 반대되는 것처럼 느껴졌지만 그 여인은 얼음에서 어두운 곳을 찾아 수영을 하기로 마음을 먹었습니다. 그리고 그녀가 바라던 대로 그곳에 구멍이 있었습니다."

잠시 동안 안드레아는 침묵을 지키고 있다가 웃기 시작했다. 그녀는 다음과 같이 이야기를 하였다. "나는 당신이, 내가 실제로 나의 공황의 느낌과 그것에 굴복하는 것에 주의력을 기울여야 한다는 것을 이야기하기 위해 그런 이야기를 했다고 생각합니다. 내가 두려워하는 바로 그것이 바로 내가 마음챙김을 해야 할 필요가 있는 바로 그것이라는 이야기지요."

훈련가나 다른 동료들에게 훈련시간 이외에 전화로 연결이 될 수 있다는 것은 중요한 문제이다. 취약한 아동 양식을 가진 참가자들이 경험하는 감정은 매우 강력할 수 있다. 또 다른 각본은 처벌적 부모 양식을 가진 구성원의 경우인데, 이 경우에는 자신에게 분노하게 되어 자해를 시도할 수 있다. 이외에 여기서 이야기해 볼 수 있는 문제 중 하나는 분리된 보호자 양식에 관한 것이다. 이 양식을 가진 참가자는 분리가 되어 있어 자신들에 대해 매우 무관심해 보인다. 이것은 자해 행동이나 다른 파괴적인 행동을 야기할 수 있는 또 다른 양식이다. 참가자들로 하여금 이들 순간을 알아차리는 법을 배우게 해서 이럴 때 도움을 위해 전화를 할 수 있도록 알려 주어야 한다. 훈련가가 이런 위기 전화를 받았을 때, 마음챙김 상태로 있기 위해 노력해야 하고 행동-지향적인 반응을 보이지 않아야 한다. 안드레아의 경우에서 보였던 것처럼 행동-지향적 상태는 명백하게 도움이 되지 않는다. 참가자들은 훈련가가 그들의 이야기를 들어 주고 있고, 자신에게 충분한 주의를 기울이고 있다고 느낄 수 있어야 한다. 종종 사람들에게 다시 앞을 바라보도록 하는 것이 우리가 할 수 있는 전부인 경우가 있다.

결론

마음챙김과 도식치료 훈련하기는 도식과 양식의 기능을 알아 가는 데 도움을 주기 위한 구체적인 프로그램으로, 우리의 자동적 반응이 형성된 과정을 인식하도록 배우게 된다. 자동항법은 우리의 도식이 촉발되거나 우리가 특정 양식으로 들어가게 되면 바로 작동이 된다.

성격문제를 가진 사람 중 일부는 단지 이 훈련만을 통해서도 그들이 원하는 모든 것을 얻을 수 있다. 그들은 마음챙김의 원칙을 내재화해서 이 훈련을 통해 배운 훈련대로 하든, 아니면 자신만의 방식을 발견하든 간에 상관없이 이것을 자신의 삶 안에 영구적으로 자리 잡게 할 것이다.

또 다른 사람들에게는 이 훈련이 단지 자신의 치료과정을 시작하는 것일 수도 있다. 그들은 자신들의 자동항법에 대해 알아차리기 시작해서 추적치료나 지속적인 치료를 통해 그들을 지속적으로 발전시켜 나갈 것이다. 이들은 이 훈련의 일부분인 자료가 규칙적으로 새롭게 제공되는 것에 의해 도움을 받을 것이다. 이 치료에서 유용한 것은 매 회기를 짧은 마음챙김 훈련에 의해 시작하고 종료하는 것이다. 치료자와 환자 모두는 마음챙김적이고, 개방적이며, 탐구적인 태도로 이루어진 지속적인 치료적 동맹에 의해 도움을 받을 것이다. 마음챙김에 기반한 접근은 제한적 재부모노릇하기의 원칙과 매우 잘 맞아떨어진다. 그렇기 때문에 이것은 도식치료 문헌에서 강력한 치료적 중간 매체로 많이 언급되고 있다. 말할 것도 없이 마음챙김은 일상생활에서 적용될 수 있는 가장 도전적인 기술 중 하나로 남아 있다. 이것은 일부 사람에 의해서는 전문적인 운동과 비슷하다고 기술된 바 있는 알아차림에 집중하고 자동항법에서 벗어나는 단순한 기법이다. 이는 환자와 치료자 모두에게 꾸준한 연습을 필요로 한다.

부록 II-A

검사결과 예

평가검사결과 종합

마음챙김과 도식치료

성명: _____

출생 연월일: _____

평가 날짜: _____

평가자: _____

검사자료:

☐ BSI

☐ 도식 질문지

☐ 양식 질문지

☐ (선택사항: 추가적인 성격 질문지)

검사결과:

정상적인 임상수치에 비교해서 상대적인 참가자의 BSI 점수:

_____

참가자의 주 호소:

_____

(가장 점수가 높은 세 개의 BSI 하위척도)

1. _____

2. _____

3. _____

참가자는 도식 질문지에 '낮음/평균 아래/평균/높음'으로 점수를 매긴다.

참가자의 가장 점수가 높은 세 개의 도식은:

('마음챙김과 도식치료'의 폴더 안에 있는 도식 정보에 근거해서 참가자의

가장 점수가 높은 세 개의 도식과 그에 대한 설명에 대해 적는다.)

1. _____

2. _____

3. _____

참가자는 양식 질문지에 '낮음/평균 아래/평균/높음'으로 점수를 매긴다.

참가자의 가장 점수가 높은 세 개의 양식은:

('마음챙김과 도식치료'의 폴더 안에 있는 양식 정보에 근거해서 참가자의

가장 점수가 높은 세 개의 양식과 그에 대한 설명에 대해 적는다.)

1. _____

2. _____

3. _____

성격의 관점에서 참가자는 이런 사람이다:

(만약 질문지가 이루어졌다면, 선택사항인 성격 질문지의 결과를 여기에 적

는다.)

_____

_____

_____

_____

_____

_____

_____

치료자의 서명: _____

부록 II-B

마음챙김과 도식치료 안내(Handout)

빌(Bill)은 몇 개의 직업을 가졌었다. 그는 매우 열심히 일하는 사람으로 알려져 있고 완벽주의자였다. 그는 일과 시간을 자주 넘겨 일을 하였다(지나친 기준/과잉비판 도식). 말할 것도 없이 빌은 직장에서 갈등을 자주 경험하였다. 그는 자신의 상사들이 자신에게 충분한 감사를 표시하지 않는다고 믿었고, 자신이 압박을 느낄 때 그들이 자신을 지지해 주지 못한다고 느꼈다(감정적 박탈 도식). 또한 그는 자신의 동료들에게 비판적이었는데, 그는 동료들이 좀 더 효율적으로 일을 해야만 한다고 생각하고 있었다. 빌은 직장에서 혼자라고 자주 느꼈다. 그리고 종종 그는 자신이 이해받지 못하고, 칭찬받지 못하며 지지받지 못한다고 느꼈다(취약한 아동 양식). 이 양식에서 그는 일을 더 열심히 하게 되었고 다른 이들과 상호작용하는 데 있어 더 예민해지는 경향을 보였다.

소개

도식은 당신 자신이나 다른 사람들 그리고 당신을 둘러싸고 있는 세계에 대해 어떻게 생각하는가 하는 일종의 생각의 방식을 이야기하는데, 이것은 깊이 자리 잡고 있으며 아주 오랫동안 유지되어 온 것이다. 이들 뿌리가 깊고 굳게 믿고 있는 관점은 당신이 무엇을 지각하는지, 당신이 어떻게 행동하는지 그리고 당신이 무엇을 느끼는지에 많은 영향을 준다. 예를 들어, 지나친 기준/과잉비판 도식을 가진 사람들은 더 잘해야 하고 다른 사람들도 역시 자신들이 놓은 기준과 가치에 맞추어 살아야만 한다는 고정된 시각을 가지고 있다. 이런 사람들은 자기 자신이나 다른 사람들에게 만족하는 일이 거의 없으며 이로 인해 더 예민해지게 된다.

하나 이상의 도식들이 촉발되었을 때 특정한 기분(혹은 양식) 체계가 확립이 된다. 각 양식은 특정한 행동과 강렬한 감정에 의해 특징지어진다. 예를 들어, 지나친 기준/과잉비판 도식과 감정적 박탈 도식이 활성화될 경우 당신은 아마도 취약한 아동 양식에 빠지게 될 것이다. 이런 문제는 그들이 만약 당신과 같은 상황이라면, 당신도 그 사람에게 똑같이 할 수밖에 없는 상황이더라도, 당신의 최선의 노력에도 불구하고 누군가가 당신을 버리고 떠날 때 일어날 수 있다. 당신은 외롭다고 느끼고, 이해받지 못하며, 지지받지 못한다고 느낄 것이다.

도식치료에는 19개의 도식과 20개의 양식이 있다(이 장의 나중에 이에 대한 설명이 이루어질 것이다). 모든 사람들이 도식과 양식을 가지고 있다고 생각된다. 그러나 이들은 서로 다른 사람에서 다른 정도로 나타난다. 더 나아가 어떤 사람은 이들 양식을 다루는 데 어려움을 보일 수 있다.

알리샤(Alisha)는 다른 사람을 잘 믿지 못한다. 그녀는 기다리면서 형세가 어떻게 돌아가는지를 살펴보는 편이다. 어느 정도 신뢰가 형성이 되더라도 그녀는 그녀의 신뢰가 궁극적으로는 배신을 당할 것이라고 생각을 한다(불신/학대 도식). 알리샤는 자신의 불신/학대 도식을 확인할 수 있는 상황들을 찾으려 하는 (무의식적인) 경향성을 가지고 있다. 그리고 또한 그녀는 남들을 시험해 보는 경향도 가지고 있었는데, 이는 결국은 이렇게 해야지 무언가 자신에게 이득이 된다는 확신을 그녀에게 심어 주었다. 마음챙김 훈련 동안에 알리샤는 그녀 자신이 남을 시험하고 있는 행동을 좀 더 의식하는 것을 배우게 되었고, 그녀는 이런 행동이 자신의 불신/학대 도식과 밀접하게 연결이 되어 있음을 알게 되었다. 그녀는 모든 사람들이 때때로 제대로 못하는 것이 당연하다는 것을 알게 되었고, 사람들이 일부러 자신에게 상처를 주기 위해 그러는 것이 아님을 알게 되었다. 알리샤는 자신이 사람들을 좋은 사람 아니면 나쁜 사람으로 나누는 경향이 있음을 알아차리게 되었고, 이것이 다른 사람뿐만 아니라 자신에게도 손해가 된다는 사실을 깨닫게 되었다.

마음챙김과 도식치료

우리가 정보를 조직화하는 방법 중 하나가 사실을 옳고 그름으로 나누는 것이다. 이것은 부정할 것도 없이 이점이 있는 전략이다. 그러나 우리가 그것을 미처 알아차리지 못한 상태에서 도식과 양식들이 이런 과정에 미묘하고 자동적인 방식으로 영향을 줄 수 있다. 이런 알아차리지 못함, 즉 우리가 습관적으로 지각하는 이상으로 지각하지 못하는 능력은 우리를 문제로 밀어 넣을 수 있다. 우리가 많은 상황에 자동항법하에서 반응하기 때문에 마치 우리가 편협함으로 고통을 받는 것과 마찬가지로 많은 문제들이 일어나거나 지속될 수 있다. 이 훈련 프로그램은 당신으로 하여금 당신의 자동항법과 도식이나 양식의 영향을 당신이 알아차리기에 좀 더 도움이 될 수 있도록 만들어져 있다. 당신은 자동항법에서 어떻게 빠져나오게 되는지에 대해 배우게 될 것이다. 당신은 당신의 태도, 상황 그리고 당신의 생각, 감정 및 행동을 개방적이고 호기심에 찬 마음으로 관찰할 수 있도록 배우게 될 것이다. 당신은 생각, 감정 그리고 행동들이 그대로 왔다가 간다는 것을 배우게 될 것이다. 무엇인지를 알아차리는 것, 그리고 그것을 그대로 두는 것이 바로 마음챙김의 전부라는 것을 알게 될 것이다.

훈련 프로그램은 일주일에 한 번, 각 한 시간 반씩 8번의 만남으로 이루어져 있고 당신은 집단으로 함께 마음챙김 훈련을 연습하게 될 것이다. 당신은 이 훈련을 과제로 일주일에 4번 연습하도록 요청받게 될 것이다. 이외에 당신은 좀 더 짧은 마음챙김 훈련을 매일 수행해야 할 것이다. 당신은 당신의 연습 경험을 집단의 다른 사람들과 논의할 것이다. 이들 훈련에 대해 심사숙고(reflection)하는 것이 당신으로 하여금 당신의 도식과 양식들이 작동하는 법을 좀 더 잘 알아차릴 수 있도록 도와줄 것이다. 무엇을 경험하는 것을 배우는 것과 함께 당신은 판단이나 반응에 대한 필요성을 느끼지 않고도 그렇게 행동함을 배우게 될 것이다. 마음챙김을 발전시키는 첫 단계는, 자동항법에 의해 행동 양식으로 들어가는 것을 어떻게 피하는지를 배우는 일이다.

마음챙김 훈련의 두 번째 회기에서 제니퍼(Jennifer)는 가시적인 성과가 없는 것에 대한 실망감을 표현했다. 그녀는 좀 더 덜 감정적이 되고, 반추를 덜 하며, 자신의 신체와 좀 더 접촉하기를 기대했었다. 그녀는 매일의 훈련에서 그렇게 하고 있음에도 불구하고 실제로는 자신이 더 감정적이 되고 신체와는 덜 접촉한다고 느꼈다. 다른 참가자는 그녀가 훈련을 지루하게 여긴다고 이야기하였다. 훈련은 그녀에게 너무 실체가 없는 것처럼 느껴졌다. 다른 참가자들은 자신들이 훈련을 즐긴다고 이야기하였다.

치료자는 훈련에 대한 자신들의 반응에 마음챙김적으로 그리고 탐색적으로 바라볼 수 있도록 집단을 초대하였다. 그들은 자기 자신들이나 혹은 훈련에 대해서 기대를 가지는가? 그들은 무엇을 생각하는가? 그들은 어떤 종류의 감정을 느끼는가? 어떤 종류의 신체적 감각이 느껴지는가? 그런 다음 참가자들은 사람들이 얼마나 쉽게 즉각적으로 행동 양식으로 뛰어들게 되는지에 대해 논의를 하였다. 즉, 얼마나 그들은 즉각적인 결과가 오기를 기대하는 경향이 있는지 그리고 어떤 것에 대해 바로 무엇인가를 하기를 원치 않고 어떤 일이 일어날 때 그것을 그냥 바라보고 지켜보는 것이 얼마나 어려운지에 관해 논의하였다.

문제점

도식과 양식은 흔히 사람들을 바로 행동으로 들어가도록 밀어붙인다. 마치 무엇인가 바로 해 버려야 하는 것이 꼭 필요한 것처럼 그렇다. 마음챙김 훈련은 당신으로 하여금 행동하려는 충동을 그대로 놔두고 그냥 알아차리게만 하도록 해 줄 것이다. 자동항법 양식에서 벗어나기 위해 시간을 가지는 것이 당신의 도식과 양식을 인식할 수 있는 확률을 높여 줄 것이다. 이것은 좀 더 알아차리게 되었다는 것을 이야기한다. 일단 당신이 당신의 상황에 어떤 행동이 적절한 것인지를 마음챙김적으로 생각할 수 있는 힘을 가지게 되면, 당신은 자동적으로 반응하기보다는 행동을 선택할 수 있게 되고 의식적인 결정을 내릴 수 있게 될 것이다.

이 훈련은 매일 불쾌한 기분을 밀어내는 것을 습관적으로 해 왔던 사람들에게는 힘들 수 있다. 마음챙김 훈련은 당신의 감정에 깊은 주의력을 집중해야 하기 때문에 당신은 심각한 수준의 불편함을 경험할 수도 있다. 그러나 경험상 감정은 그것을 피하지 않고 직면했을 때 가장 효과적으로 다룰 수 있다는 것을 보여 준다. 그렇게 하는 것이 당신으로 하여금 당신 자신을 좀 더 잘 볼 수 있도록 해 줄 것이다. 이와 반대로 당신의 감정을 지속적으로 회피하거나 무시하는 것은 당신의 증상을 더 심각하게 악화시키는 경향이 있다.

또 다른 문제점은 참가자들이 훈련에 대해 즉각적인 결과를 기대하는 경우에 일어날 수 있다. 사람들은 걱정, 슬픔, 불만 및 고통과 같은 것을 덜 받고 싶어 한다. 성격문제를 위한 마음챙김 훈련이 그들이 원하는 결과를 (직접) 가져다주지 못했을 때 그들은 좌절을 하게 된다. 그들의 좌절은 수용하기 어려울 수 있다. 참가자들은 이 훈련이 자신들의 문제를 씻어 내는 것을 의미하는 것이 아님을 인식해야만 한다. 이 훈련의 목적은 마음챙김적인 삶의 방식을 좀 더 발전시키고, 당신의 욕구, 감정, 생각, 행동, 신체적 경험 및 당신의 도식이나 양식의 영향에 대해 더 알아차릴 수 있게 되는 것이다. 우리의 목적은 변화 그 자체가 아니라 알아차림이 더 나아지는 것이다.

19개의 도식과 20개의 양식의 정의

〈참고〉이들 도식과 양식의 정의는 『도식치료의 윌레이-블랙웰 지침서, 이론, 실제 및 연구(Wiley-Blackwell Hanbook of Schema Therapy Theory, Practice, and Research)』(Van Vreeswijk, Broersen, & Nadort, 2012)에서 가져온 것이다.

19개의 도식

감정적 박탈

이들은 다른 이들이 전혀 혹은 적절하게 자신의 기본적인 감정적 욕구(예: 지지, 양육, 공감 및 보호)를 맞춰 주지 못할 것이라 생각한다. 이들은 고립되어 있고 외롭다고 느낀다.

유기/불안정

이들은 중요한 다른 사람들이 결국에는 자신을 버릴 것이라 생각한다. 이 다른 사람들은 지지를 받거나 관계를 맺는 데 이용할 수도 없고 예측적이지도 않다. 자신이 버림받았다고 느껴지면 이들의 감정은 불안, 비애 및 분노 사이에서 변화하게 된다.

불신/학대

이들은 다른 사람들이 어떤 방식을 써서라도 자신을 의도적으로 학대하거나 혹은 속이거나 경멸할 것이라 확신한다. 이런 감정들은 크게 변동하며, 따라서 이들은 항상 초조해한다.

사회적 고립/소외

이들은 세계로부터 고립되어 있다고 느끼고 자신이 어느 사회에
도 소속되지 않았다고 믿는다.

결함/수치심

이들은 자신이 원천적으로 결함투성이이고 나쁘다고 믿는다. 만
약 누군가가 다가오면 그들이 이 사실을 알게 되어 관계를 끊을 것이
라고 믿는다. 자신이 가치가 없다는 느낌은 흔히 강한 수치심을 가져
온다.

사회적 비바람직성(social undesirability)

이들은 자신이 사회적으로 부적절하고 외모도 매력이 없다고 믿
는다. 이들은 자신을 재미없고, 멍청하며, 혐오스럽다고 여긴다.

실패

이들은 자신이 자신의 동료들만큼 잘 해낼 수 없다고 믿는다. 이들
은 자신을 바보 같으며 재주가 없다고 느낀다.

의존/무능력

이들은 심하게 무력해서 독립적으로 기능을 할 수 없다고 느낀다.
이들은 매일매일의 결정도 내릴 수 없고, 보통 긴장되어 있으며, 불
안해한다.

위험과 질병에 대한 취약성

이들은 자신이나 중요한 사람에게 금방 재앙이 일어날 것이라 믿으며, 자신이 이것을 막을 수 없다고 느낀다.

결합/미성숙한 자기

이들은 한 명 혹은 그 이상의 중요한 사람들(흔히는 부모)과 지나치게 감정적으로 연루되어 있으며 지나치게 가깝다. 그 결과 이들은 자기 자신의 주체성을 발달시킬 수 없다.

복종

이들은 부정적인 결과를 피하기 위해서 남들의 조절에 굴복한다. 이들은 갈등이나 처벌이 두려워서 자기 자신의 욕구를 무시한다.

자기희생

이들은 자신보다 약하다고 생각하는 다른 사람의 욕구에 자발적으로 초점을 맞춘다. 이들은 만약 자기 자신의 욕구에 주의를 기울이게 되면 죄책감을 느끼게 되기 때문에 자신보다는 남의 욕구를 우선하게 된다. 그러나 결과적으로는 자신이 보살피고 있던 사람에게 짜증을 느끼게 된다.

인정추구*

이들은 자기 자신의 발전이나 욕구를 희생해서라도 지나치게 인정, 승인 그리고 관심을 얻는 문제에 집중한다.

감정적 억제

이들은 감정을 조금만 표현해도 이것이 다른 사람에게 해를 주거나 당황이나 보복, 유기를 가져온다고 믿어서 자신의 감정과 충동을 억제한다. 이런 사람은 자발성이 없고 이성을 지나치게 강조한다.

지나친 기준/과잉비판

이들은 자신이 무엇을 하든 충분히 잘했다고 믿지 못하고 항상 더 잘하려고 노력해야 한다고 믿는다. 이들은 자신과 남에 대해 지나치게 비판적이고, 완벽하며, 경직되어 있고, 지나칠 정도로 효율성을 따진다. 이렇게 하는 것은 즐거움과 휴식 그리고 사회적인 관계를 희생시키게 된다.

부정과 염세주의*

이들은 항상 인생의 부정적인 측면에만 초점을 맞추고 긍정적인 측면은 무시하거나 경시한다. 이들은 자주 불안해하거나 과잉각성 상태에 놓이게 된다.

처벌*

이들은 사람이 잘못을 하면 이에 대해 아주 엄격하게 처벌을 받아야 한다고 믿는다. 이들은 공격적이고, 편협하며, 참을성이 없고, 용서할 줄 모른다.

---

*이들 도식은 아직 도식 질문지(YSQ)를 이용해서 확인할 수 없는 도식들이다.

권한/과대성

이들은 자신이 다른 사람들보다 우월하다고 믿으며 특별한 권리를 부여받았다고 믿는다. 이들은 다른 사람들이 생각하는 것과 상관없이 자신이 원하는 것을 가지거나, 아니면 자신이 할 수 있어야 한다고 주장한다. 이들의 핵심 주제는 권력과 다른 사람이나 상황을 조절할 수 있게 되는 것이다.

부족한 자기통제/자기훈련

이들은 좌절을 잘 견디지 못하며 자신의 감정과 충동을 잘 조절하지 못한다. 또한 불만족이나 불편감(통증, 갈등 혹은 무리함)을 견디지 못한다.

20개의 양식

취약한 아동

이들은 아무도 자신의 욕구를 충복시켜 주지 않을 것이라 믿고, 모든 사람들이 궁극적으로는 자신을 버릴 것이라고 믿는다. 이들은 다른 사람들을 불신하며 그들이 자신을 학대할 것이라고 믿는다. 자신은 가치가 없으며, 따라서 거절당할 것이라고 생각한다. 이들은 자신에 대해 수치심을 느끼고 자주 자신이 배척되었다고 느낀다. 이들은 외로움을 느끼고 세상 모든 곳이 위험으로 가득 차 있다고 믿기 때문에 치료자에게 도움을 청하기 위해 매달리는데, 마치 작고 취약한 아동처럼 행동을 한다.

화난 아동

이들은 자신의 핵심적인 욕구가 만족되지 않았기 때문에 심하게 화가 나 있고, 분노하고 있으며, 참을 수 없다고 느낀다. 이들은 또한 자신이 버림을 받았거나, 모욕을 당했거나 혹은 배신을 당했다고 느낄 수도 있다. 이들은 자신의 분노를 언어적이거나 아니면 비언어적인 방법으로 아주 극단적으로 표현하는데, 이는 마치 어린아이의 분노가 폭발하는 것과 유사하다.

분노한 아동

이들은 화난 아동에서와 같은 이유로 격노한 감정을 느끼는데, 화난 아동과 다른 점은 조절을 상실한다는 것이다. 이런 격노한 감정은 공격적이고 파괴적인 행동으로 다른 사람이나 대상을 향해 표현이 되는데, 이는 마치 어린아이가 자신의 부모를 해하는 것과 같다.

충동적 아동

이들은 이기적이고 조절이 되지 않는 방식으로 자신의 (핵심적이지 않은) 욕망이 충족되기를 바란다. 이들은 자신의 감정이나 충동을 조절할 수 없고, 자신의 (핵심적이지 않은) 욕망이나 충동이 충족되지 않으면 분노하게 되거나 격앙되게 된다. 이들은 종종 버릇없이 자란 아이처럼 행동을 한다.

훈련되지 않은 아동

이들은 좌절을 견디지 못하고 자기 자신을 일상적이거나 지루한 과제를 끝내게 하도록 참고 견디지 못한다. 이들은 불만족이나 불편함(통증, 갈등 및 무리함)을 참지 못하며 버릇없는 아이처럼 행동한다.

행복한 아동

이들은 사랑을 받고, 만족스러우며, 보호를 받고, 이해와 인정을 받는다고 느낀다. 이들은 자신감이 있고, 유능감을 느끼고, 적절한 자율성과 조절감을 느낀다. 이들은 자발적으로 반응할 수 있고, 모험적이며, 낙관적이고, 행복한 어린아이처럼 자기 역할을 한다.

순응적 굴복자

이들은 부정적인 결과를 피하고 다른 사람의 욕망을 위해 자신을 헌신한다. 이들은 자기 자신의 욕구나 감정은 억제하고 공격심을 봉쇄해 버린다. 이들은 자신이 복종함으로써 인정을 얻기를 기대해서 비굴하게 그리고 수동적으로 행동한다. 이들은 다른 사람들이 학대하는 것을 참고 견딘다.

분리된 보호자

이들은 강한 감정들을 차단하는데, 그것은 이런 감정들이 위험하고 조절할 수 없다고 믿기 때문이다. 이들은 사회적 관계에서도 자신의 감정을 차단하려고 노력한다(종종, 이것이 해리현상을 가져오기도 한다). 이들은 공허하고, 지루하다고 느끼고, 이인증도 느낀다. 이들은 다른 사람들로부터 거리를 지키기 위해 냉소적이고 비관적인 태도를 취한다.

분리된 자기위로자

이들은 부정적인 감정을 느끼는 것을 피하기 위해 주의를 돌릴 수 있는 것을 찾는다. 이들은 자기위로적인 행동(잠을 자거나 물질 남용)이나 자기자극적인 행동(일이나 인터넷, 운동 혹은 섹스에 광적으로 집착하거나 몰두하는 것)을 통해 이를 성취한다.

자기과장자

이들은 자신이 다른 사람들보다 우월하고 특별한 권리를 누릴 자격이 있다고 믿는다. 이들은 다른 사람들이 생각하는 것과 상관없이 자신이 원하는 것은 가지거나, 아니면 자신이 할 수 있어야 한다고 주장한다. 이들은 자존감을 올리기 위해 스스로를 과시하거나 남들을 모욕한다.

괴롭힘과 공격

이들은 다른 사람들에게 조절당하거나 상처받는 것을 원하지 않으며, 이를 막기 위해 자신이 다른 사람을 조절하려고 한다. 이들은 위협과 협박을 하고, 공격성을 보이며, 자신이 원하는 대로 끝을 보려 한다. 이들은 항상 자신이 우월한 위치에 놓이기를 바라고 남들을 해함으로써 가학자적인 즐거움을 느낀다.

처벌적 부모

이들은 공격적이고, 편협하며, 참을성이 없고, 자신에 대해 용서할 줄 모른다. 이들은 항상 자기비난적이며 죄책감을 느낀다. 이들은 자신의 잘못에 수치심을 느끼면 이에 대해 심하게 벌을 받아야만 한다고 믿는다. 이 양식은 어린 시절에 자신을 깔보거나 벌을 주기 위해 부모(혹은 그중 한 명)나 다른 교육자들이 사용했던 말이 반영된 것이다.

요구적 부모

이들은 경직된 법칙, 기준 혹은 가치를 만족시켜야만 한다고 느낀다. 이들은 자신이 이런 기준을 맞추기 위해 매우 효율적이어야만 한다고 생각한다. 이들은 무엇을 해도 충분하지 않기 때문에 더 열심히 노력해야만 한다고 믿는다. 그래서 이들은 자신이 완벽해질 때까지 자신의 휴식과 즐거움을 희생하면서 아주 높은 기준을 향해 나아가려고 노력한다. 그리고 또한 결과에 대해 전혀 만족할 줄 모른다. 이런 법칙과 기준은 부모(혹은 그중 한 명)에 의해 내재화된 결과이다.

건강한 성인

이들은 자신에 대해 긍정적이며 중립적인 생각과 감정을 가지고 있다. 이들은 자신에게 좋은 일들을 하며, 이 결과 건강한 관계와 활동이 이루어지게 된다. 건강한 성인 양식은 부적응적이지 않다.

화난 보호자**

이들은 위협이 될 수 있다고 생각하는 다른 사람들로부터 자신을 보호하기 위해 분노의 벽을 이용한다. 이들은 격노함을 많이 보여줌으로써 다른 사람들과의 안전한 거리를 유지한다. 그러나 이들의 분노는 화난 아동이나 격노한 아동의 경우보다는 좀 더 조절이 가능하다.

강박적 과잉-조절자**

이들은 모든 것을 지나친 조절하에 둠으로써 가상적인 위협 혹은 실제 위협으로부터 자신을 보호하려고 시도한다. 이들은 이를 달성하기 위해 반복적으로 행동하거나 아니면 의식(rituals)을 사용하기도 한다.

편집증**

이들은 남들을 견제하거나 남들의 실제 의도를 폭로함으로써 가상적이거나 실제적인 위협에서 자신을 방어하려 한다.

사기꾼과 조종**

이들은 의도적으로 남들을 피해자로 만들거나 혹은 처벌을 피하기 위한 것과 같은 특정한 목적의 성취를 위해 남들을 속이거나, 거짓말 혹은 조종을 한다.

약탈자**

이들은 냉정하고, 무자비하며, 계산된 방법으로 위협하거나 경쟁자, 방해물 혹은 적을 제거한다.

관심-추종자(attention-seeker)**

이들은 과장된 행동, 색정광 혹은 과대성 등을 통해 승인이나 주의를 얻으려 한다.

** 이들 양식은 (아직) 도식 양식 설문지(SMI-1)에 추가되지 않았다.

부록 II-C

도식 및 양식 연습지

이름: _____

도식 1: _____   양식 1: _____

도식 2: _____   양식 2: _____

도식 3: _____   양식 3: _____

이 종이는 주 단위로 도식 마음챙김 점수를 측정하는 데 사용되고 점수는 0부터 10까지 매겨진다(0=전혀 마음챙김적으로 관찰되지 않은 도식, 10=충분한 마음챙김을 가지고 관찰된 도식).

	1주차 점수	2주차 점수	3주차 점수	4주차 점수	5주차 점수	6주차 점수	7주차 점수	8주차 점수
도식 1								
도식 2								
도식 3								

3부

참가자 연습지

9. 참가자 연습지

참가자 연습지

이 연습지는 마음챙김과 도식치료를 훈련시키기 위해 특별히 만들어진 것이다. 이것은 각 회기들에 대한 구조와 정보를 제공해 주고 추가적으로 훈련 동안에 얻어진 지식들을 지속적으로 보유할 수 있도록 돕는 기능도 한다. 학지사 홈페이지(http://hakjisa.co.kr)의 '도서 안내 → 도서 상세정보 → 도서자료'에서 환자들은 이 책에 제시되어 있는 마음챙김 훈련의 청취 파일을 접할 수 있다. 우리는 참가자들이 이 청취 파일을 자신의 것으로 만들어 집단 만남 외에 연습을 했을 때 훈련이 더 효과적으로 되는 것을 경험했기 때문에 이들을 꼭 들을 것을 권고한다.

이 연습지는 여덟 번의 회기와 두 번의 추적회기로 나누어져 있다. 그리고 이 연습지는 마음챙김, 도식 및 양식을 포함하는 핵심 개념에 대한 설명과 각 회기에 관계가 있는 질문에 대한 논의를 포함하고 있다. 또한 각 훈련에 대해서도 자세히 기술되어 있다. 어떤 참가자들에게는 이것을 가져가 훈련에 대해 다시 읽어 보는 것이 도움이 될 수 있다. 다음 회기를 위한 과제는 매 회기 마지막에 등재되어 있다.

1회기: 도식, 양식 및 마음챙김 훈련

도식, 도식 양식 및 도식 대처

도식은 우리 자신과 남들 그리고 우리를 둘러싸고 있는 세상을 지각하는 데 뿌리 깊게 그리고 굳게 자리 잡고 있는 방식이다. 이런 지각 방식은 삶의 경험들에 의해 만들어진다. 도식은 우리의 현실을 단순화시키기 때문에 매우 유용할 수 있다. 그들은 우리가 매일의 생활에서 마주하는 많은 양의 정보를 좀 더 관리할 수 있도록 만들어 준다. 그러나 도식은 이것이 고정된 양상의 생각과 지각의 형태로 바뀌어 버려서, 다양한 상황에서 의식적인 결정을 할 수 있는 능력을 우리에게서 빼앗아 버릴 때 문제가 된다. 궁극적으로 우리는 우리의 삶을 건강하게 그리고 적절하게 살 수 있기 위해 필요한 유연성을 잃어버리게 된다.

도식은 특정한 상황이나 어떤 사람과의 상호관계에 의해 자주 촉발이 되고, 아주 강하고 고통스러운 감정을 일으키는 원인이 될 수 있다. 하나 혹은 그 이상의 도식이 동시에 활성화되거나 빠르게 이어서 활성화될 때, 이것은 많은 경우 결국 비생산적인 기분이나 양식으로 연결이 된다. 이런 양식 안에서 전형적으로 우리는 다른 상황이나 만약 같은 상황이라도 다른 사람이었다면 그렇지 않았을 것에 비해 건강하지 않게 행동하게 된다.

프랭크(Frank)는 남들과 친해지고 자신을 남들에게 드러내는 것에
어려움을 가지고 있다. 파티에 갔을 때 그는 자신이 남들과 함께 어
울리지 못한다고 자주 느꼈다. 마치 다른 사람들이 자신을 이상하게
보거나 자신에게 흥미를 가지고 있지 않은 것처럼 느꼈다. 어느 날
밤 그의 친구(그녀)가 그를 파티에서 보았는데, 그녀는 프랭크에게
그가 얼마나 조용하게 있는지에 대해 언급하면서, 그가 사람들과 친
해지는 것을 보고 싶고 가끔씩은 서로 마음을 공유하고 싶다고 이야
기하였다. 하지만 프랭크의 마음은 완전히 닫혀 있었다. 그는 친구들
로부터 자신이 완전히 철퇴되어 있고, 마음이 텅 비어 있으며, 할 말
이 없다고 느꼈다. 그녀는 프랭크에게(서로의 관계가 소원해지고 있
는데), 그의 회사에 관심을 많이 가지고 있고 그에 대해서 좀 더 알고
싶었는데 그러지 못해서 아쉬움이 많다고 말하였다. 프랭크는 이 이
야기를 듣고 슬펐으나 자신의 이런 감정을 공유하기보다는 자신이
만들어 놓은 단단한 벽 안으로 더 들어가 맥주 하나를 더 주문하였
다. 그날 밤 그는 알코올이 자신을 좀 더 자유롭게 말할 수 있게 만들
어 주기를 기대하면서 맥주 여덟 병을 마셨다.

일반 인구에서 19개의 도식과 20개의 양식이 확인되었다. 그들의
목록이 〈표 9-1〉에 있다. 각각의 도식이나 양식에 대한 좀 더 자세
한 기술을 보고 싶다면 부록 II-B를 이용하도록 하라.

〈표 9-1〉 도식과 양식

19개의 도식	20개의 양식
감정적 박탈	취약한 아동
유기/불안정	화난 아동
불신/학대	분노한 아동

사회적 고립/소외	충동적 아동
결함/수치심	훈련되지 않은 아동
사회적 비바람직성	행복한 아동
실패	순응적 굴복자
의존/무능력	분리된 보호자
위험과 질병에 대한 취약성	분리된 자기위로자
결합/미성숙한 자기	자기과장자
복종	괴롭힘과 공격
자기희생	처벌적 부모
인정추구*	요구적 부모
감정적 억제	건강한 성인
지나친 기준/과잉비판	화난 보호자**
부정과 염세주의*	강박적 과잉-조절자**
처벌*	편집증**
권한/과대성	사기꾼과 조종**
부족한 자기조절/자기훈련	약탈자**
	관심-추종자**

* 이들 도식은 아직 도식 질문지(YSQ)를 이용해서 확인할 수 없다.
** 이들 양식은 (아직) 도식 양식 설문지(SMI-1)에 추가되지 않았다.
출처: 반 브레스비크, 브로이센 및 나도르트, 2012(van Vreeswijk, Broersen, & Nadort, 2012).
빌레이의 허가하에 복제함.

프랭크의 예는 사회적 고립/소외, 감정적 박탈 및 결함/수치심 도식이 취약한 아동 양식 안에서 어떻게 발현될 수 있는가를 보여 주고, 또 분리된 보호자와 분리된 자기위로자의 대응 양식이 개입되는지를 보여 준다. 프랭크는 자신의 도식들을 자신에게 더 설득력이 있어 보이는 알코올 사용을 통해 지속시켰다. 이것은 도식 회피 전략을 보여 준다. 이 전략은 그로 하여금 자신의 도식이 옳다는 결론과 자신이 사람들과 소통하려면 알코올이 필요하다는 결론에 다다르게 해 준다.

위의 예에서 프랭크는 도식을 그대로 따름으로써 세 개의 도식 대처 유형(어렵고/고통스러운 상황들을 다루는 방식) 중 하나를 보여 주었다. 도식을 유지하게끔 하는 세 개의 주요 전략이 있는데 도식 회피, 도식 과잉보상 및 도식 굴복이 그것이다.

도식 회피는 도식이 촉발될 수 있는 상황이나 도식을 대화로 끌어들일 수 있는 상황으로부터 빠져나오거나 방지해야만 하는 행동을 이야기한다. 도식 회피 전략에 속하기 가능한 예로는 물질 남용, 지나친 컴퓨터 사용, 지나친 일, 수면, 백일몽 및 텔레비전 시청 등이 있다.

도식 과잉보상은 우리가 가진 도식의 도를 넘어 고함을 지르는 것과 마찬가지이다. 이런 유형의 행동에서 우리는 취약성을 부정하고 우리의 민감한 부분을 무시해 버린다. 우리가 우리의 도식이 잘못되었다는 것을 증명하기 위해서는 무엇이 도를 넘게 우리를 어렵게 만들고, 불쾌하게 만들며 혹은 무섭게 만드는지를 정확하게 찾아내야 한다.

도식 굴복은 도식을 확인시켜 주는 정보들을 찾아내는 것을 말한다. 우리의 도식에 반하는 것은 어떤 사실이든 근본적으로 얼버무리고 넘어가거나 무시된다. 우리는 어떤 상황에서 오직 우리의 도식을 지지해 주는 측면만 인식하려 한다.

다음의 예는 부족한 자기조절/자기훈련과 감정적 박탈을 주요 도식으로 가지고 있는 여인의 경우에서 도식 과잉보상과 도식 굴복 행동을 보여 준다. 그녀의 주된 양식은 취약한 아동 및 요구적 부모 양식이다.

이레네(Irene)는 외롭다. 그녀의 친한 친구는 함께 쇼핑하러 가는 것을 취소하였고 남편은 회사에서 회의 때문에 늦을 예정이다. 그녀는 시시각각으로 불행이 더해짐을 느껴서 결국에는 혼자서 시내에 나가기로 결정을 하였다. 그녀는 자신이 혼자서도 즐겁게 지낼 수 있다는 생각이 들었고 이를 증명해 보이고 싶었다. 붐비는 쇼핑 거리를 돌아다니면서 이레네는 훨씬 행복해 보였다. 비싼 가게를 지나는데 그녀의 눈길을 끄는 물건이 보였다. 그녀는 자신이 정말로 이 비싼 물건을 원하고 있지는 않다고 생각했다. 그러나 다시… . 이레네는 자신의 남편에게 자신이 얼마나 힘든 하루를 보냈는지를 이야기하고 이 물건을 사도 좋은지를 물어보려고 전화하기로 마음을 먹었다. 그러나 전화를 걸었을 때 남편은 회의 중이라고 대답하였다. 그는 지금은 시간이 없으니 그 문제에 대해 내일 이야기를 했으면 한다고 말하였다. 이레네는 전화를 끊으면서 실망감과 외로움을 느꼈다. 다음이 바로 이레네가 생각한 것이다. "아무도 나를 위해 시간을 내주는 사람이 없어. 나는 항상 남을 위해 이야기를 들어 주지만 내가 누군가가 필요할 때는 아무도 내 이야기를 들어 주지 않아."

마음챙김과 도식치료 훈련하기

사실대로 말하자면 우리는 우리가 하고 있는 것의 대부분을 알아차리지 못한다. 예를 들면, 자전거를 탈 때 우리는 왼쪽 페달을 왼발로 움직이고 오른쪽 페달은 오른발로 움직인다는 것에 대해 계속해서 생각하지 않는다. 확실히 이 자동항법은 이점이 있다. 이것은 우리가 한번에 여러 일을 할 수 있게 해 준다. 우리는 무엇인가를 생각하느라 바빠도 자전거를 타고 목적지에 바르게 도착할 수 있다.

비슷한 문제가 도식과 양식에서도 일어날 수 있다. 이상적으로 이들 도식과 양식의 목적은 우리의 세계를 좀 더 이해하기 쉽게 만드는 것이고 다른 상황에서 우리의 행동을 제대로 이끄는 것이다. 그러나 도식과 양식은 그들이 자동적으로 그리고 지속적으로 작동할 때 문제가 될 수 있다. 종국에 우리는 우리의 도식과 양식이 우리의 행동을 형성한다는 사실을 인식하지 못하게 될 수 있다. 이렇게 되면 우리는 어떻게 행동할 것인지를 의식적으로 결정할 수 있는 능력을 빼앗길 수 있다.

앞으로 8주 동안 당신은 당신의 도식과 양식이 촉발되었을 때 그것을 인식하는 것을 배울 것이다. 도식이 활성화될 때 무엇이 일어나는지에 대해 좀 더 알아차리게 되면 당신은 당신 자신, 다른 사람들 그리고 당신의 환경에 대한 마음챙김이 더 커지게 될 것이다. 당신은 당신의 도식에 동반된 불쾌한 생각이나 감정에 대해 이들을 부정하거나, 피하거나 혹은 굴복하는 대신에 좀 더 알아차리게 될 수 있을 것이다. 당신의 몸에 대한 경험이 주의 집중의 초점이 될 것이고, 이러면 당신은 두려움, 슬픔 혹은 분노 대신에 마음챙김과 수용을 가지고 신체적 감각을 지각하는 법을 배울 것이다. 호흡하기는 당신의 도식이나 양식이 (강하게) 촉발되었을 때 기댈 수 있도록 항상 존재하는 닻과 같은 역할을 해 줄 것이고, 이것은 당신이 당신의 현실감각을 왜곡시키는 일련의 정신적 사건에 사로잡혀 있다는 것을 알아차리는 데 도움을 줄 것이다. 도식에 의해 촉발된 순간을 마음챙김적인 거리두기를 통해 바라볼 수 있는 능력이 만들어지면, 이것은 당신의 삶에서 일어나는 다양한 상황에 대해 당신이 더 큰 알아차림을 가지고 반응하는 것을 가능하도록 해 줄 것이다.

이 훈련은 당신의 고통스러운 심정, 생각 및 행동이 사라지는 것에 목적을 두고 있지 않다. 물론 훈련과정에서 그런 일이 일어난다면 그것은 커다란 덤이 될 수 있겠지만 말이다. 당신의 내적 경험을 고치거나 혹은 피하려 하는 대신에 당신의 목적은 그들을 허용하고 관찰할 수 있게 되는 것이다. 이 접근은 의식적인 의사결정을 할 수 있는 더한 공간을 만들어 주고 당신으로 하여금 당신의 감정, 도식 및 양식에 의해서가 아니라 이와 상관없이 상황에 반응할 수 있도록 해 줄 것이다.

예: 자동적인 도식 및 양식에 근거를 둔 반응

자동적 반응

존(John)은 파티에 가 있고 모든 사람들이 그를 둘러싼 채 이야기하며 웃고 있다.

(촉발하기)

존은 자신이 어디에도 속해 있지 않다고 느낀다. 자신은 무언가 남들과 다르고 열등하다고 느끼기 때문에 그렇다.

(도식이 촉발되었다: 사회적 고립/소외와 열등감/수치심)

존은 자신이 초조해지고, 불안해지며, 불행해지는 것을 느끼게 되면서 아무것도 느끼지 않았으면 하고 바란다. 그의 마음은 텅 비고 뒤죽박죽이 된다. 그는 다른 사람들이 자신에 대해 어떻게 생각하든 상관이 없다고 생각한다.

　(양식이 촉발되었다: 분리된 보호자)

　존은 더 위축되고 방구석에 자리를 잡고 앉아 계속 맥주를 마신다. 누군가 다가와서 춤을 추자고 권하면 그는 무뚝뚝하게 거절을 한다. 그는 보이는 모든 사람들이 자신을 빼고 즐거워하고 있다고 생각하면서 다른 사람이 한쪽 벽에 기댄 채 서 있는 것은 보지 못한다.

　(도식 대처하기: 회피 및 굴복)

예: 마음챙김에 근거를 둔 반응

> 마음챙김적 반응

　존은 파티에 가 있고 모든 사람들이 그를 둘러싼 채 이야기하며 웃고 있다.

　(촉발하기)

　존은 자신이 어디에도 속해 있지 않다고 느낀다. 자신은 무언가 남들과 다르고 열등하다고 느끼기 때문에 그렇다.

　(도식이 촉발되었다: 사회적 고립/소외와 열등감/수치심)

　존은 자신이 초조해지고, 불안해지며, 불행해지는 것을 느끼게 되면서 아무것도 느끼지 않았으면 하고 바란다. 그의 마음은 텅 비고 뒤죽박죽이 된다. 그는 다른 사람들이 자신에 대해 어떻게 생각하든 상관이 없다고 생각한다. 그의 일부는 외롭다고 느끼고, 이 자리를 떠나고 싶고, 아무것도 느끼고 싶지 않다고 생각한다. 존의 이 건강한 부분은 자동항법 양식으로 빠져들지 않는 것이 중요하다는 것을 안다. 그는 자신의 감정과 욕구에 대해 마음챙김적으로 되는 것이 중요할 뿐만 아니라 자신의 주변 환경에 대해서도 알아차림을 유지하는 것이 중요하다는 것을 안다.

(양식이 촉발되었다: 분리된 보호자와 건강한 성인)

존은 호흡하기에 집중한다. 호흡에서 벗어날 때마다 그리고 자신의 도식에 끌려가게 될 때마다 그는 자신의 도식과 양식이 자신의 관점에 어떤 영향을 주고 있는가를 알아차린다. 지속적으로 자기 자신과 주변 환경에 대해 마음챙김적으로 관찰을 함으로써 존은 자신의 슬픈 감정과 외로운 감정이 변하는 것을 깨닫게 된다. 그는 다른 사람들이 파티의 열기에서 멀찍이 벗어나 벽에 기대 서 있다는 것을 알아차린다. 존은 그들에게 다가가기로 마음을 먹고 다가가 이야기를 시작한다.

(도식과 양식의 활성화를 다루는 마음챙김에 근거한 접근)

연습, 연습, 연습

훈련 동안 그리고 훈련 후 모두 규칙적으로 연습하는 것은 꼭 필요하다. 도식과 양식에 대해 마음챙김적으로 반응하는 것을 배우는 것은 많은 시간과 연습을 필요로 한다. 당신은 수년에 걸쳐 깊게 뿌리를 내린 어떤 것이 하룻밤 사이에 사라질 것이라 생각하지 않을 것이다. 이 과정은 과거의 순간이나 혹은 당신이 피하고 싶은 (고통스러운) 감정들을 마주해야 하는 순간을 포함할 수 있다. 이런 것들은 정상적인 반응이다. 목표는 이런 순간들을 알아차려 당신의 도식들을 인식하고 그 도식들을 통제하기 위해 무엇을 하든지 그것을 이해하는 것이다. 점차적으로 당신은 도식과 양식에 의해 방향이 정해진 삶과 당신 자신의 의지에 의해 방향이 정해진 삶 사이에서 결정할 수 있는 능력을 더 발전시키게 될 것이다.

이 책은 다양한 훈련을 포함하고 있는데, 그중 어떤 것은 다른 것들보다 당신에게 더 적절하게 느껴질 것이다. 이들 각각을 한 번 이상은 시도해 보라. 모든 훈련을 완전하게 해 보면 어떤 것이 당신에게 가장 적합한지를 의지를 가지고 결정할 수 있을 것이다.

훈련 1.1: 건포도 훈련[1]

우리는 경험에 근거를 둔 훈련으로 이 과정을 시작하려 한다. 나는 당신에게 건포도 한 개를 주려 한다. 그것을 당신의 손바닥 위에 올려놓아라. 그것을 마치 당신이 이전에는 전혀 보지 못했던 것처럼 관찰하라. 마치 당신이 화성에서 와서 이제 막 지구에 도착한 것처럼 가정을 해 본다. 그것이 당신이 본 첫 번째 것이고, 당신은 그것이 무엇인지 정말 알 수가 없다.

• 건포도에 대해 면밀히 조사를 한다.
  (20초간 멈춘다.)
• 건포도를 마치 당신의 삶에서 전혀 본 적이 없는 어떤 것처럼 굉장

1) 이 훈련은 청취 파일에는 포함되어 있지 않다.

한 호기심을 가지고 관찰을 한다.

(20초간 멈춘다.)

- 건포도를 당신의 엄지와 검지 사이에 놓고 살살 문질러 보라. 불빛을 받아 밝은 돌출된 부분과 접힌 부분 안에 있는 어두운 부분을 잘 관찰해 보라.

(20초간 멈춘다.)

- 마치 처음인 것처럼 건포도의 전체를 찬찬히 살펴보라.

(20초간 멈춘다.)

- 표면을 느껴 보고 그것의 질감과 탄력성 그리고 무게를 느껴 보라.

(20초간 멈춘다.)

- 그리고 이렇게 하는 동안 당신은 "이것은 정말로 이상한 훈련이야." 아니면 "이것의 진짜 목적은 무엇인가." 혹은 "이것은 나에게 아무런 도움이 되지 않을 거야."와 같은 생각을 하도록 한다. 그런 다음 이들 생각이 그 이상도 이하도 아닌 단지 생각일 뿐이라고 여기려 시도해 보라. 그리고 당신의 주의력을 다시 건포도로 돌려놓는다.

(20초간 멈춘다.)

- 건포도를 귀에 가져다 댄다. 그것을 짜 보고 손가락으로 문질러 본다. 그 소리를 주의 깊게 듣는다.

(20초간 멈춘다.)

- 이제 건포도에서 냄새가 나는지 안 나는지를 확인해 본다. 그것을 집어서 코에 대고 냄새를 맡아 본다. 이렇게 하는 동안 당신의 팔과 손의 움직임에 주의를 기울여 본다.

- 그리고 다른 것을 하나 집어 살펴보라.

(20초간 멈춘다.)

- 건포도를 당신의 입안에 천천히 집어 넣어 보라. 당신의 입술로 이것을 천천히 가져가고, 당신의 팔과 손이 이 동작을 정확히 어떻게

수행하는지 살펴보라. 아마도 당신이 건포도를 입안에 집어 넣겠다고 생각한 그 순간부터 당신의 입안에 침이 고이는 것을 알아차릴 수 있을 것이다.

(20초간 멈춘다.)

- 건포도를 입안에 조심스럽게 넣은 다음에 아직은 그것을 씹지 말고 그것이 어떻게 느껴지는지 알아차리도록 하라.
- 준비가 되면 그것을 가볍게 씹고, 씹어서 풍겨 나오는 맛을 알아차려 본다.

(20초간 멈춘다.)

- 서서히 씹기를 시작한다. 침이 당신의 입안에 더 고이는 것을 알아차리고, 당신이 씹을수록 건포도의 질감이 어떻게 변화하는지를 알아차린다. 그리고 씹고 삼키는 동작이 만들어 내는 모든 작은 소리에 귀를 기울인다. 그리고 달라지는 맛을 알아차린다.

(20초간 멈춘다.)

- 마지막으로 건포도를 삼키는 감각에 주의력을 면밀히 기울인다. 목과 식도에서 그것이 내려가는 움직임을 느끼고, 그것이 당신의 위로 내려가는 움직임을 느껴 본다.

(20초간 멈춘다.)

- 당신의 몸이 정확히 그것의 무게만큼 무거워진 것을 알아차려 보라!

바디 스캔 훈련 방법

바디 스캔 훈련은 당신의 신체 감각에 대해 당신의 알아차림을 증가시키고, 그 알아차림을 유지하는 당신의 능력을 증진시켜 줄 것이다. 당신은 신체적 경험이 일어나게 되면 그것에 반응하거나, 그것을 바꾸기를 바라거나 혹은 그것을 수용하거나—거부하지 않고—그것에 당신의 주의력을 집중하게 될 것이다.

바디 스캔은 당신을 이완시키거나 혹은 안정시키는 데 목적이 있지 않다. 그것은 이 훈련의 목적이 아니라 단지 부산물일 뿐이다.

예를 들어, 당신이 신체의 어디에선가 통증을 느낀다고 해 보자. 당신의 주의력을 그것에 집중해 보라. 만약 통증이 더 심해지거나 혹은 약해지면 그런 변화를 알아차려 보라. 목적은 신체적 감각과 그 변화에 대해 마음챙김적이 되는 것이다. 그 순간에 당신이 감각하는 것이 무엇이건 간에 그 경험을 어떤 방법으로든 변화시키려 하지 말라!

당신은 무엇인가에 집중을 하려 할 때마다 결국에는 주의력이 흩어짐을 알게 될 것이다. 이것은 당연한 것이고 마음이 가진 속성이다. 이들 훈련을 하는 동안 우리의 조언은, 이렇게 집중력이 흩어지는 것에 대해 걱정하지 말고 이것을 실패로 해석하지 말라는 것이다. 당신이 만약 당신의 생각이 벗어나는 것을 알아차렸다면 이것은 실제로는 당신이 자동항법 양식에서 벗어나는 것에 성공했다는 것을 의미하는 것이다. 이것이 바로 핵심이 되는 점이다! 그냥 멈추고 알아차린 후에 다시 원래의 집중하던 곳으로 돌아오는 것이다. 이것을 친절하고 부드럽게 하라. 당신이 호흡이 흔들리는 것을 알아차릴 때마다 당신 자신을 판단하지 않고 당신의 마음을 당신의 호흡으로 부드럽게 돌려놓는다면, 이 훈련이 더 순조롭게 진행이 될 것이다. 당신 자신을 판단하는 것은 당신의 생각을 더 흔들어 놓게 되는 경향이 있다. 연습으로 생각이 흩어지는 것을 알아차리는 당신의 능력은 더 나아지게 될 것이다.

감정 또한 당신의 주의력을 흩어 놓게 할 수 있다. 당신은 신체에 대한 마음챙김을 통해서 당신 자신을 다시 원래로 돌려놓을 수가 있다. 이것이 감정이 잔뜩 부가된 생각의 소용돌이 대신에 당신 감정의 신체적 요소에 대한 알아차림의 기본 바탕이 되어 줄 것이다.

바디 스캔을 하는 동안 알아차림 안에서 느껴지는 매 순간과 당신 신체의 각 부분은 당신에게 관찰이 가능한 새로운 경험들을 가져다 줄 것이다. 연속되는 각 부위에 대해 숨을 몇 번 쉬는 동안의 기간만큼 당신의 주의력을 집중하도록 하라. 당신은 숨을 들이쉬는 동안에 새로운 부위로 주의력을 옮기는 것처럼 당신의 호흡 주기를 바디 스캔을 하는 데 지지적인 방법으로 사용할 수 있다. 우리는 당신에게 "그 부위에 숨을 불어 넣으십시오……. 그리고 그 부위로부터 나오십시오."라는 말로 이렇게 하는 것을 도와줄 것이다. 만약 이때 당신의 마음이 이미 흩어져 있었다면 당신의 주의력을 흩어 놓은 그것에 대해 마음챙김적이 되도록 한다. 그것이 바로 그때 당신이 실제로 경험한 것이다. 일단 당신의 주의력이 흩어진 것에 대해 비추어 본 후에는 조용히 다시 훈련으로 돌아온다. 천 번을 흩어지더라도 부드럽게 다시 천 번을 그대로 훈련으로 돌아온다.

만약 당신이 이 훈련을 하는 데 청취 파일이 도움이 된다면 얼마 동안은 이것을 사용할 수 있다. 그러나 궁극적으로는 당신 혼자서 바디 스캔을 실행할 수 있어야 한다. 당신만의 속도로 연습하는 것이 당신으로 하여금 좀 더 완전하게 훈련을 할 수 있도록 도와줄 것이고, 감각을 더 경험하고 싶은 부위에 대해서 좀 더 시간을 부여할 수 있게 해 줄 수 있다. 훈련을 앉아서도 할 수 있고 집에서는 누워서도 하도록 시도해 볼 수 있다. 중요한 것은 매일 바디 스캔을 연습하는 것이고, 특별한 기대를 가지지 않고 이렇게 하는 것이 중요하다. 이것을 그냥 일상 활동으로 만들어라. 각각의 훈련을 새롭게 시작하라. 당신의 신체가 보여 주는 여러 종류의 경험에 대해 호기심을 가지고 당신이 알아차리게 되는 신체적 감각에 대해 이것을 아주 자세하게 살펴보아라. 당신이 더 마음챙김적이 될수록 당신은 당신의 몸에서 일어난 것과 당신의 마음에서 일어난 것 사이에 연결이 되어 있음을 더 알아차릴 수 있게 될 것이다. 여기에 더해 당신이 신체적 감각을 알아차리는 데 더 숙련이 될수록 이에 대해 반응하는 것이 더 쉬워지고, 당신의 신체를 돌보는 것이 더 쉬워지게 될 것이다.

훈련 1.2: 바디 스캔

이 훈련은 당신이 방해받지 않는 곳이라면 어디서든지 앉아서 할 수도 있고, 아니면 누운 자세에서도 할 수 있다. 명상을 하는 동안 등을 곧게 하여 이완을 시키고, 당신의 머리는 어깨 사이에 부드럽게 자리하도록 균형을 맞추고, 발은 바닥에 나란히 두도록 한다. 눈을 감을 수도 있고, 아니면 반만 뜰 수도 있다. 어떤 것이 당신의 초점을 유지하는 데 최선인지를 알아보라.

- 당신의 주의력을 호흡의 감각에 집중하는 것으로부터 시작하라. 배의 움직임에 집중해서 이를 느끼고, 뒤이어 호흡을 변화시키려 하지 않은 채로 지속적으로 그리고 자연스럽게 자신의 호흡을 알아 간다(2분간).
- 당신의 배와 호흡의 리듬이 있는 움직임에 집중한 다음 머리 꼭대기 부위에 대해 마음챙김을 한다. 이 부위에 호흡을 불어넣었다가 빼기를 수회 반복한다. 이 부위에서 어떤 감각을 알아차릴 수 있는

지를 알아보라.

- 이제 당신의 주의력을 당신의 이마로 옮긴다. 이 부위에 몇 번의 호흡을 불어넣었다가 빼기를 반복한다. 이 훈련을 하는 동안 당신의 호흡이 앞으로 두드러지게 드러나는지, 아니면 배경에 머무르는지를 알아차려 보라. 그것이 어떤 것이든 당신의 이마에서 느껴지는 신체적 감각에 대해 살펴보라.
- 이제 당신의 눈 주변으로 옮긴다. 당신 얼굴 중 이 부위에 집중해서 몇 번의 호흡을 한다. 당신의 눈 주변에서 어떤 신체적 감각이 느껴지는지를 살펴보라. 이것을 즐기듯 그리고 편안하게 가능한 한 마음챙김적으로 하라. 이 부위에 호흡을 불어넣고 빼기를 일정 기간 반복한다.
- 이제부터 나는 당신이 집중해서 관찰해야 할 신체의 부위에 대해 그 부위의 이름만 이야기할 것이다. 뺨과 턱… 목 부위… 어깨… 왼쪽 위쪽 팔… 왼쪽 아래쪽 팔… 왼손… 그리고 왼손의 손가락들… 오른쪽 위쪽 팔… 오른쪽 아래쪽 팔… 오른손… 그리고 오른손의 손가락들… 가슴… 배… 위쪽 등… 아래쪽 등… 허리… 골반 부위… 왼쪽 위쪽 다리… 왼쪽 아래쪽 다리… 왼쪽 발… 그리고 왼쪽 발의 발가락들… 오른쪽 위쪽 다리… 오른쪽 아래쪽 다리… 오른쪽 발… 그리고 오른쪽 발의 발가락들….
- 마지막으로 당신의 신체 전체에 대해 마음챙김적이 되어 보라. 당신의 머리 꼭대기에서부터 아래로 내려가 당신의 발까지 닿을 수 있도록 몇 차례 호흡을 해 본다. 그리고 다시 거꾸로 아래로부터 위쪽까지 닿게 호흡을 한다(1분).
- 당신의 주의력을 다시 호흡으로 돌린다. 당신의 호흡에 따라 움직이는 당신의 배에 대해 지속적이고 자연스럽게 마음챙김적으로 집중한다.
- 바디 스캔 훈련을 할 때마다 느끼는 새로운 경험은 어떤 종류의 신

체적 감각들이 나타날지를 탐색해 볼 수 있는 본래의 순수한 기회를 제공해 준다고 볼 수 있다.
- 이제 우리는 훈련을 마치려 한다. 만약 눈을 감고 있었다면 눈을 뜨도록 한다. 당신이 있는 공간에 대해 알아차리고 조금 돌아다니려 해 보거나 가볍게 스트레칭을 해 본다.

과제

다음 유인물 중 대부분은 앞으로 몇 회기 동안 재사용이 될 것이다. 따라서 이 형식을 복사해 두도록 하라.

- **과제**: 매일 마음챙김하기(부록 Ⅲ-A), 8장
- **과제 집계표**: 다섯-국면 M 질문지(부록 Ⅲ-B) 완성하기, 4장
- **과제물**: 도식 마음챙김 키우기(부록 Ⅲ-C), 8장
  치료 전체에 대해 요약하기(부록 Ⅲ-D), 8장
- **청취 파일 훈련**: 일주일에 4회-바디 스캔(훈련 1.2)
- 다음 회기에 당신의 수첩(당신의 도식 마음챙김 점수와 함께)을 가져올 것
- 1회기를 위한 본문을 읽을 것

2회기: 당신의 환경에 대한 마음챙김

도식과 양식은 종종 당신이 무엇에 의해 어떻게 촉발되었는지를 인지하거나 이해하지 못한 채 매우 빠르게 활성화된다. 그래서 우리는 마치 우리의 조절 바깥에 있는 무엇인가가 우리의 버튼을 눌러 우리가 전혀 조절할 수 없도록 만드는 것처럼 느낀다. 그러나 도식이 촉발되기 전에 몇 가지 일들이 일어나며, 우리는 이들을 알아차리게 될 수 있다.

바디 스캔은 당신으로 하여금 신체에서 오는 신체적 감각과 이후에 따라오는 도식의 촉발과 반응 양상에 대해 좀 더 마음챙김적이 되도록 도와준다. 이와 함께 당신의 환경에 대한 마음챙김 훈련은 당신 주위에서 일어나는 것들에 대한 당신의 마음챙김을 넓힐 수 있는 길을 제공해 줄 것이다. 이것은 당신의 주의력과 관점을 확대시켜 주거나 변화시켜 줄 수 있다. 그러나 그런 변화들이 일어남과 상관없이 주요 목적은 그냥 마음챙김적이 되는 것이다. 집단과 함께 이 훈련을 연습하기 전에 우리는 바디 스캔과 매일 마음챙김 훈련에 대한 우리의 경험에 대해 우선 논의를 하려 한다. 다음 예를 보자.

도로시(Dorothy)는 지난 수주간에 몇 번만, 매일 마음챙김 훈련을 연습하였다. 논의를 통해 그녀는 훈련시간 계획을 짜서 시행하지 않고 기억이 날 때만 연습을 한 것으로 드러났다. 훈련을 하는 동안에 도로시는 자신의 생각이 쉽게 자신의 직업이나 그날 해야 할 일의 목록으로 빠져드는 것을 알게 되었다. 이와 함께 자신이 이를 정말로 대강 닦는 경향이 있다는 것도 알게 되었다. 그녀는 이번 주 내내, 예를 들어 걷거나 혹은 커피 한잔을 마시는 동안에 마음챙김을 추가적으로 몇 번 더 가지는 것을 시작하였다.

집단 내 논의는 도로시에게 자신이 얼마나 많은 시간을 걱정하면서 보내고 있고, 얼마나 쉽게 집중력이 흩어지는지에 대해 알아차릴 수 있도록 도움을 주었다. 이와 함께 그녀는 과제나 다른 활동을 위해 시간을 내는 것에 어려움을 느끼고 있다는 것을 깨달을 수 있었다. 오직 자신이 해야 할 일을 끝내고서야 그녀 자신만을 위한 시간을 내는 것이 가능했다(지나친 기준/과잉비판 도식).

훈련

훈련 2.1: 당신의 환경에 대한 마음챙김

우리가 살아 있는 한 우리는 숨을 쉬어야 한다. 우리는 다행스럽게도 우리 삶의 대부분을 우리가 얼마나 빠르게 숨을 쉬는지, 얼마나 깊게 숨을 쉬는지 그리고 하루에 우리의 숨이 어떻게 변하는지에 대해 알아차리지 못한 채 지나간다. 이렇게 숨이 알아서 쉬어지는 것은 자연스러운 과정인데, 이 훈련의 목적은 이것이 어떻게 일어나는지에 대해 좀 더 알아차리게 되는 것이다. 당신은 이것을 실제로는 당신이 숨을 쉬는 것에 대해 변화시키지 않고 할 수 있다. 당신의 호흡에 집중하는 능력은 당신에게 당신 자신이 감정, 도식 및 양식과 싸울 때마다 기댈 수 있는 닻과 같은 역할을 해 줄 것이다.

마음챙김적 호흡

- 등을 바로 세우고 의자에 앉는다. 척추를 똑바로 세우고 뒤로 기대지 않는다.
- 당신이 바르고, 편안하며 그리고 당당한 자세를 가질 수 있도록 등을 바로 한다.
- 발을 편안하게 바닥에 붙인다.
- 눈을 감거나 당신의 앞에 있는 한 점에 부드럽게 시선이 집중될 수 있도록 유지한다.
- 당신의 몸이 바닥과 의자에 닿아 있는 부위의 압력과 접촉의 느낌에 대해 알아차리도록 한다. 바디 스캔에서 했던 것처럼 이 감각을 몇 분간 살펴본다.
- 당신의 호흡하기에 마음챙김적이 되어 당신의 호흡이 느껴지는 당신의 신체 부위에 대해 주의력을 집중한다. 호흡을 들이쉬고 내쉬면서 당신의 배에서 느껴지는 감각에 집중을 하거나, 아니면 매 숨을 쉴 때마다 당신의 코에서 왔다 갔다 하는 공기의 흐름에 대한 느낌에 집중할 수 있다. 호흡이 가장 강하게 경험되는 곳에 집중을 한다.
- 당신 자신이 집중력이 흩어지는 것을 알아차릴 때마다 빨리 당신 자신이 마음챙김적이 되도록 한다. 기억하라. 누구나 집중력이 흩어진다. 따라서 당신 자신을 잡는다는 것은 당신이 호흡에 대해 마음챙김적이 될 수 있는 새로운 기회를 가졌다는 것을 의미한다. 매번의 날숨과 들숨을 당신의 모든 주의력을 집중하는 완전히 새로운 사건으로 보려고 노력하라.
- 들숨과 날숨 사이의 순간을 생각해 보라. 그것은 무엇인가? 어떤 때는 호흡 사이에 긴 멈춤이 있고, 어떤 경우에는 그 멈춤이 짧다. '당신은 어느 곳에서 당신의 호흡을 느끼는가? 그것이 변화하지는 않는가?'

• 호흡하기와 그 과정의 자연스러운 변화에 대해 마음챙김으로 머물라. 매 호흡의 시작에 당신의 주의력을 집중해서 호흡이 사라질 때까지 주의력을 지속해서 그곳에 머무르게 하라. 그리고 이것을 매 호흡마다 반복하라. 주의력이 흩어지면 그것을 알아차리고 그냥 호흡으로 돌아오라.

마음챙김적 듣기

• 얼마간 호흡에 집중을 한 후에 당신 주위의 소리에 대해 알아차리기 시작한다. 당신의 주의를 끄는 소리에 마음챙김적이 되어 그것을 당신의 알아차림 안에 두도록 한다. 누가 혹은 무엇이 이 소리를 만드는가에 관심을 두지 않도록 한다. 그냥 그 소리가 어떻게 생겼다가 어떻게 사라지는지, 언제 소리가 커지는지 그리고 언제 소리가 부드러워지는지만 알아차린다.

• 소리 사이의 다른 점에 대해 주의력을 집중한다. 소리의 질감과 톤의 다양함, 멀고 가까움, 소리가 당신에게 어떻게 다가오고 당신으로부터 어떻게 멀어지는지 확인한다.

신체적 감각에 대한 마음챙김

• 호흡에 대한 당신의 주의력을 몸의 다른 부위까지 확대시켜라. '무슨 일이 일어나는가? 어디에서 당신은 무슨 감각을 느끼는가? 간지럽거나 혹은 가려운가? 긴장감이 느껴지는가? 아니면 맥이 뛰는 것이 느껴지는가? 그 감각에 집중할 때 무슨 일이 일어나는가? 그것이 변화하는가? 더 세지거나 혹은 약해지는가? 그것이 사라지는가?'

• 당신이 신체적 감각에 대한 당신의 알아차림을 더 심화시킬 때 무슨 일이 일어나는지를 살펴보라. 그런 느낌을 변화시키려 하지 말고 그대로 사라지도록 놔두라. 모든 신체적 감각들은 자연스럽게

원래 타고난 과정을 따른다.

- 당신이 신체에 대한 알아차림이 점차 사라짐을 느끼거나 당신의 주의력이 흩어지게 되면 주의력을 신체적 닻으로 돌아가게 하라. 호흡이 바로 그것이다. 거기로부터 당신은 당신의 알아차림을 당신의 신체에 대한 느낌으로 다시 확대시킬 수 있다.

생각에 대한 마음챙김

- 만약 당신의 호흡에 대한 마음챙김이 당신 마음의 생각이나 심상 때문에 흩어지게 되면 이 흩어짐에 대해 알아차리도록 하라. 당신의 마음을 휘두르는 피할 수 없는 이야기와 생각에 휩쓸리지 말고 그들을 오고 가도록 놔두라. 당신의 마음 저 깊이에서 떠올랐다가 가라앉는 생각들에 대해 마음챙김적이 돼라. 당신은 아마도 반복적인 생각들은 비슷한 양상과 차례를 가지고 반복된다는 것을 알아차리게 될 것이다. 당신의 생각에 대해 일정한 수준의 마음챙김이 이루어지고, 이를 유지하는 것이 생각에 대한 당신의 반응을 의식적으로 선택하는 데 있어 첫 번째 단계이다. 마음챙김적으로 되는 것이 자동항법의 덫을 벗어나는 데 도움을 준다.
- 당신이 만약 당신 생각의 고삐를 풀어놓으면 어떤 일이 일어나는지 살펴보라. 간섭할 필요가 없다. 생각은 자연적으로 나타났다가 사라지는 양상을 보인다. 그들은 단지 생각일 뿐이다. 당신이 생각 안으로 빠졌다는 것을 깨달으면, 바로 그 순간 그냥 호흡으로 돌아오면 된다.

감정에 대한 마음챙김

- 알아차림 안으로 들어오는 어떤 감정이든 다시 나가도록 허용하라. 그들에게 당신의 주의력을 집중하라. '그들은 어떤 종류의 감정인가? 그들은 얼마나 강력한가?' 그들을 좋고 나쁨으로 판단하

지 말고 그냥 관찰하라. 그들을 마치 처음 경험하는 것처럼 그렇게 살펴보라. 그들이 완전히 당신에게 처음인 것처럼 그렇게 호기심을 가지고 그들을 탐색해 보라. 이제 당신이 그들의 뒤에 있는 이야기 속으로 빠져들어 가지 않고 당신의 감정을 관찰할 수 있는지를 보라. 만약 생각에 의해 주의력이 흩어지거나 이런 종류의 감정에 마주하는 것이 불편하다면 바로 호흡으로 돌아가라. 일단 마음챙김의 상태로 되돌아가게 되면 다시 당신의 감정에 주의력을 집중하도록 시도해 보라.

• 우리 모두는 감정에 대해 즐거운 감정 혹은 불쾌한 감정으로 나누어 이름을 붙이려 하는 습관을 가지고 있다. 그리고 우리는 기분 좋은 것은 계속 유지하고 불쾌하거나 지루한 것은 피하도록 학습을 한다. 이것이 실제로는 중립적인 사건인데, 그것이 감정적인 의미를 얻게 되는 이유이다. 당신의 감정을 그 감정의 뒤에 있는 생각이나 기억이 불같이 일어나지 않게 하면서 그대로 사라지도록 놔두라.

• 당신의 감정이 어디에서 느껴지는지를 알 수 있도록 당신의 신체에 대해 살펴보라. 당신의 감정은 무엇처럼 보이는가? 그들을 마치 왔다가 사라지는 바다의 파도처럼 상상해 보라. 어떤 파도는 높고 어떤 파도는 낮다. 그러나 모든 파도는 나타났다가 사라지는 운명을 가지고 있다.

선택하지 않는 알아차림(choiceless awareness)

• 만약 소리, 생각, 심상 혹은 감정이 당신의 알아차림의 배경에 나타나면 그들을 그냥 놔두도록 하라.

• 당신의 호흡에 집중하라. 만약 소리, 생각, 심상 혹은 감정이 당신의 알아차림의 전방(foreground)으로 들어오면, 그러면 거기에 무엇이 있건 간에 그것에 마음챙김적이 돼라. 그것을 의식적으로 관

찰하고, 그 자체가 무엇을 보여 주든 간에 지속적으로 마음챙김적이 되도록 하라.

- 만약 당신이 알아차림의 목표들 사이에서 망설이고 있다는 것을 알아차리게 되면 당신의 호흡에 집중하도록 하라. 호흡은 당신을 위해 항상 그 자리에 존재하는 닻과 같다. 이제 우리는 이 훈련을 마치려고 한다. 일상으로 돌아가기 전에 이 훈련 동안 당신이 경험했던 것을 당신의 일상적인 삶 안으로 가져갈 수 있도록 생각을 해 보라. '당신은 어떤 통찰을 얻었는가? 당신은 차분하거나 고요함 혹은 조화의 순간을 경험하였는가?' 만약 그렇다면 그것을 앞으로의 활동들에게 마음챙김적으로 옮겨 갈 수 있도록 하라. 이제 나는 천천히 셋을 셀 것이다. 하나, 둘, 셋, 이제 눈을 뜬다.

- 다시 행동 양식으로 돌아가기 전에 당신 자신과 당신의 현재 환경에 대해 마음챙김적이 된 상태를 얼마간 지속한다… 1… 2… 3.

- 이 훈련은 당신이 연습을 할 때 매 훈련마다 약 20분 정도가 소요된다. 당신이 관찰하는 것에 주의력을 집중하라. 매 순간에 대해, 모든 신체적 감각에 대해, 모든 생각과 감정과 소리에 대해 마음챙김적이 되어라. 당신이 집중하는 데 어려움을 느낄 때마다 당신을 마음챙김적으로 될 수 있게 닻의 역할을 해 주는 호흡으로 돌아갈 수 있다.

과제

- 과제: 매일 마음챙김하기(부록 Ⅲ-A)
- 과제물: 도식 마음챙김 키우기(부록 Ⅲ-C)

  치료 전체에 대해 요약하기(부록 Ⅲ-D)
- 청취 파일 훈련: 일주일에 4회 바디 스캔(훈련 1.2), 당신의 환경

에 대한 마음챙김(훈련 2.1)

• 2회기에 대한 본문을 읽을 것

3회기: 마음챙김적 호흡하기

당신이 걱정에 싸여 있거나 혹은 매우 바쁠 때 마음챙김적이 되기는 힘이 든다. 바쁜 활동은 몸을 즉시 싸우거나 도망갈 수 있도록 행동-지향적인 상태로 가져다 놓는다. 두려움과 분노와 같은 감정들이 증폭이 되거나, 아니면 전혀 느껴지지 않을 수도 있다. 우리의 심장 박동 수는 올라가고 호흡은 빨라지며 얕아진다. 우리가 이것을 알기 전에 마음은 생각의 소용돌이 속으로 빨려 들어가서, 우리로 하여금 커다란 외적인 알아차림의 틀을 잃어버리게 만든다. 이 결과, 우리는 환경에서 오는 우리의 도식과 반대가 되는 증거를 포함한 중요한(혹은 그렇게 중요하지 않은) 신호들을 놓쳐 버리게 된다. 우리는 우리를 진정시켜 줄 수 있거나 혹은 좀 더 편안하게 만들어 줄 수 있는 정보들을 간과하게 될 수 있다. 이 장에서 우리는 호흡에 주의력을 집중할 것이다. 호흡하기는 마음챙김을 하도록 도와주는 데 특별하게 유용한 방법이다.

훈련

훈련 3.1: 3분 호흡하기 공간

우리는 이 간단한 훈련을 바로 시작하려 한다. 그러니 당신은 앉자마자 적절한 자세를 취해 주기를 바란다.

- 편안하게 당신의 등을 똑바로 하되 경직되지 않게 하고 앉는다. 존재감과 각성된 느낌이 당신의 몸에 가득 차게 한다. 만약 눈을 감는 것이 편안하다면 눈을 감는다. 첫 번째 단계는 당신이 알아차리게 되는 것이다. 여기 지금 무엇이 일어나는지에 대해 진정으로 알아차리도록 하라. 당신의 생각에 대해 마음챙김적이 돼라. 당신의 마음 안에 무슨 일이 일어나고 있는가?
- 당신의 생각을 정신적 활동으로 보라. 우리는 어떤 감정이든 이 감정이 일어나면 그것을 그냥 알아차리고 관찰할 수 있다. 불쾌한 감정에 결합이 되어 있는 생각에 특별히 주의를 기울여라. 그들을 회피하거나 밀어내려 하는 대신에 그들이 일어나는 대로 그 감정들을 그대로 알아차려라. 당신은 그 감정에 대해 당신 자신에게 "오, 그래 너희들이 여기에 있구나. 이것이 지금 현재에 일어나고 있는 바로 그것이구나."라고 이야기해 줄 수 있을 것이다. 신체적인 경험에 대해서 그것이 어떤 경험이든 마찬가지로 적용이 될 수 있다.
- 당신은 긴장감이나, 아니면 다른 신체적 감각을 느끼고 있는가? 다시, 당신이 느끼거나 알아차린 것을 그냥 관찰하거나 인지만 하도록 하라. "그래, 이것이 지금 현재에 일어나고 있는 것이구나." 당신은 당신의 내적 세계에 대해 마음챙김적으로 되고 있다.
- 당신은 자동항법 양식에서 빠져나왔다. 다음 단계는 한 가지에, 바로 호흡하기의 경험에 당신의 주의력을 집중하는 것이다.
- 당신은 매 호흡마다 오르고 내려가는 배의 율동적인 움직임에 집

중하기를 시작할 수 있다.

- 당신의 배에 일 분 정도 집중을 한다. 매 순간, 매 호흡에 집중을 한다. 그래서 각 들숨과 날숨을 의식적으로 경험한다.
- 당신의 알아차림을 당신 배의 움직임에 초점을 맞추고 호흡을 당신의 닻으로 사용하게 되면 당신은 지금 여기에 온전하게 존재하게 된다.
- 이제 세 번째 단계이다. 준비가 되었다면 당신의 주의력을 당신의 몸 전체를 감싸도록 확대시키도록 하라.
- 이제 당신은 호흡과 당신의 몸에 대해 마음챙김적이 되었다. 그럼으로써 공간에 대한 알아차림이 더 커졌고 몸을 전체적으로 이해하게 되었다.
- 당신의 몸 전체가 호흡을 하면서 호흡에 대해 마음챙김을 지속한다.
- 이 모든 것을 더 큰 공간적 알아차림으로 부드럽게 잡는다.
- 이제 나는 천천히 셋을 셀 것이다. 셋에 당신은 눈을 떠도 된다. 행동 양식으로 돌아가기 전에 당신과 당신의 현재 환경에 대해 마음챙김적이 되도록 잠시 시간을 갖도록 한다… 1… 2… 3.

조언 ╲ **당신의 도식을 마음챙김적으로 다루기**

호흡 공간 훈련을 하루에 3번 실행한다. 이것은 긴 시간을 필요로 하지 않는다. 하루에 단 몇 분으로 마음챙김이 이루어지도록 자극을 줄 수 있다. 당신은 아마도 이들 훈련을 먹는 것과 같은 일상 활동과 연결하는 것이 도움이 된다는 것을 알 수 있을 것이다. 마음챙김적 호흡을 '매일 하는 어떤 것'과 결합시키는 것이 마음챙김적 호흡을 당신의 일관적인 존재의 일부분으로 만들어 주는 데 도움을 줄 수 있을 것이다.

훈련 3.2: 고통스러운 기억에 대한 마음챙김

- 의자에 자세를 바로 하고 편하게 앉는다. 당신의 척추를 바르게 하고 뒤로 기대지 않는다.
- 당신의 등을 똑바르고 편안하게 하고, 당당한 자세를 갖도록 한다.
- 발은 편안하게 바닥에 붙인다.
- 눈을 감거나, 아니면 당신 앞의 한 점에 부드럽게 시선을 집중시킨다.
- 당신의 몸이 바닥과 의자에 닿는 부위와 접촉하는 감각과 압력이 느껴지는 감각을 알아차린다. 당신이 바디 스캔에서 했던 것과 마찬가지로 수분간 이 감각들을 살펴본다.
- 호흡에 마음챙김을 하면서 당신 몸의 어디에서 호흡이 느껴지는지에 주의력을 집중한다. 숨을 들이쉬고 내쉬기를 반복하면서 당신은 배의 감각에 집중을 할 수 있거나, 아니면 매 호흡 시에 당신의 코를 통해 들어왔다가 나가는 공기의 흐름에 대한 느낌에 집중할 수 있다. 호흡이 가장 강하게 느껴지는 곳에, 어디든 그곳에 집중하라.
- 당신의 마음에 특정한 기억, 심상, 소리 혹은 냄새를 떠올린다. 이것들은 당신을 괴롭히고 걱정하게 만들거나 당신에게 상처를 주는 것들이다. 그것은 당신의 아동기, 십대 혹은 성인이 되어서의 기억일 수 있다. 아니면 당신이 일어나지 않기를 바라는 미래의 어떤 사건일 수도 있다. 이런 기억이나 심상을 생각하면 일어나는 긴장을 느껴 보라. 그리고 이들을 피하지 말고 그대로 둔 채 마음챙김적이 되도록 하라. '당신은 지금 어디에 있는가? 당신은 몇 살인가? 당신은 무엇을 보고 있는가? 다른 사람들이 있는가? 그렇다면 무엇을 하고 있거나 무슨 이야기를 하고 있는가? 이 순간 당신의 마음에 어떤 생각들이 스쳐 지나가는가? 그밖에 당신은 무엇을 더 느낄 수 있는가? 그 감정들은 얼마나 강하게 느껴지는가?'

- 당신의 호흡에 대해 마음챙김적이 돼라. 당신 몸의 어느 부분에서 그것이 경험되는가? 호흡이 가장 크게 느껴지는 부위에 집중하라. 일어나는 감정, 생각, 심상 및 신체적 감각들을 그대로 받아들여라. 어떤 사람들에게는 "이것은 나의 경험이야. 그리고 나는 이것을 그냥 있는 그대로 받아들이면 돼. 이것을 변화시킬 필요가 없어. 나는 이것을 그냥 그대로 놔둘 수 있어."라고 자신에게 부드럽게 이야기해 주는 것이 도움이 된다.
- 당신의 호흡에 마음챙김적인 상태로 몇 분을 더 유지하라. 당신 자신이 흩어질 때마다 그것을 편안하게 그리고 수용적인 태도로 알아차리고 그대로 호흡으로 돌아오라. 이제 나는 천천히 셋을 셀 것이다. 그 뒤에 당신은 눈을 떠도 된다. 행동 양식으로 돌아가기 전에 당신의 존재와 당신을 싸고 있는 세계에 대해 마음챙김적이 되도록 잠시 시간을 갖도록 한다⋯ 1⋯ 2⋯ 3.

훈련 3.3: 마음챙김적 걷기

- 걸을 수 있는 곳을 찾는다. 안이어도 되고 바깥일 수도 있다.
- 당신의 발을 약 10~15cm 정도 간격을 두고 선다. 반동이 가능하도록 무릎을 약간 구부린 채로 서 있는다.
- 팔은 자연스럽게 옆으로 내리고 부드럽게 집중을 해서 앞을 쳐다본다.
- 당신의 발바닥에 마음챙김적이 되어 그것이 바닥과 접촉하는 것을 느낀다. 당신의 체중이 어떻게 다리와 발을 통해 땅으로 전해지는지를 느껴 보라. 당신의 다리와 발의 존재를 더 확실히 느낄 수 있도록 몇 번 당신의 무릎을 약간 굽혀 보라.
- 준비가 되면 당신의 체중을 오른쪽 다리로 옮기도록 한다. 그리고

당신의 다리와 발에서 느껴지는 새로운 감각들을 알아차리도록 하라. 이제 당신의 오른쪽 다리가 당신의 체중 거의 전부를 지탱하고 있고 당신의 왼쪽 다리는 많이 가벼워졌다.

- 발의 나머지 부분은 바닥에 대고 당신의 왼쪽 뒤꿈치를 들어 올려 본다. 그리고 당신의 종아리 근육에 힘이 가는 것을 느끼도록 한다.
- 당신의 왼쪽 발을 발가락만이 바닥에 닿게 천천히 들어 올린다. 당신의 다리와 발의 감각의 변화에 마음챙김적이 되도록 하라.
- 이제 당신의 왼쪽 발을 들어 올려 조심스럽게 앞으로 움직인다.
- 뒤꿈치로 당신 앞쪽의 바닥을 짚기 전에 공기를 통해 움직이는 당신의 다리와 발의 느낌에 대해 마음챙김적이 되도록 한다.
- 왼쪽 발을 내려 왼쪽 발의 다른 부분들이 바닥에 닿게 하면서 서서히 당신의 체중을 당신의 왼쪽 부위로 옮겨 가도록 한다.
- 이제 당신의 왼쪽 다리와 발이 얼마나 무거워졌는지를 느끼면서 당신의 오른쪽 다리와 발로 다음 걸음을 준비한다.
- 당신이 왼쪽 다리에 기대어 선 다음에 당신의 오른쪽 발은 바닥에서 들어서 서서히 앞으로 움직인다.
- 앞으로 움직이는 동안 당신의 다리와 발의 감각의 변화에 대해 마음챙김적이 되도록 한다.
- 당신의 오른쪽 뒤꿈치가 바닥에 닿으면 이에 대해 마음챙김적이 된다.
- 일단 당신의 왼쪽 발이 완전히 바닥에 닿으면 당신의 체중은 오른쪽으로 옮겨 가게 된다.
- 양쪽 다리와 발에서 지속적으로 일어나는 감각의 변화에 대해 알아차림을 계속한다.
- 걸어 다니기 시작하라.
- 각각의 걸음에 마음챙김적이 돼라. 당신의 다리 근육이 움직이는 느낌과 당신의 발바닥이 바닥에 닿는 느낌에 지속적인 주의력을

기울여라.

- 당신이 돌고 있다면, 당신이 방향을 바꾸고 그리고 다시 걸을 때 당신의 몸에서 일어나는 복잡하고 연속적인 움직임에 대해 자세히 지켜보도록 노력하라.
- 계속 왔다 갔다 하면서 당신의 다리와 발의 감각에 가능한 한 마음 챙김적이 되도록 하라.
- 앞을 지켜보면서 부드럽게 시선을 집중하고 이를 유지하라.
- 당신의 주의력이 걷는 경험으로부터 벗어나는 것을 인식하게 되면 당신의 다리와 발에 대한 마음챙김으로 다시 돌아오라.
- 정좌명상 시에 당신이 당신의 호흡을 닻으로 사용했던 것과 마찬가지로 당신의 발과 바닥이 닿는 것을 당신의 닻으로 사용하라. 이 닿음이 당신을 여기 그리고 지금에 굳게 뿌리내릴 수 있게 해 줄 것이다.
- 이런 방법으로 10분에서 15분간 계속 걷거나, 만약 당신이 원한다면 더 길게 걷는다.
- 당신이 걷기명상을 시작할 때 당신이 마음챙김적으로 되는 것에 익숙해질 수 있게 천천히 시작하도록 하라. 일단 당신이 익숙해지면 당신이 편안한 속도를 선택한다. 그러나 만약 당신이 시작할 때 서두르게 되거나 혹은 안절부절못함을 느낀다면 빠른 속도로 걷기를 시작하라. 그리고 당신이 안정이 되는 정도에 따라 걷는 속도를 점차 줄여 나간다.
- 이 유형의 마음챙김을 당신의 정상적인 일상생활의 걷기 안에서 가능한 한 자주 연습하도록 노력한다.

과제

- 과제: 매일 마음챙김하기(부록 Ⅲ-A)
- 과제 집계표: 다섯-국면 M 질문지(부록 Ⅲ-B) 채우기
- 과제물: 도식 마음챙김 키우기(부록 Ⅲ-C)

  치료 전체에 대해 요약하기(부록 Ⅲ-D)
- 청취 파일 훈련: 일주일에 4회-바디 스캔(훈련 1.2), 3분 호흡하
  기 공간(훈련 3.1), 고통스러운 기억에 대한 마음
  챙김(훈련 3.2)
- 훈련: 마음챙김적 걷기(훈련 3.3)
- 3회기에 대한 본문을 읽을 것

4회기: 도식 대처에 대한 마음챙김

문제에 대처하기

위협적이거나 혹은 고통스러운 상황(실제거나 아니면 언뜻 보기에)
에 마주하게 되면 우리는 본능적으로 싸우거나, 도망가거나 혹은 얼
어붙는 세 방식 중 하나로 반응하게 된다. 이들 반응은 전형적으로
자동적이다. 몸이 행동할 준비를 하게 되면 숨은 가빠지고, 동공은
확장되며, 근육은 긴장하거나 혹은 얼어붙는다. 싸우거나, 도망가거
나, 얼어붙는 반응은 중요한 생존기전으로, 특히 반응을 의식적으로
선택하거나 이것이 상황에 적절할 때 더욱 그렇다. 그러나 대개 이

반응은 무의식적이고, 자동항법에 의해 일어나며, 이 경우 종종 이익보다는 해를 줄 수 있다.

도식과 양식은 대처 전략과 결합이 되고 이들의 대처 전략 또한 세 개다. 이들이 장기간에 걸쳐 자동적으로 촉발하게 되면 이들은 지속적인 손상을 유발할 수 있다. 세 가지의 도식 대처 전략은 도식 회피(도망가기), 도식 과잉보상(싸우기) 및 도식 순응(얼어붙기)이다.

도식 회피는, 슬픔, 분노 및 공포의 원인이 될 수 있는 모든 것을 깨끗하게 조정하려는 노력을 포함한다. 이것은 해당하는 각 도식들이 촉발될 수 있는 상황을 피하거나, 그로부터 주의를 돌릴 수 있는 것을 찾는 것으로 이루어질 수 있다.

도식 과잉보상은, 도식이 아무 힘도 없거나 존재하지 않는 것처럼 행동함으로써 도식으로부터 빠져나오도록 해 준다. 예를 들어, 실패가 두려운 사람은 흔히 성공을 보장받기 위해 지나치게 열심히 일을 하면서, 자신들에게는 이것을 "누워서 식은 죽 먹기."라고 이야기를 한다.

도식 순응에서, 그 사람은 도식을 정당화시켜 줄 수 있는 정보를 지속적으로 찾는다. 상황에 대한 모든 것은 의심이 드는 도식을 확실히 해 줄 수 있는 아주 작은 증거라도 찾을 때까지 계속 분석을 한다. 예를 들어, 불신/학대 도식을 가진 사람은 다른 사람들이 액면 그대로 호의를 가지고 있다는 것을 받아들이지 못한다. 그는 그의 도식을 지지해 주는 다른 사람의 흠을 찾아내기 위해 아주 긴 기간을 지켜볼 것이다.

마크(Mark)와 조앤(Joanne)의 이야기는 어떻게 도식 생존 전략이 (흔히는 자동항법에 의해) 아주 제한적인 관점으로 귀결되는지를 보여

> 마크는 어제 저녁에 늦게 잠들었고 오늘도 초과근무를 하였다. 그가 8시에 간신히 집에 도착하자 그녀의 여자 친구는 그에게 왜 그렇게 늦고 전화를 하지 않았느냐고 따졌다. 마크는 짜증이 났다. 그는 어제 상사를 위한 사업계획 때문에 밤새 일을 했고 오늘 또한 길고도 몹시 바쁜 날이었다. 이제 간신히 집에 도착했는데, 그는 아직도 여자 친구가 불만에 차 있어 쉴 수가 없다. 순간 화가 치밀어 올라 마크는 얼굴이 험악해졌고 그의 서재에 가방을 던졌다. 그리고 한마디 말도 하지 않고 돌아서서 집을 나왔다.

준다.

이 예는 마크의 지나친 기준/과잉비판 도식이 촉발되었음을 보여준다. 그는 자신의 여자 친구가 자신의 상사나 평상시 일처럼 지나치게 요구적이라고 생각한다. 정당하게 대우받지 못한다는 느낌을 받고 마크는 바로 취약한 아동 양식으로 들어가게 되었고, 분리된 보호자 양식으로 도망을 갔다. 이로 인해 그는 좁은 시각을 가지게 되었고, 이는 그로 하여금 자신의 도식을 확인시키는 것만 보도록 만들었다. 비록 회피하는 것이 단기적으로는 그에게 가장 최선의 선택인 것처럼 느껴지게 하겠지만, 그것은 그로 하여금 자신의 도식을 부정할 수 있는 상황을 잃어버리게 만든다. 사실은, 그 자신이 자신으로 하여금 밤새 일을 하고 또 그다음 날로 초과근무를 하게끔 만든 것이다. 그리고 비록 마크에게는 여자 친구의 말이 지나친 요구처럼 느껴졌겠지만, 그녀는 정말로 그가 너무 지나치게 일하는 것이 걱정이 되고 자신과 함께 시간을 보낼 수 없는 것 때문에 그렇게 반응한 것이었다.

조앤은 자신의 요구는 뒤로 미루고 다른 사람들을 만족시키기 위해 안간힘을 쓰는 버릇이 있다. 그녀는 직면하기를 피하고 자기 자신을 지지해 주는 적이 거의 없다. 하루는 여자 친구가 전화를 해서 조앤이 오랫동안 전화를 하지 않았다고 지적을 하였다. 이 친구는 최근에 오랫동안 병을 앓아서 조앤이 그녀를 돌봐 주었었다. 조앤은 자신을 위한 에너지를 재충전하기 위해 이제 막 쉬는 시간을 가지기 시작했을 뿐이었다. 그래서 그녀는 폭발해서 그녀의 친구에게, 그녀가 얼마나 이기적이고 이제까지 자신이 해 주었었던 것에 대해 얼마나 감사할지를 모르는지에 대해 화가 나 비난을 해 대었다. 친구는 충격을 받고 사과를 하였다. 그러나 조앤에게는 이 사과가 그녀의 친구가 정말로 기생충 같은 존재였다는 증거로 받아들여졌고 이는 그녀를 더 화나게 만들 뿐이었다.

조앤은 순응적 굴복자 양식을 작동시키고 있었고, 항상 다른 사람의 요구에 자신을 적응시켰으며, 도식을 확인시키는 행동을 보여왔다. 상황에 대한 그녀의 반응은 복종, 자기희생 및 인정추구 도식에 근거를 두고 있고, 이는 그녀가 그녀 자신을 보호해 주거나 옹호해 주지 못하게 만들었다. 그녀가 자신의 편에 설 때면 언제나 그녀는 비난을 받는 것처럼 느껴진 행동을 하거나, 아니면 도식 과잉보상 전략인 화난 아동처럼 소리를 지르는 행동을 하곤 했다. 조앤의 강한 반응은 그녀의 여자 친구가 놀라게 만들었고, 그녀의 사과는 그녀의 도식을 확인시켜 주는 증거로 해석이 되었다. 그러나 조앤의 분노는 정당화될 수 있는가? 자동항법 안에서 그녀는 그녀의 친구가 실제로는 자신의 돌봄에 대해 정말로 매우 고마워하고 있다는 사실을 잊고 있다. 그녀의 친구는 그녀를 매일 보는 것에 익숙해져 있어 그들이 왜 그렇게 전화 통화를 하지 않았는지 궁금했던 것이었다. 다르게 이야기하면, 그녀는 조앤을 비난할 의도가 없었고 단지 이해하고 싶었던 것이다.

우리 모두는 도식 대처 전략을 가지고 있고, 우리 각각은 우선적인 스타일을 가지고 있다. 우리는 이 회기의 일부분을 도식 대처 질문지(부록 III-E)를 완성함으로써 도식을 지키기 위해 당신이 믿고 사용하는 전략을 확인하려 한다.

이 질문지에 대한 당신의 최종 점수가 당신의 도식 대처 전략에 대한 이해를 도와줄 것이다. 어떤 참가자들은 각 전략에서 같은 점수를 받을 것이다. 이런 경우에는 한 전략에 대해, 특히 5점과 6점 같은 높은 점수를 매긴 것은 아닌지 확인해 보라. 만약 그랬다면 그 전략이 당신의 제일 도식 대처 전략일 가능성이 높다. 만약 이런 방법도 명확한 해답을 주지 못한다면, 당신의 도식 대처 전략을 찾기 위해 일상에서 마음챙김 기법을 사용해 보라.

당신의 개인적인 주요 도식 대처 전략을 찾은 다음에는, 이것이 작동을 했던 지난 상황에 대해 생각해 보도록 하라. 당신의 도식이 촉발되면, 당신의 주요 대처 전략이 어떻게 행동으로 옮겨지는지를 보여 주는 다른 행동을 떠올릴 수 있는지를 생각해 보라.

훈련

훈련 4.1: 마음챙김적 저글링[2]

- 양손에 공을 가지고 선다. 호흡에 대해 마음챙김적이 돼라. 만약 생각이나 다른 것에 의해 주의가 흩어지면 그것에 대해 마음챙김을 하고 당신이 그것을 알아차림에 대해 축하하라. 그리고 당신의 주의력을 호흡으로 부드럽게 돌려놓아라.

- 당신의 알아차림을 당신 몸의 다른 부분으로 천천히 넓혀 나가라. 양발이 바닥을 굳건히 지지하고 있음을 느끼도록 하라. 저글링 공이 당신의 양손에서 어떻게 느껴지는지를 알아차리도록 하라. 당신의 몸에 대해 마음챙김적이 돼라. 당신이 만약 집중이 흩어져 있다는 것을 느끼게 되면 자신이 그것을 알아차릴 만큼 충분히 마음챙김적이라는 것에 감사하라. 그리고 몸에 대한 마음챙김으로 돌아가기 위해 호흡을 징검다리로 이용할 수 있다. 다음 단계로 넘어가기 전에 몸과 함께 2분 정도 머물러라.

- 준비가 되었다고 느끼면 오른손에 있는 볼을 왼손을 향해 위로 던진다. 이것이 왼손에 닿기 전에 왼손에 있는 볼을 오른손을 향해 던진다. 그리고 두 볼을 잡으려 한다. 이것을 반복하고 요령을 알게 되기까지 계속 시도한다. 때때로 당신은 공을 떨어뜨리게 되거나 두 공이 중간에서 부딪치게 될 수도 있다. 이런 일이 일어났을 때 당신이 어떻게 반응하는지에 대해 상세한 주의력을 기울인다. 만약 당신이 당황한 기분을 느낀다면 이 기분은 당신의 결함/수치심 도식이 촉발되었다는 신호일 수도 있다. 만약 당신이 당신과 다른 사람을 비교하기 시작해서 다른 사람들만큼 하거나, 아니면 남

2) 이 훈련은 청취 파일에는 포함되어 있지 않다.

들보다 더 저글링을 잘하라고 자신을 책망하고 있다면, 이것은 당신의 지나친 기준/과잉비판 도식이나 요구적 부모 양식이 촉발되어 있다는 것을 의미한다. 당신은 언제나 다시 마음챙김적 호흡하기로 돌아감으로써 처음부터 다시 과정을 시작해서 서서히 몸으로 확대시키고 저글링을 다시 시작할 수 있다. 이 연습을 약 10분간 지속하라.

행동 양식

존재 양식 안에서 훈련을 마치고 난 뒤에 당신이 관찰한 것에 대해 자신에게 질문을 해 보라. 눈을 감거나, 당신 앞에 있는 상상의 점을 응시하는 것이 답이 떠오르게 하는 데 도움을 줄 수 있다.

- '당신의 몸 중 어떤 부분에서 호흡이 가장 두드러지게 느껴지는가? 호흡의 속도, 깊이 혹은 장소 등이 변화하지는 않는가?'
- '그 밖에 당신은 무슨 일이 일어나는지 알아차릴 수 있는가? 그리고 또?'
- '당신의 몸에서 무슨 일이 일어나는가? 어떤 신체적 감각이 가장 두드러지고 그것은 어디에서 그런가? 어떤 종류의 감정을 느낄 수 있는가? 어떤 도식과 양식이 촉발되었는가?'
- '불쾌한 감정을 제거하기 위해서 당신은 무엇을 하고 싶다고 느꼈는가?'

다음은 집단 내에서 실시되지 않은 두 청취 파일에 대한 대본이다.

훈련 4.2: 도식 마음챙김 키우기

당신의 도식이 언제 작동하는지를 알라. 당신이 불편할 때나 방어적일 때, 슬플 때 혹은 걱정이 많을 때가 도식이 촉발되기 좋은 기회이다. 다음 훈련이 이런 순간에 당신을 도울 수 있도록 만들어진 훈련이다.

• 30초에서 60초 정도 당신의 호흡에 대해 마음챙김적이 돼라. 당신의 배, 가슴 혹은 이 순간에 당신의 호흡이 가장 강하게 느껴지는 곳에 집중하라.
• 당신의 주의력을 돌려 당신의 내적 경험에 집중하도록 하라. 내적으로 진행되고 있는 것이 당신의 현재 상태에 개입된 사건, 생각 혹은 기억과 연관된 어떤 것이든 그것에 마음챙김이 되도록 하라.
• 이제 다시 호흡으로 돌아와 30초에서 60초 정도 머무르도록 한다. 당신의 배, 가슴 혹은 이 순간에 당신의 호흡이 가장 강하게 느껴지는 곳에 집중을 하라.

행동 양식

위의 존재 양식 안에서의 훈련이 끝나고 나면 당신이 관찰한 것에 대해 당신 자신에게 질문을 해 보라. 당신이 마음챙김적이었을 동안 알아차린 것이 무엇인가? 눈을 감거나, 아니면 당신의 앞에 있는 상상의 점을 응시하는 것이 답이 떠오르게 하는 데 도움을 줄 수 있다.

• '당신은 어떤 종류의 감정을 경험하였는가? 현재 가장 강한 감정은 무엇인가?' 특정 도식은 특정 감정을 촉발한다. 유기/불안정 도식은 공포를 유발하고, 감정적 박탈 도식은 슬픔을 가져오며, 불신/학대 도식은 분노를 불러일으킨다. '당신은 어떤 감정을 경

험하고 있는가? 그들이 익숙하고 당신에게 과거의 상황을 불러일으키게 하는가? 그들은 어떻게 나타나는가? 그들을 얼마나 강력한가? 그 감정들이 변화하는가? 그들은 당신 몸 어디에 존재하고 있는가?'

- '당신은 무엇을 생각하고 있는가? 당신은 자신에게 지금 바로 일어난 것에 대해 무어라고 이야기하고 있는가? 이 상황에서 당신의 역할과, 아니면 다른 사람의 역할에 대해 당신은 어떻게 해석하고 있는가? 당신의 생각은 당신이 옳은 일을 했다는 것(항의하고 나와버리거나, 화를 내거나 혹은 거리를 두거나와 같은 것들)을 어떻게 확신시키려 하고 있는가?'

- '이 상황이 당신으로 하여금 그것이 무엇이든 떠올리게 하는 것이 있는가? 어떤 종류의 기억들이 솟아오르는가? 이전에 이와 유사한 경험을 한 적이 있는가? 당신의 과거로부터 특별한 사건이 떠오르지는 않는가?'

- '현재 상황이 이전의 상황과 어떻게 닮아 있는가? 그때도 당신은 같은 방식으로 행동을 하였는가? 당신은 당신의 도식이 떠오르는가? 만약 그렇다면 무슨 도식인가?' 이제 내가 천천히 셋을 셀 것이다. 그러면 당신은 눈을 뜬다. 행동 양식으로 돌아가기 전에 당신의 존재와 당신을 둘러싸고 있는 환경에 대해 마음챙김적인 순간을 잠시 갖도록 한다… 1… 2… 3.

조언   **당신의 도식을 마음챙김적으로 다루기**

- 당신의 주의력이 흩어질 때마다 당신의 호흡에 집중하라. 당신의 몸이 호흡하는 것이 느껴지는 곳을 의식하도록 하라. 일단 이것이 확립되면 당신은 당신이 주의력을 잃기 전에 마음챙김적이었던 것이 무엇이든 그것으로 당신의 알아차림을 확대시킬 수 있다.
- 당신은 당신이 처해 있는 양식에 대해 마음챙김적이 됨으로써 위의 훈련

을 연습할 수 있다. 만약 당신이 당신 자신이나 다른 사람에 대해 분노나 부정적인 생각을 경험하고 있다면, 당신은 처벌적 부모 양식 안에 있는 것일 가능성이 높다.

• 마음챙김적으로 상황을 관찰하려 하는 동안에 당신은 집중력을 수없이 잃어버리는 자신을 만나게 될 것이다. 이와 함께 당신의 감정이 더 강해지거나 혹은 약해지는 것을 알게 될 수도 있다. 이 모든 것은 정상이다. 이것은 당신의 도식이 작동하고 있고 그것이 당신을 흩어지게 만들려고 하는 것을 의미한다. 따라서 이것이 일어날 수 있다는 것에 대해 알아차리도록 하라. 만약 이런 것이 일어난다면, 건강한 성인 양식의 돌봄과 수용적인 태도로 잠깐 동안 이에 대해 생각을 한 후에 당신이 하고 있던 것으로 돌아가라.

훈련 4.3: 당신의 도식에 대해 알게 되기

• 당신의 호흡하기에 대해 마음챙김적이 돼라. 당신의 호흡이 어디에서 느껴지는가? 그 영역에 대해 집중하라. 당신은 매 호흡마다 당신의 배가 오르내리면서 만들어 내는 율동에 집중하고 있을지도 모른다. 아니면 아마도 당신의 코를 통해 들어가고 나오는 공기의 감각에 집중하고 있을 수도 있다. 호흡에 대한 당신의 경험이 가장 강하게 느껴지는 곳을 찾아서, 그것을 매 호흡이 마음챙김적이 되는 데 사용하라.

• 준비가 되면 당신의 주의력을 현재 당신의 마음을 차지하고 있는 기억을 향하도록 한다. 현재 당신이 가지고 있는 신체적 감각, 감정 및 생각 모두에 마음챙김적이 되도록 한다.

• 이제 다시 당신의 호흡에 집중을 한다. 몸에서 호흡이 가장 강하게 느껴지는 곳에 대해 마음챙김적이 되도록 한다.

행동 양식

위의 존재 양식 안에서의 훈련이 끝나고 나면 당신이 관찰한 것에 대해 당신 자신에게 질문을 해 보라. 당신이 마음챙김적이었을 동안 알아차린 것이 무엇인가. 눈을 감거나, 아니면 당신의 앞에 있는 상상의 점을 응시하는 것이 답이 떠오르게 하는 데 도움을 줄 수 있다

- 당신 자신에게 당신이 상황에 대해 부적절하게 반응하지는 않았는지에 대해 물어보라. '다른 사람들도 같은 방식으로 반응할 것 같은가? 당신의 행동이 당신 주위의 사람들에게 어떤 영향을 주었는가? 당신의 행동이 당신의 감정을 강하게 증폭시켰는가? 당신이 계속해서 과잉반응을 보였는가, 아니면 철퇴된 반응을 보였는가?' 만약 당신의 반응, 생각 혹은 감정이, 당신이 건강한 성인 양식에서 정상적으로 경험했던 것보다 무언가 다르거나 혹은 더 강했다면, 당신은 활성화된 도식과 마주한 것이다.

- 무엇이 당신의 도식을 시작시켰는가? 예를 들어, '당신이 집단에서 제외되었다고 느꼈는가(사회적 고립/소외 도식)? 다른 사람에 비해 당신이 무언가 괜찮지 않은 사람처럼 느껴지거나 당신은 항상 끝이 좋지 않게 끝나는 사람으로 느껴졌는가(실패 도식)?' 아마도 당신은 약속을 까먹었을 수도 있고, 집에 무엇을 두고 왔을 수도 있으며, 깜박하고 준비를 못 했거나 혹은 나가서 쓸데없는 물건들을 잔뜩 샀을 수도 있다(부족한 자기조절/자기훈련 도식). 각 도식은 각각 자신만의 촉발 요인이 있다. 만약 당신이 상황이 어떻게 전개가 되는지에 대해, 즉 당신이 무슨 감정을 느끼고 생각하고 행동하는지에 대해 마음챙김적이 될 수 있다면, 이것이 당신으로 하여금 무엇이 당신의 도식을 촉발하는지에 대해 이해할 수 있도록 도와줄 수 있다.

- '그때 당신은 어떤 감정을 느꼈는가? 당신 몸에서 당신의 감정이

가장 강하게 느껴진 곳은 어디였는가?' 각 도식은 연관된 감정을 가지고 있고, 연관된 신체 영역이 있다. 따라서 당신의 감정이 어떻게, 또 어디에서 나타나는가를 통해 당신의 도식을 인식할 수 있는 방법을 배울 수 있다.

• 무엇이 당신 마음을 스쳐 지나가는가? 예를 들어, '당신은 어떤 사람에게 관심을 가져 달라고 이야기를 함으로써 그들에게 상처를 주지 않을까 걱정을 하고 있는가? 아니면 당신 자신을 옹호함으로써 남들의 권리를 침해하는 것은 아닌지를 걱정하고 있는 것은 아닌가(복종 도식)?'

• 당신의 생각, 감정 그리고 행동은 어디에서 오는가? 예를 들어, 당신이 취약하고 상처받음을 느끼게 되는(결함/수치심 도식) 친구와 공유할 수 없다고 느낀다면, 이것은 어렸을 때 소심하거나 혹은 감정적으로 민감한 것에 대해 놀림을 받은 것에 뿌리를 두고 있을 수 있다. 나는 천천히 셋을 셀 것이다. 그러면 당신은 눈을 뜨도록 한다. 행동 양식으로 돌아가기 전에 당신의 존재와 당신을 둘러싸고 있는 환경에 대해 마음챙김적인 시간을 잠시 갖도록 한다… 1… 2… 3.

과제

• 과제: 매일 마음챙김하기(부록 Ⅲ-A)

• 과제물: 도식 마음챙김 키우기(부록 Ⅲ-C)

　　　　치료 전체에 대해 요약하기(부록 Ⅲ-D)

• 청취 파일 훈련: 일주일에 4회-바디 스캔(훈련 1.2), 도식 마음챙김 키우기(훈련 4.2), 당신의 도식에 대해 알게 되기(훈련 4.3)

• 4회기에 대한 본문을 읽을 것

5회기: 허용하기와 있는 그대로 수용하기

건강한 성인 양식과 행복한 아동 양식 안에서 반응하기

어떤 상황들은 수용과 마음챙김으로 다스리기 힘들 수 있다. 우리의 도식이 촉발되고 우리가 부적응적인 양식 안에 있을 때 특히 더 그렇다. 자동항법은 쉽게 상황을 악화시키기 때문에 도식과 양식에 대한 경계를 놓치지 않고 있는 것이 중요하다. 그러나 개방적이고 수용적인 관점을 유지하는 것도 이 못지않게 중요하다. 그런 균형이 이루어진 마음의 틀 안에서 건강한 성인과 행복한 아동이 성공적으로 나타날 수 있다. 우리 모두는 우리 안에 건강한 성인과 행복한 아동을 가지고 있다. 그러나 이들이 어떻게 발달하는가는 삶을 어떻게 경험하는가에 달려 있다. 만약 우리가 건강한 성인을 보고, 배우고, 우리에게 건강한 경계를 만드는 데 있어 부적절한 역할 모델 아래에서 성장을 한다면 우리 안의 그 부분은 제대로 발달하지 못할 것이다. 만약 우리가 아동기의 많은 시간을 누군가의 보호와 돌봄 아래에서 보내야만 했다면 우리는 자유로움을 느끼거나 즐거움을 느끼는 데 익숙하지 못할 것이고, 따라서 행복한 아동 양식으로 사는 것이 어려울 것이다.

오래된 도식적 사고나 행동에서 벗어나는 첫 번째 단계는 그것을 있는 그대로 수용하는 것이다. 도식 회피, 굴복 혹은 과잉보상 등으로 반응을 하기보다는 당신의 외로움이나 공포에 직면을 하는 것이 중요하다. 당신의 분노나 충동성에 경계를 설정하고, 수용과 결정을 내리고, 그것을 유지하는 것이 필요하다. 항상 완벽하려고 애쓰지 말고 자신에게 실수할 수 있음을 허용하도록 하라. 남들이 완벽할 수 없다는 점을 존중해 주고 당신이 그들에게 원하는 방식이 아닌 그들 만의 방식으로 반응할 수 있음을 존중해 주라. 당신 자신에게 재미있게 지낼 수 있음을 인정해 주라. 이런 모든 것을 마음챙김과 함께 하고, 변화에는 시간이 필요하며, 당신이 기대하는 방향과는 다르게 풀릴 수도 있다는 사실을 인식하도록 하라.

> 프랭크(Frank)는 다음 도식들로 고생을 하고 있다. 불신/학대, 결함/수치심 그리고 부족한 자기조절/자기통제 등이 그것이다. 삶은 그에게, 사람들은 결국 배신하거나 그로부터 이익만 취하려 할 것이라고 가르쳐 주었다. 프랭크는 자기 형제의 생일 파티에서 낯선 사람을 만나게 되었다. 프랭크는 그 사람의 의도에 대해 바로 의문을 품었다. 그는 "나에게 왜 관심을 가지는 것이지?"라고 생각하였다. 프랭크는 불안이 심해져서 목이 말라 맥주를 찾게 되었고, 이는 그를 더 화나게 하였다. 화가 나서 그는 자신에게 "술이 더 이상 해결책이 될 수 없어. 이제는 이런 식으로 문제를 과장해서 생각하지 말아야지."라고 말하였다. 그러나 그는 점점 더 긴장이 되고, 어두워졌고, 낯선 사람과의 대화는 점점 어색해졌다.

앞의 예는 도식이 촉발되면 어떤 일이 일어날 수 있는지를 보여 준다. 상호작용이 실패할 수 있는 모든 요소들이 거기에 존재한다. 술을 마시고 싶은 충동, 감정적 차원에서 느껴지는 지켜야만 할 요구 그리고 점점 더 어색해지는 대화가 그것이다. 프랭크가 자신의 도식과 양식이 작동하고 있다는 것을 알아차리게 되었을 때, 다음과 같은 일이 일어났다.

프랭크는 자신의 도식과 양식이 활성화되었다는 것을 깨달았다. 그는 그 자신을 용서해 주고 휴게실로 방향을 돌려서 그곳에서 무슨 일이 일어나고 있는지를 마음챙김적으로 관찰할 수 있도록 몇 분간 호흡하기 공간 시간을 가졌다. 이렇게 하니 그는 자동항법에서 벗어나 상황에 대한 좀 더 넓은 시각을 가질 수 있게 되었고 건강한 성인 양식으로 변환하게 되었다. 이는 그로 하여금 과거 자신의 부정적인 경험이 현재에서 반복될 필요가 있는 것은 아니라는 것을 다시 깨닫게 해 주었고, 불안하고 불안정감을 느끼는 것도 당연하며, 그가 자신의 경계만 지킬 수 있다면 술을 마시는 것도 괜찮다고 생각할 수 있게 해 주었다. 프랭크는 파티로 돌아와서 낯선 사람과 함께 대화를 시작하였다. 그들의 대화는 점차 생기를 띠기 시작하였고 상호 간의 이해와 수용이 나타나기 시작하였다.

사랑하는 사람과의 마음챙김적 상호작용

동반자, 친구 그리고 친척들과 이야기를 나누는 것이 한쪽은 옳고 한쪽은 틀리다는 식으로 양측이 서로를 확신시키려 한다면 이는 끝없는 논쟁으로 이어질 수 있다. 이것은 아주 조용한 대화로도 나타날 수 있고, 소리를 지르고 욕설을 퍼붓는 형태로 나타나거나 심지어는 때리거나 발길질을 하는 형태로도 나타날 수 있다. 사람들이 갈등에 반응하는 또 다른 방식은 철퇴하는 것인데, 이는 차가운 침묵을 통해 불쾌함을 표현하는 것이다. 대부분의 논쟁은 현재의 상황에 대한 것만이 아니고 과거 상처와 관련된 민감한 부분을 포함한다. 오래된 상처는 현재의 사랑하는 사람에 의해 만들어진 것이 아님에도 현재의 관계에 의해 다시 시작된다.

에블린(Evelyn)은 오늘 저녁 6시까지 남자 친구 조지(George)를 기다렸다. 그녀는 낭만적인 저녁을 보내기 위해 준비를 했고 특별한 식사를 위해 공을 많이 들였다. 그녀는 불안해져서 왔다 갔다 했고 집 주위를 깨끗이 치웠다. 그녀의 몸은 긴장이 되었다. 조지는 6시까지 오겠다고 약속을 했음에도 불구하고 6시 45분인 아직까지도 집에 오지 않았다. 그녀는 자신에게 투덜거렸고, 그녀의 안절부절못함은 점차 분노로 변해 갔다. 결국 7시 30분에 조지가 집에 도착했을 때, 에블린은 너무 화가 나 있고 절망을 해서 "신경 꺼!"라고 불쑥 말해 버리고 침실로 피해 버렸다. 상사 때문에 일을 하느라고 늦어 버린 조지는 에블린의 행동 때문에 화가 났다. 그렇지 않아도 초과근무 때문에 압박을 받는데 이제는 자신의 여자 친구가 자신을 힘들게 하고 있는 것이었다. 그는 그녀를 따라 침실로 들어가서 싸움을 시작하였다.

언뜻 보면 이 사건은 약속이 깨져서 에블린이 그냥 화가 났고, 조지는 다른 사람에 대한 자신의 책임으로 인해 압도당한 일 때문에 생긴 것처럼 보인다. 그러나 더 봐야 할 것이 있다. 에블린과 조지는 흥분이 가라앉은 다음에 그들에게 무슨 일이 일어났었는지 그리고 그들의 어떤 도식들이 촉발되었는지에 대해 마음챙김적인 논의를 하기 위한 시간을 가졌다. 여기에서 에블린은 자신이 무시당했다(감정적 박탈)고 느꼈다는 것이 드러났고, 조지는 다시 다른 사람의 요구를 만족시켜야만 하도록 강요당하는 것처럼 느꼈다(복종)는 것이 드러났다.

만약 당신과 당신의 동반자, 친구 혹은 친척이 논쟁 중에 잠시 시간을 가지고 서로 간에 어떤 도식이 촉발되었는지를 마음챙김적으로 관찰할 수 있도록 허용한다면, 당신은 갈등이 더 악화되는 것을 피할 수 있을 것이다. 거기에 더해 이렇게 만들어진 건강한 성인의 관점이 도식에 도전할 수 있는 당신의 능력을 더 호전시켜 줄 수 있을 것이다. 당신의 도식을 만들었던 당신의 과거 경험은 또 반복되어야만 하는 것은 아니다. 이 사실을 인식하는 것이 당신으로 하여금 이들 도식과 도식의 사이를 통해 당신이 자신의 길을 찾아갈 수 있도록 도와줄 것이다.

훈련

훈련 5.1: 3분 도식 마음챙김

지금 일어나는 당신의 경험을 관찰하고, 개방하며 그리고 허용하는 것은 당신 자신과 다른 사람에 대해 (궁극적으로는) 수용하는 감정을 가져오게 한다. 그러나 자신과 다른 사람들에게 마음챙김적이 되는 것은 말처럼 쉽게 되는 것이 아니다. 당신이 세상을 받아들이는 법은 오랜 기간 동안 도식들에 의해 형성되어 왔기 때문에 다른 관점을 갖는다는 것은 아주 힘이 들고, 이것은 자동항법이 일반적인 반응이며 쉽게 질 수밖에 없다는 것을 의미한다. 마음챙김은 자동항법에서 빠져나오기 위해서 꼭 필요한 것이다. 즉각적인 반응을 하지 않는 마음챙김적인 삶은 좀 더 의식적이고 의지적인 행동을 위한 공간을 열어 줄 것이다.

- 당신의 호흡에 대해 마음챙김적이 돼라. 각 들숨과 날숨에 주의를 기울여라. 당신의 몸 어디에서 당신의 호흡을 느낄 수 있는지를 살펴보라. 당신의 알아차림을 호흡으로부터 당신의 마음에서 왔다가 사라지는 생각으로 확장시키도록 하라.
- 당신의 생각을 점검하지 말고 그대로 떠오르도록 놔두라. 당신이

당신의 생각에 대해 더 견딜 수 있게 될수록 당신 머리의 안전한 경계 안에서 그들의 존재를 더 수용할 수 있게 될 것이고, 당신은 도식을 알 수 있게 더 가까워질 것이다. 매 생각을 떠오르게 그냥 놔두고 마치 그것을 처음 접한 것처럼 알아보라. 그것이 어떻게 보이고 어떻게 들리는지는 문제가 아니다. 아무도 당신을 판단하거나 비난하지 않는다. 이들은 당신의 머리 안에 떠오르는 당신의 생각일 뿐이다. 만약 어떤 감정이든 떠오른다면 같은 방식으로 떠오르도록 그냥 그들을 놔두라.

• 당신의 모든 생각들이 앞에서 나타나서 뒤로 사라지는 것을 바라보면서 당신의 호흡에 대한 알아차림과 함께 머무르도록 하라.

행동 양식

위의 훈련을 마친 후에 당신이 관찰한 것에 대해 당신 자신에게 질문을 해 보라. 당신이 마음챙김적이었을 동안 알아차린 것이 무엇인가? 눈을 감거나, 아니면 당신의 앞에 있는 상상의 점을 응시하는 것이 답이 떠오르게 하는 데 도움을 줄 수 있다.

• '당신의 생각이 무엇이든 객관적인 사실을 포함하고 있었는가? 드러나는 감정이 있었는가? 그 외에 당신이 경험한 것은 무엇인가? 알아차린 도식이 있었는가? 당신의 양식을 확인할 수 있었는가?'

• 당신의 호흡에 마음챙김적이 돼라. 당신은 자기 자신에게 온화하고 부드러운 목소리로 이야기를 해 주려 한다. 건강한 성인이 되어 당신이 관찰한 도식에게 이야기하라. 유기, 학대 그리고 외로움의 감정에 대해 친절함과 온정을 가지고 대하라. 당신의 분노와 충동성에 대해서는 경계를 설정하고 그 안에서 가라앉도록 차분하게 대하라. 당신 자신과 남들을 조절하고 벌하려는 당신의 요구나 욕구를 놓아주도록 하라. 당신이 만약 당신의 도식이 만든 생각이

나 감정의 흐름에 의해 사로잡히거나 이로 인해 당신이 흩어져 버리게 되면, 부드러우면서도 그러나 단호하게 당신의 주의력을 다시 호흡으로 돌려놓도록 유도하라. 이제 나는 천천히 셋을 셀 것이다. 그러면 당신은 눈을 뜨도록 한다. 행동 양식으로 돌아가기 전에 당신의 존재와 당신을 둘러싸고 있는 환경에 대해 마음챙김적인 순간을 잠시 갖도록 한다… 1… 2… 3.

훈련 5.2: 자신과 다른 사람에 대한 마음챙김적 수용[3]

도식과 양식을 알아차릴 수 있는 당신의 능력을 호전시키기 위해 만들어진 마음챙김 훈련과 함께, 당신의 도식에 도전하거나 반대를 할 수 있는 생각을 배우고 훈련하는 것도 마찬가지로 중요하다. 이것은 매우 어려울 수 있다. 당신의 도식과 양식을 지지하는 (부정적인) 상황을 발견하는 것이 그렇지 않은 상황을 발견하는 것보다 훨씬 쉽다. 불신/학대 도식을 가진 사람은 만약 계산원이 자신의 주머니에 잔돈을 넣는 것을 보게 되면, 사람들은 정직하지 않으며 믿을 수 없다고 빨리 결론에 도달할 것이다. 그러나 이 사람은 자신의 개인적인 비밀을 털어놓고 그 비밀을 지켜 준 자신의 친구에 대해서는 빨리 잊어버릴 것이다. 도식 회피 전략을 극복할 수 있도록 연습하기 위한 다음 훈련에는 도식을 무효로 만드는 긍정적이고 건설적인 생각에 대한 마음챙김적인 숙고하기가 포함이 된다. 이런 예는 당신이 누구에게 "아니오."라고 이야기를 했고 그들이 당신의 결정을 존중해 주었던 때나 혹은 당신이 당신 자신을 보호해 준 것에 대해 칭찬을 해 주었던 때와 같이 삶의 일상에서 찾아낼 수 있다(이것은 자기희생과

---

3) 이 훈련은 청취 파일에는 포함되어 있지 않다.

인정에 대한 갈망 도식이 힘을 발휘하지 못하게 만든 것이다). 다양한 도식과 연관된 긍정적이고, 건설적이며, 수용적인 생각의 예는 다음에 나열되어 있다.

도식에 대해 더 긍정적이고 수용적인 접근의 예

- 감정적 박탈: "비록 나는 종종 다른 사람들이 나를 지지하지 않고 나의 감정적 욕구를 무시할 것이라 느끼지만, 사람들이 나를 지지해 주고 나의 욕구를 인정해 준 적도 많았어. 내가 관심과 격려가 필요할 때마다 나는 단지 그것을 친절하게, 조용히 그리고 직접적으로 요구하면 돼. 즉각적인 만족을 할 수 있는 욕구는 흔하지 않아. 나를 사랑하는 사람들은 언제나 내 옆에 있을 거야."
- 지나친 기준/과잉비판: "나는 실수할 수도 있어. 나는 최선을 다하면 되고, 그것으로 충분해. 다른 사람들도 모두 실수를 인정해 주잖아. 아무도 실수를 하지 않는다면 우리가 인간미라고는 전혀 없는 로봇과 다를 것이 무엇이야."
- 부족한 자기통제/자기훈련: "비록 내가 귀찮은 잡일을 하는 것을 싫어하지만 내가 나의 의무를 다하는 것은 중요해. 그래야 문제를 더 일으키지 않을 수 있어. 즉각적인 보상만 바라는 것은 나에게 좋을 게 없어. 나는 비록 기다려야 할지라도, 장기적으로 보면 항상 득이 될 거야."

양식에 대해 더 긍정적이고 수용적인 접근의 예

- 순응적 굴복자: "나는 항상 다른 사람들에게 맞춰야 할 필요가 없어. 나도 나 자신만의 욕구와 욕망이 있어. 사람들이 나 자신을 내세울 때 그것을 항상 좋아하지 않을 수도 있어. 그러나 그건 문제가 아니야. 대부분의 사람들이, 내가 내 자신의 욕구와 욕망을 소중하게 여긴다 해도 그것은 당연한 것이고 정상적인 것이라는 것

을 알게 될 거야."

- **분리된 보호자**: "나 자신을 세상으로부터 차단시킴으로써 나는 나 자신에게 상처를 주고 있어. 취약한 상황에서 나 자신을 방어할 수 있는 좀 더 나은 방법은, 내가 믿는 사람들에게 다가가서 내가 내게 상처를 주고 있다는 것을 그들이 알게 해 주는 것이야. 그것이 감정적인 지지를 더 잘 받을 수 있게 해 줄 수 있고 내가 기분이 나아질 수 있게 해 줄 수 있는 방법이야."

- **자기과장자**: "내가 성취한 것에 대해 자랑스러움을 느끼는 것은 기분 좋은 일이야. 가끔 다른 사람들에 비해 나 자신이 무엇인가 더 낫다고 생각하는 것은 별 문제가 없어. 그러나 이것이 현실에 바탕을 두고 있어야 한다는 것은 중요하지. 한 부분에서 낫다는 것이 나를 우월한 사람으로 만들지는 않아. 다른 사람들도 마찬가지로 자신들의 성취에 대해 인정받을 필요가 있어. 나는 다른 사람들에게 자랑스러움을 느낄 수 있는 기회를 줌으로써 모범을 보일 수 있을 거야."

행동 양식

- 당신의 일차적인 도식과 양식을 바탕으로 당신을 위해 도움이 되는 긍정적이고 수용적인 생각을 추가로 떠올려 보라. 당신의 도식과 양식 각각에 대해 세 개의 건설적인 생각을 써 보라. 당신이 긍정적이고 도움이 될 수 있는 생각을 마련하는 데 중요한 사람에게 도움을 받는 것에 대하여 자유롭게 생각하라.

조언	당신의 도식을 마음챙김적으로 다루기

- 어떤 사람들은 자신의 생각을 써 놓고 싶은 욕구를 느낀다. 그런 사람들에게는 그렇게 할 수 있는 안전한 환경이 필요할 수도 있다. 시간을 내어 당신이 쉽게 자신으로 돌아갈 수 있는 당신의 침실이나 서재와 같은 장소를 마련하라. 시작하기 전에 의식적으로 어디에 쓸 것인지 그리고 그것을 어디에 보관할 것인지를 결정하라.
- 매일 쓰도록 압력을 주지 말라. 마음챙김적인 것을 쓸지 말지(아니면 마음의 존재를 필요로 하는 다른 활동을 연습할지)에 대해 결정을 하라. 만약 당신이 걱정이 된다면 당신의 결정에 대해 부가적인 마음챙김을 하도록 한다. 누구에게 보이기 위해 쓰지 않도록 한다. 그렇게 하면 당신 생각의 자유로움이 제한이 되어 당신을 억제하거나, 당신 자신의 언어에 대해 검열을 하게 된다. 당신은 모든 것이 그냥 왔다가 가도록 놔둘 수 있게, 자유롭게 되기를 원하고 있다.

과제

- 과제: 매일 마음챙김하기(부록 III-A)
- 과제물: 다섯-국면 M 질문지 완성하기(부록 III-B)

　　　　　도식 마음챙김 키우기(부록 III-C)

　　　　　치료 전체에 대해 요약하기(부록 III-D)

- 청취 파일 훈련: 일주일에 4회-바디 스캔(훈련 1.2), 3분 도식 마음챙김(훈련 5.1)
- 훈련: 자신과 다른 사람에 대한 마음챙김적 수용(훈련 5.2)
- 5회기에 대한 본문을 읽을 것

6회기: 도식, 사실 혹은 허구?

도식은 우리의 일생을 통해 발달을 해서 우리가 세상, 다른 사람들, 우리 자신 그리고 우리의 몸, 우리의 기분 및 우리의 행동을 어떻게 받아들이는가를 결정한다. 아동기 때의 방치는 사람들이 자신의 욕구에 대해서는 충분히 돌보지 못하고 다른 사람들의 욕구에 대해 걱정하도록 우리를 가르친다. 그래서 우리는 남들을 믿지 못하도록 배우게 된다. 우리 중 불신/학대 도식을 가진 사람은 애매한 상황을 위협으로 해석하거나 혹은 조마조마한 느낌이나 목의 긴장감과 같은 신체적 감각들을 금방 닥쳐올 파멸의 신호로 해석해 버린다. 슬픔은 우리를 외롭고 공허하게 느끼도록 만들어 버릴 수 있다.

과거는 우리를 도식을 통해 괴롭히는 것으로 여겨진다. 그러나 우리가 과거에 경험했던 것과 똑같은 강력한 감정을 경험하는 것이 우리가 현재 그때와 똑같은 상황을 경험하고 있다는 것을 꼭 의미하지는 않는다. 도식은 단지 생각일 뿐이고(생각은 실제가 아니라는 것을 상기하는 것이 중요하다. 그들은 단지 생각일 뿐이다.) 우리 자신이 하나로 묶어 놓은 단어의 조합일 뿐이다. 만약 우리가 생각을 진실처럼 보는 잘못을 저지르게 되면 우리는 아래에 쓰인 각본처럼 될 가능성이 높아지게 된다.

- 자기 자신이나 다른 사람들을 항상 판단하고, 경직되어 있으며, 요구적이고, 처벌적인 사람은 끊임없이 분노와 적의의 감정과 싸우게 될 것이다.

- 세상을 흑백논리로 보고 극단적인 생각만 하는 사람은 끊임없이 실망과 불행의 감정을 느끼게 될 것이다.

- 항상 완벽한 것을 바라고 실수나 고통을 참지 못하는 사람은 반복적으로 실패와 부적절감 그리고 수치심을 마주하게 될 것이다. 완벽하다는 것의 진실은, 효과적인 기능이나 가치감과 같은 것은 아무 의미가 없다는 것이다.

- 항상 미안하다고 이야기하는 사람은 자신을 방어하고, 남들에게 맞추고, 남들에게 굽실거리기에 급급하게 될 것이다. 실제적으로 우리가 남들에게 받아들여지기 위해서 우리의 모든 행동이 다 용서받아야 하는 것은 아니다.

- 자신의 모든 행동에 대해 항상 설명을 하고 정당화시키려 하는 사람은 우리가 모든 비판에 반응할 수는 없다고, 또 그렇게 할 필요도 없다는 사실을 잊고 있는 것이다. 비판을 피하기 위해 최선을 다함에도 불구하고 비판받지 않은 채 삶을 살아갈 수 있는 사람은 아무도 없다.

- 일들이 원하는 대로 되지 않을 때 남들을 비난하는 사람에게는 그들의 삶에서 일들을 제거해 버리는 수밖에 없다. 지적하는 것은 우리가 제대로 하지 못하는 것에 대한 비난을 조금도 줄여 주지 못한다. 진실은, 완벽한 사람은 없다는 것이다. 모든 사람들이 실수를 한다.

- 항상 최악의 경우를 가정하는 것은 현실적인 생각이 아니다. 맞다. 미래는 불확실하다. 그러나 그것이 최악의 경우가 오리라는 것을 의미하는 것은 아니다.

- 긴장감, 슬픔, 분노 혹은 두려움을 느낀다는 것이 항상 그런 감

정을 느낄 만한 이유가 있다는 것을 의미하는 것은 아니다. 예를 들어, 당신의 불안이 앞으로 곧 닥쳐올 어떤 위험과 연관이 있다는 가정은 당신을 더 불안하게 만들 뿐이다. 이것은 당신이 발생 가능한 문제에 직면하기 위해 필요한 마음가짐을 가지게 하기보다는 '얼어붙게(무엇을 해야 할지 모르게)' 만들 것이다.

• 무언가 생산적이어야 한다는 지속적인 욕구를 느끼게 되면, 이것은 결국 스트레스와 좌절을 가져오게 만들 것이다. 인생에서 정말로 우리가 행동해야 할 문제는 그렇게 많지 않다. 거의 모든 일이 우리의 선택에 달려 있다.

• 일이 잘못되었을 때 침소봉대해서 이야기하는 것은 실패감과 패배감을 가져오게 할 가능성이 높다. 그렇다. 일들이 항상 우리가 원하는 대로 되는 것은 아니다. 그러나 그렇다고 해서 그것이 또 재앙이 되는 것도 아니다.

• 흔히 비난받는 것을 우리가 개인적으로 공격을 받았다고 느끼게 되면, 마치 우리의 존재 자체가 공격을 받는 것 같아 방어적이 된다. 그러나 다른 사람들은 단지 건설적인 비판을 했을 수 있다. 어떤 경우든 우리가 어떻게 행동할까를 결정하는 것은 항상 우리에게 달려 있다.

• 어떤 사람들은 불쾌한 사건이 일어나면 과거에 일어났던 다른 부정적인 사건을 떠올리는 경향이 있다. 이런 방식의 생각은 긍정적인 면을 걸러 내 버린다. 이런 사람은 과거와 현재의 즐거운 경험을 볼 수 없게 되고, 그들의 삶과 미래에 대한 기대는 부정적으로 물들어 버리게 된다.

• 우리는 우리가 세상을 정확하게 보고 있다고 생각하지만 실제

로는 그렇지 않으며 종종 상당히 왜곡되어 있을 수 있다. 이것
은 상황이 항상 개인적 경험이라는 렌즈를 통해서 해석이 되기
때문이다. 다르게 이야기하면, 도식과 양식에 근거해서 해석되
기 때문이다. 순수한 객관성이라는 것은 불가능하며 잘못된 해
석을 하는 것은 인간이 되는 것의 피할 수 없는 결과이다.

다음을 기억하라.

• 도식은 사실이 아니다. 그것은 부정적인 암시이다. 도식은 우리
  자신이 써 온 이야기들로 우리 자신이 바꿀 수 있다.
• 우리를 괴롭히는 많은 일들은 모든 사람들도 어김없이 부딪쳐
  야 하는 문제들이다. 흔히 부정적인 사건은 우리의 도식이 만들
  어 낸 것처럼 그렇게까지 의미 있지는 않다.
• 성공, 승리 그리고 완벽함을 위해 끝없이 추구하는 것을 내려놓
  으려 노력하라. 그렇게 하면 당신은 편안해질 수 있고 다른 사
  람들과의 관계를 즐길 수 있게 된다.
• 도식은 나타났다 사라졌다 한다. 그들이 자동적으로 나타났다
  사라졌다 한다는 것을 염두에 두어라. 마음챙김적이 됨으로써
  자동적으로 반응하는 것을 피하도록 하고, 당신이 어떤 반응을
  할 것인가를 결정할 수 있도록 시간을 가지도록 하라.
• 도식은 일종의 자기성취적 예언과 같다. 변화를 위한 첫 번째
  단계는 당신의 생각, 감정, 그리고 행동(다른 사람의 것도 함께)의
  반복 양상을 마음챙김적으로 인식하는 것이다. 일단 도식에 충
  실히 따르는 것을 내려놓으면, 당신은 도식을 지속시키는 자기

파괴적인 행동을 깨고 나오기 시작할 수 있게 된다.

의도로부터 행동으로

행동하려고 결정하는 것과 그 뒤에 따르는 행동 사이에 잠깐의 시간이 지나간다. 우리는 흔히 행동하려는 의도가 만들어지는 것과 그 의도에 의한 행동이 이루어지는 것 사이에 짧은 순간이 존재한다는 것을 알지 못한다. 우리의 반응은 마치 자동적인 것처럼 보이지만, 사실은 무의식적인 것이다.

> 베로니카(Veronica)와 이웃이 아파트 엘리베이터에 함께 타고 있다. 그녀는 젊은 남자가 담배꽁초를 바닥에 버리는 것을 보았다. 사람은 항상 자신의 쓰레기를 제대로 버려야만 하기 때문에(지나친 기준/과잉비판 도식) 베로니카는 이것을 용납할 수가 없었다. 그녀는 직면을 두려워하기 때문에(복종 도식) 젊은 남자에게 이야기하기를 주저하였지만, 그녀는 이 문제를 이야기하기로 마음을 먹었다. 정중하게 그러나 엄격함을 담아서 베로니카는 이야기했다. "담배꽁초를 주워서 쓰레기통에 버려 주시겠습니까?" 이웃은 날카롭게 반응하면서 그녀에서, 정 그러면 그것을 집어서 알아서 버리라고 이야기하였다. 베로니카는 즉시 사과를 하였다. 그들이 엘리베이터에서 내린 후에도 담배꽁초는 그대로 바닥에 버려져 있었다.

이 상황은 베로니카와 그의 이웃 모두가 마음챙김을 위한 몇 번의 기회가 있었음을 보여 주고 있다. 행동으로 옮기기보다는 의도를 숙고해 볼 수 있는 순간들 말이다. 그들의 무의식적인 반응의 결과, 두 사람 모두 담배꽁초는 여전히 바닥에 버려져 있는 채로 불편한 감정을 느끼며 그 자리를 떠났다. 이 예에서 당신이 확인할 수 있는 마음챙김이 가능한 순간은 언제인가? 당신의 과거 상황에 대하여 같은 질문을 당신 자신에게 하도록 하라.

훈련

훈련 6.1: 마음챙김적 의도를 가지고 걷기

3회기에서의 걷기 훈련은 당신이 자신의 의도를 알아차릴 수 있도록 도와줄 수 있다. 의도란 연관된 행동에 앞서는 생각이나 목적으로 이야기한다. 이 형태의 훈련은 마음챙김적 의도를 더 강조하고 있지만, 당신으로 하여금 무의식적으로 반응하는 대신에 당신이 무엇을 선택할 수 있는가에 대해 잠시 시간을 가지고 심사숙고해 볼 수 있도록 도와준다. 이 훈련은 실내와 외부에서 실행될 수 있다.

- 충분히 걸을 수 있는 공간을 찾는다.
- 당신의 다리를 굽혔다 펴기를 할 수 있도록 무릎을 약간 굽힌 채로 선다. 발은 약 10~15cm의 간격으로 벌린다. 팔은 자유롭게 옆으로 내리고 당신의 앞을 부드럽게 응시하도록 한다.
- 당신의 발바닥에 주의를 기울이고 바닥과의 접촉을 느낀다. 당신의 다리와 발을 통해 바닥으로 내려가는 몸의 무게를 알아차린다. 당신의 무릎을 굽히려 한다. 그러나 우선 무릎을 굽히려 하는 순간적인 의도를 조심스럽게 알아차리도록 한다. 그리고 무릎을 몇 번 굽혔다 펴기를 반복하면서 당신의 다리와 발의 움직임을 느껴 보고, 모든 행동 전에 있는 당신의 의도에 대해 생각하고 있음을 확

인하도록 한다.

• 계속되는 움직임 각각에 대해 그리고 움직임에 대한 당신의 의도에 대해 마음챙김적이 돼라. 그리고 그 의도에 뒤따라 일어나는 행동 각각에 대해서도 그것이 일어나는 대로 마음챙김적이 돼라.

• 준비가 되었다면 당신의 체중을 오른쪽 다리로 옮기도록 한다. 그리고 당신의 양쪽 다리와 발에서 느껴지는 새로운 감각에 대해 알아차리도록 한다. 이제 당신의 오른쪽 다리가 당신의 체중 거의 전부를 지탱하고 있고 당신의 왼쪽 다리는 많이 가벼워졌다.

• 발의 나머지 부분은 바닥에 대고 당신의 왼쪽 뒤꿈치를 들어 올려 본다. 그리고 당신의 종아리 근육에 힘이 가는 것을 느끼도록 한다.

• 당신의 왼쪽 발을 발가락만이 바닥에 닿게 천천히 들어 올린다. 당신의 다리와 발의 감각의 변화에 마음챙김적이 되도록 하라.

• 이제 당신의 왼쪽 발을 들어 올려 조심스럽게 앞으로 움직인다.

• 뒤꿈치로 당신 앞쪽의 바닥을 짚기 전에 공기를 통해 움직이는 당신의 다리와 발의 느낌에 대해 마음챙김이 되도록 한다.

• 왼쪽 발을 내려 왼쪽 발의 다른 부분들이 바닥에 닿게 하면서 서서히 당신의 체중을 당신의 왼쪽 부위로 옮겨 가도록 한다.

• 이제 당신의 왼쪽 다리와 발이 얼마나 무거워졌는지를 느끼면서 당신의 오른쪽 다리와 발로 다음 걸음을 준비한다.

• 당신의 왼쪽 다리에 기대어 선 다음에 당신의 오른쪽 발은 바닥에서 들어서 서서히 앞으로 움직인다.

• 앞으로 움직이는 동안 당신의 다리와 발의 감각의 변화에 대해 마음챙김적이 되도록 한다.

• 당신의 오른쪽 뒤꿈치가 바닥에 닿으면 이에 대해 마음챙김적이 된다.

• 일단 당신의 왼쪽 발이 완전히 바닥에 닿으면 당신의 체중은 오른쪽으로 옮겨 가게 된다.

- 양쪽 다리와 발에서 지속적으로 일어나는 감각의 변화에 대해 알아차림을 계속한다.
- 걸어 다니기 시작하라.
- 각각의 걸음에 마음챙김적이 돼라. 당신의 다리 근육이 움직이는 느낌과 당신의 발바닥이 바닥에 닿는 느낌에 지속적인 주의력을 기울여라.
- 계속되는 움직임 각각에 대해 그리고 움직임에 대한 당신의 의도에 대해 마음챙김적이 돼라. 그리고 그 의도에 뒤따라 일어나는 행동 각각에 대해서도 그것이 일어나는 대로 마음챙김적이 돼라.
- 당신이 돌고 있다면, 당신이 방향을 바꾸고 그리고 다시 걸을 때 당신의 몸에서 일어나는 복잡하고 연속적인 움직임에 대해 자세히 지켜보도록 노력하라.
- 계속되는 움직임 각각에 대해 그리고 움직임에 대한 당신의 의도에 대해 마음챙김적이 돼라. 그리고 그 의도에 뒤따라 일어나는 행동 각각에 대해서도 그것이 일어나는 대로 마음챙김적이 돼라.
- 계속 왔다 갔다 하면서 당신의 다리와 발의 감각에 가능한 한 마음챙김적이 되도록 하라.
- 앞을 지켜보면서 부드럽게 시선을 집중하고 이를 유지하라.
- 당신의 주의력이 걷는 경험으로부터 벗어나는 것을 인식하게 되면 당신의 다리와 발에 대한 마음챙김으로 다시 돌아오라.
- 정좌명상 시에 당신이 당신의 호흡을 닻으로 사용했던 것과 마찬가지로 당신의 발과 바닥이 닿는 것을 당신의 닻으로 사용하라. 이 닿음이 당신을 여기 그리고 지금에 굳게 뿌리내릴 수 있게 해 줄 것이다.
- 이런 방법으로 10분에서 15분간 계속 걷거나, 만약 당신이 원한다면 더 길게 걷는다.

당신이 걷기명상을 시작할 때 당신이 마음챙김적이 되는 것에 익숙해질 수 있게 천천히 시작하도록 하라. 일단 당신이 익숙해지면 당신이 편안한 속도를 선택한다. 그러나 만약 당신이 시작할 때 서두르게 되거나 혹은 안절부절못함을 느낀다면 빠른 속도로 걷기를 시작하라. 그리고 당신이 안정되는 정도에 따라 걷는 속도를 점차 줄여나간다.

훈련 6.2: 도식을 그대로 놓아 주기

이 훈련은 고통스러운 경험을 포함하는 훈련(훈련 3.2와 같이) 뒤에 수행될 수 있다. 그러나 일상생활에서 아주 강력한 감정적 상황에 직면했을 때도 유용하게 사용할 수 있다. 이 훈련은 생각, 감정 및 행동을 새로워진 주의력을 가지고 관찰하기 위해 개방적이고 호기심에 찬 마음의 틀을 필요로 한다.

(강한) 감정적 반응을 경험할 때 이에 주의를 깊게 기울인다. 당신은 부정적인 말을 들은 후에 화가 나 있을 수 있고, 누군가 특별한 사람이 떠나서 불행한 감정일 수도 있다. 아니면 당신은 상황에 전혀 맞지 않는 심정을 경험하고 있을 수도 있다. 예를 들어, 다른 사람은 정상적으로 화가 나는 상황에서 당신은 상처를 받는 것이 그것이다. 혹은 아마도 당신은 (갑자기) 전혀 아무것도 느끼지 못할 수도 있다.

즉각적인 감정적 반응은 그 순간이나 사건 후에 알아차릴 수 있다. 그때 당신의 주위에서 무엇이 일어나는지에 대해 주의를 기울이도록 하라. 당신의 생각, 감정 및 행동에 대해 마음챙김적이 돼라. 감정적 순간에 대해 마음챙김을 더 연습할수록 이런 반응을 '잡아낼' 수 있는 당신의 능력이 더 향상될 것이다.

당신의 생각, 감정 및 행동에 있어 변화를 알아차리게 되면 자동항법에서 벗어날 수 있다. 감정은 (점차적으로) 조절에서 벗어나기를 멈추게 되고 더 이상 자동적으로 사라지지 않게 된다. 생각이 왔다가 간다는 것을 당신이 알기 시작하게 되면, 생각들이 가라앉아 당신이 당신의 마음 안에서 그들의 존재를 수용할 수 있게 된다. 당신은 특정 생각, 감정 그리고 행동이 어떻게 당신 과거의 상황에 예속되어 있으며 더 이상 지금 상황에 적합하지 않은지를 인식할 수 있는 방법을 배우게 된다. 당신의 감정, 생각과 행동에 대해 새로운 알아차림과 비판단적인 마음챙김을 키움으로써, 당신은 깨어 있는 결정을 내릴 수 있는 능력이 증가된다는 것을 인식할 수 있게 될 것이다.

예를 들어, 화가 나거나 슬플 때 앉을 자리를 찾아 당신의 호흡에 집중을 해 보라. 당신 몸의 어디에서 호흡이 느껴지는가? 당신의 주의력을 그 부분에서 몸의 나머지 부분으로 확대시켜 당신이 경험하고 있는 감정을 둘러싸도록 해 보라. 당신의 감정이 당신의 주의력을 압도하거나 주의력이 흩어질 때마다 호흡으로 다시 돌아오라. 당신의 감정을 당신 머리 위를 지나가는 짙은 구름으로 보라. 아무런 조치나 개입이 필요하지 않다. 그냥 당신이 느끼고, 행하고, 보고, 듣고 그리고 냄새 맡는 것에 대해 마음챙김적이 돼라. 당신의 주의력을 당신의 감정이 느껴지는 당신 몸의 부위에 닻을 내리고 있도록 유지하면서 당신의 환경에 대해 마음챙김적이 돼라.

나는 이제 천천히 셋을 셀 것이다. 그러면 눈을 뜨도록 한다. 행동양식으로 돌아가기 전에 당신 자신과 당신의 현재 상황에 대해 잠시 마음챙김적인 상태를 유지하도록 하라… 1… 2… 3.

과제

• 과제: 매일 마음챙김하기(부록 Ⅲ-A)

- **과제물**: 도식 마음챙김 키우기(부록 Ⅲ-C)

　　　　　치료 전체에 대해 요약하기(부록 Ⅲ-D)
- **청취 파일 훈련**: 바디 스캔(훈련 1.2), 도식을 그대로 놓아 주기

　　　　　(훈련 6.2)
- **훈련**: 마음챙김적 의도를 가지고 걷기(훈련 6.1)
- 6회기에 대한 본문을 읽을 것

7회기: 건강한 성인과 행복한 아동을 통해 당신 자신을 돌보기

이전 회기들은 도식과 양식에 대한 마음챙김을 발전시킬 수 있는 기반을 마련하기 위해 신체적 감각, 감정 및 생각에 대한 경험을 중심으로 이루어졌다. 이번 회기는 건강한 성인과 행복한 아동 양식에 초점을 맞추려 한다. 우리는 건강한 성인과 행복한 아동의 심상을 불러일으켜 몸 안에서 그들의 존재를 확인하고, 그들이 가져올 수 있는 경험에 대해 탐색하려 한다. 아무도 똑같은 경험을 할 수는 없을 것이다. 어떤 사람들은 건강한 성인으로서 자신들을 그리는 것이 불가능한 자신을 발견할 수 있다. 또 다른 이들은 아동으로서 정말로 행복을 알지 못했다는 것을 깨닫게 될 수도 있다. 이번 회기 중에 다양한 감정과 신체적 감각들이 나타날 수 있다. 그러나 전혀 아무것도 일어나지 않을 수도 있다. 항상 그렇듯이 핵심은 이들 경험들을 마음챙김적으로 관찰하는 것을 연습하는 것이다.

나탈리(Natalie)는 실수를 할 때마다, 이것이 지나친 기준/과잉비판과 연결되어 있는 그녀의 처벌적 부모 양식을 촉발시켰다. 그녀는 자신을 야단치고 인신공격을 하였다. '건강한 성인과 행복한 아동에 대한 마음챙김' 훈련을 하는 동안 나탈리는 건강한 성인으로서 자신을 그릴 수 있는 능력이 없다는 것에 대해 자신에게 점점 짜증이 났고, 이에 따라 이전과 같은 반응 양상이 다시 나타났다. 그녀의 골똘한 생각과 자기비난은 그녀로 하여금 어떻게 건강한 성인이 행동할 수 있는가에 대한 예를 보여 주지 못하도록 만들었다. 추적회기 동안에 나탈리는 자신이 예를 볼 수 있는 기회를 잃었고 더 화가 나게 되었다는 것을 깨달았다. 훈련가는 그녀에게 잠시 시간을 가지고 이 감정들에 대해 골똘히 생각해 볼 것을 요청하였다. 나탈리는 분노의 감정이 슬픔으로 변하는 것을 알 수 있었다. 마음챙김적으로 되는 것이 그녀가 좀 더 부드럽고 온화한 관점으로 자신을 볼 수 있도록 도와주었다.

훈련

훈련 7.1: 건강한 성인과 행복한 아동에 대한 마음챙김

이 마음챙김 훈련은 당신으로 하여금 당신의 건강한 성인과 행복한 아동을 관찰할 수 있도록 해 줄 것이다. 이것은 당신이 힘든 상황에 처했을 때 도움을 받을 수 있는 당신 자신의 건강한 측면들을 좀 더 자각할 수 있는 방법을 제공해 준다.

- 의자에 자세를 바로 하고 편하게 앉는다. 당신의 척추를 바르게 하고 뒤로 기대지 않는다.

- 당신의 등을 똑바르고 편안하게 하고, 당당한 자세를 갖도록 한다.
- 발은 편안하게 바닥에 붙인다.
- 눈을 감는다.
- 당신의 몸이 바닥과 의자에 닿는 부위와 접촉하는 감각과 압력이 느껴지는 감각을 알아차린다. 당신이 바디 스캔에서 했던 것과 마찬가지로 수분간 이 감각들을 살펴본다.
- 당신 몸의 어디에서 호흡이 느껴지는지에 주의력을 집중한다. 숨을 들이쉬고 내쉬기를 반복하면서 당신은 배의 감각에 집중을 할 수 있거나, 아니면 매 호흡 시에 당신의 코를 통해 들어왔다가 나가는 공기의 흐름에 대한 느낌에 집중할 수 있다. 당신의 호흡에 대해 집중을 유지하도록 하면서, 호흡을 가장 강하게 경험하는 당신 몸의 부분에 대해 마음챙김적으로 관찰하라.
- 이제 당신의 주의력을 건강한 성인으로서 자기 자신의 심상에 초점을 맞추도록 하라. 당신 안에서 건강한 성인이 친절함과 평정을 가지고 어떻게 편안함과 보호를 제공해 줄 수 있는지를 잘 살펴보라. 그리고 이 건강한 성인이 온화하고 부드러운 마음의 틀을 가지고 어떻게 경직되는지 그리고 처벌적이거나 화난 기분을 지켜볼 수 있는지도 살펴보라. 이와 함께 당신은 당신의 환경에서 당신 자신과 타인에 대한 건강한 경계를 설정하는 건강한 성인의 측면에 대해서도 깊게 생각할 수 있다. 그리고 이것이 조용하게 그리고 친절한 방식으로 그렇게 이루어진다는 것을 확인할 수 있을 것이다.
- 당신의 주의력이 건강한 성인으로부터 벗어나는 것을 알아차릴 때마다 당신 자신에게 당신이 마음챙김적으로 되기를 잘 하고 있다고 부드럽게 재인식시켜 주도록 하라. 모든 사람들이 집중력이 흩어진다는 것을 기억하라. 이 사실을 인식하는 것 자체가 당신이 건강한 성인에 대해 마음챙김적으로 될 수 있는 새로운 기회를 제

공해 준다. 만약 필요하다면 당신의 호흡을 당신의 건강한 부분에 대한 디딤돌로 사용하라.

• 당신의 주의력을 집중하기 위해 호흡으로 돌아오라. 날숨과 들숨에 대해 그리고 이 과정의 자연스러운 변화에 대해 마음챙김적이 돼라. 각 숨의 시작에 당신의 주의력을 집중해서 호흡이 끝날 때까지 이를 유지시키며 매 들숨과 날숨에 대한 알아차림을 유지할 수 있도록 훈련시켜라. 주의력이 흩어질 때마다 이를 알아차려 당신의 주의력을 호흡으로 돌려놓아라.

• 이제 행복한 아동으로서 당신 자신의 심상에 초점을 맞춘다. 이 아동이 어떻게 안정감과 안전감을 느끼는지를 알아차린다. 행복한 아동이 어떻게 자신감을 느끼는지 살펴본다. 자기 자신을 둘러싼 사람들에 의해 받아들여지는 느낌을 느껴 본다. 건강한 방식으로 독립을 자유롭게 추구할 수 있다는 사실을 느껴 본다.

• 집중할 수 있도록 호흡으로 다시 돌아온다. 각 호흡과 매 호흡에 마음챙김적으로 머물도록 하고, 앞으로 미래에 건강한 성인과 행복한 아동이 자신들을 표현하기 위해서 그리고 좀 더 현재에 있고 알아차리기 위해서 무엇이 필요한지 자기 자신에게 물어보라. 만약 당신이 집중에서 벗어나고 있다는 것을 알아차리게 되면, 부드럽게 그것을 깨달은 다음 호흡으로 되돌아오라. 건강한 성인과 행복한 아동에게 앞으로 무엇이 필요할지에 대해 깊이 생각해 보도록 하라.

행동 양식

이전의 훈련을 고려해서 당신이 관찰했던 여러 경험들을 세밀히 살펴보라. 마음챙김적일 때 당신이 알아차린 것들에 대해 살펴보라. 당신이 눈을 감고 있거나 상상의 점에 부드럽게 응시를 하고 있을 때 답을 얻기가 더 쉬울 수 있다.

'건강한 성인이 무엇을 하는 것처럼 보이는가? 건강한 성인이 가장 크게 존재한다고 느끼는 신체 부위는 어디인가? 당신이 건강한 성인을 알아차릴 수 있는 또 다른 것들은 무엇인가?'

'행복한 아동이 무엇을 하는 것처럼 보이는가? 행복한 아동이 가장 크게 존재한다고 느끼는 신체 부위는 어디인가?'

나는 이제 천천히 셋을 셀 것이다. 그러면 눈을 뜨도록 한다. 행동 양식으로 돌아가기 전에 당신 자신과 당신의 현재 상황에 대해 잠시 마음챙김적인 상태를 유지하도록 하라… 1… 2… 3.

미래를 위해 준비하기: 행동 양식

5회기에서 우리는 당신이 건강한 성인과 행복한 아동의 관점에서 상황에 어떻게 반응할 수 있는가를, 촉발된 도식을 어떻게 다루는지 그리고 더 큰 친절함과 수용을 가지고 어떻게 사건을 관찰하고 좀 더 마음챙김적이 되는가를 다루었다. 당신 자신을 돌봐 주는 데 있어 중요한 부분은 가능한 한 함정(부정적 생각이나 행동과 같은)을 알아차리는 것뿐만 아니라 긍정적인 생각과 당신이 잘하는 것들을 깨닫는 것이다. 당신의 도식이 활성화되고 당신이 약식에 매달려 있게 되면 일들은 잘못되게 되고 당신의 주의력을 삼켜 버릴 것이다. 당신의 도식 혹은 양식에 일치하는 생각과 지각만이 당신의 주의력을 당신의 의식적 경험의 안으로 들어가게 만들 것이다.

2주 전에 리처드(Richard)는 축구시합을 하다가 근육이 늘어났고 지금은 심한 통증에 시달리고 있다. 의사는 그보고 쉬라고 했고, 적어도 3개월간은 축구를 하지 말고 조언을 하였다. 리처드는 이에 대해 너무 화가 났다. 거기에 더해 지난주 이후에 축구를 함께 하는 친구들로부터 아무 연락도 받지 못했고, 그들이 자신을 소홀히 대하는 것은 아닌가 하는 생각을 시작하게 되었다. 자신은 방문을 해야 할 만큼 중요한 사람이 아닌 것이다. 상황을 곰곰이 생각할수록 리처드는 점점 더 화가 났다. 그러나 그는 축구를 함께 하는 친구들이 그에 대해 매우 걱정을 하고 있다는 사실을 깨닫지 못하고 있었고, 친구들이 지난주에 그를 방문했었다는 사실을 잊고 있었다. 거기에 더해 친구 중 몇몇은 바로 어제 그에게 이메일로 자신들이 곧 방문하겠다는 소식을 전했다.

종종 우리의 감정은 우리의 주의력을 완전히 끌어내 우리가 경험했던 긍정적 기억이나 경험으로부터 우리를 벗어나게 해 버린다. 이번 회기에서 당신은 도식에 기반한 생각 놓아주기에 초점을 맞춘 건강한 성인에 대한 마음챙김을 연습할 것이다.

훈련 7.2는 행동 양식 안에서 마음챙김적이 되는 것을 포함한다. 당신은 어떤 생각과 행동이 당신의 도식을 지지하는지에 대해 조사를 하게 될 것이고, 어떤 생각이나 행동이 이에 반하거나 이를 의미 없게 만드는지에 대해 조사하게 될 것이다. 리처드의 상황을 이용한 예가 아래에 기술되어 있다.

리처드는 감정적 박탈 도식(다른 것들 중)을 가지고 있다.

그는 다음과 같이 썼다.

도식 1: 감정적 박탈

3가지 도식 굴복 생각은,

"내 친구들은 나에 대해 나를 방문할 만큼의 관심을 가지고 있지 않아."

"아마도 내가 다쳐서 의사를 힘들게 했기 때문에 의사가 화가 났을 거야."

"내가 필요할 때 나의 가장 가까운 사람들이 나를 위해 바로 그 자리에 없다면, 그들은 나에게 관심이 없는 거야."

3가지 도식 굴복 행동은,

"걱정하고 있는 친구들로부터 온 이메일과 소식에 답을 하지 않아."

"내 여자 친구에게 부담을 주고 있어."

"모든 사람들에게 아무도 나를 친구로 생각하는 사람은 없다고 이야기해."

3가지 도식을 지지하지 않은 생각은,

"나의 축구팀은 나를 걱정하고 있음이 틀림없어. 그래서 그들이 지난 주에 나의 상태를 보러 왔었어."

"나와 축구를 함께 하는 친구들은 나에 대해 생각을 많이 하고 있어. 그들이 바로 어제 나에게 이메일과 소식을 보내왔잖아."

"내 여자 친구는 나를 의사에게 데려갔고, 그녀는 항상 나를 잘 돌봐주고 있어."

3가지 도식을 부정하는 행동은,

"좋아지면 내 팀을 초대하자. 그리고 팀원들과 즐겁게 보내자."

"친구들이 나에 대해 어떻게 생각하는지 실제로 그들에게 물어보자."
"내 여자 친구를 저녁 식사에 초대하고 극장 구경을 함께 가도록 하
자. 힘든 시간에 그녀가 나를 위해 항상 함께해 주었다는 것을 자신
에게 다시 상기시키자."

훈련 7.2: 미래를 위해 준비하기[4]

당신의 생각과 행동이 도식을 확인시켜 준다는 것을 인식하려고
노력하고, 어떤 것이 도식에 반하는 것인지를 인식하려고 노력하라.
점수가 가장 높은 당신의 도식 3가지의 각각에 대해 다음의 항목을
채우도록 하라.

도식 1
3가지 도식 굴복 생각은,

_____

_____

_____

3가지 도식 굴복 행동은,

_____

_____

_____

4) 이 훈련은 청취 파일에는 포함되어 있지 않다.

도식 2

3가지 도식 굴복 생각은,

_____

_____

_____

3가지 도식 굴복 행동은,

_____

_____

_____

도식 3

3가지 도식 굴복 생각은,

_____

_____

_____

3가지 도식 굴복 행동은,

_____

_____

_____

　점수가 가장 높은 당신의 도식 3가지의 각각에 대해 다음의 항목을 채우도록 하라.

도식 1

3가지 도식에 반하는 생각은,

_____

_____

_____

3가지 도식에 반하는 행동은,

_____

_____

_____

도식 2

3가지 도식에 반하는 생각은,

_____

_____

_____

3가지 도식에 반하는 행동은,

_____

_____

_____

도식 3

3가지 도식에 반하는 생각은,

_____

_____

_____

3가지 도식에 반하는 행동은,

_____

_____

_____

훈련 7.3: 건강한 성인과 행복한 아동이
필요한 것을 위해 무엇을 할 것인가?[5)]

건강한 성인과 행복한 아동 양식에 반응하기 위해서 당신에게 필요한 것이 무엇인지에 대해 생각을 해 보라. 건강한 성인은 취약한 양식을 지지해 주고, 이해해 주며, 보호해 준다는 것을 명심하고 이것이 요구적인 부모, 화난 아동 및 충동적인 아동 양식에 경계를 확립해 준다는 것도 명심하라. 행복한 아동은 사랑하는 사람들에게 사랑을 받고, 둘러싸여 있다고 느끼고, 자신이 독립적으로 기능할 수 있는 자신감을 가지고 있다.

건강한 성인 양식으로 기능하기 위해서 나는 무엇을 그리고/혹은 누구를 필요로 하는가?

_____

_____

_____

5) 이 훈련은 청취 파일에는 포함되어 있지 않다.

행복한 아동 양식으로 기능하기 위해서 나는 무엇을 그리고/혹은
누구를 필요로 하는가?

_____

_____

다음 구절은 집단에서는 다루어지지 않는 청취 파일 훈련에서 가
져온 것이다.

훈련 7.4: 단지 생각일 뿐으로서 도식에 대한 마음챙김

당신의 자동항법에서 벗어나도록 노력하라. 당신을 둘러싸고 있는
환경, 다른 사람들 그리고 당신 자신에 대해 마음챙김적이 돼라. '무
엇을 알아차릴 수 있는가? 당신 주위의 세계를 어떻게 경험하는가?
다른 사람들이 어떻게 보이는가? 무엇을 느끼는가? 당신의 몸 어느
부위에서 이런 감정들이 가장 크게 존재한다고 느껴지는가? 당신을
둘러싸고 있는 세계와 사람들이 위협적이거나 결함이 있다고 지각되
는가, 아니면 차갑거나 멀다고 지각되는가? 당신이 불행하거나, 화가
나거나 혹은 매우 취약하다고 느껴지는가?' 도식이 촉발되었다고 인
식되는 순간, 잠깐의 시간을 가지고 호흡을 하고 당신의 생각, 감정
및 신체적 감각에 대해 알아차리도록 시도해 보라. 이것이 어떤 도식
이 촉발되었는지에 대한 단서를 제공해 줄 것이다. 호흡의 공간을 더
가지게 되면 선택이 더 자유로울 수 있다. 당신이 과잉반응을 보이거
나 회피하고 있지는 않은지 혹은 굴복적인 마음의 틀로 세상을 경험
하고 있는 것은 아닌지? 이들 경험 중 많은 것들이 도식이 활성화되
었다는 것을 알려 주는 신호가 될 수 있다.

도식은 단지 생각이라는 사실을 이해하라. 그들은 현실에 대한 생각일 뿐이다. 그 생각이 꼭 맞아야 할 필요가 있는 것은 아니고, 그들이 세계나 진실을 정확하게 보여 주지도 않는다. 당신은 당신 자신에게 마치 색안경이 당신의 세계에 대한 지각을 바꾸어 놓는 것처럼 그들이 단지 현실의 한 측면이라는 것을 상기시킴으로써 당신의 도식에 대해 부딪쳐 나가야 한다. 그 외에 당신이 볼 수 있는 것을 알아차리기 위해 도식이라는 색안경을 벗으려고 노력하라. 당신이 볼 수 없었던 모든 것 혹은 당신이 느낄 수 없었던 모든 것에 대해 가능한 한 많이 관찰하려고 노력하라.

당신이 도식이라는 색안경을 통해 세계를 보도록 배워 온 것에 대해 관대해져라. 이것은 당신의 과거 경험에 의한 논리적인 결과이다. 수용의 마음으로 당신의 도식을 관찰할 때 당신의 경험에 변화가 있음을 알아차리려고 노력하라. 그들이 거기에 계속 함께 있었음에도 불구하고 당신의 도식 색안경을 통해서는 볼 수 없었던 것들을 보도록 하라. 모든 사실에 대해 마음챙김적이 되고 호기심을 가지고 볼 수 있게 되면, 당신의 도식이 점점 필요가 없게 될 것이다.

나는 이제 천천히 셋을 셀 것이다. 그러면 눈을 뜨도록 한다. 행동양식으로 뛰어들어 가기 전에 당신 자신과 당신의 현재 상황에 대해 잠시 마음챙김적인 상태를 유지하도록 하라… 1… 2… 3.

조언 　**당신의 도식을 마음챙김적으로 다루기**

- 도식이 촉발될 때마다 당신의 전형적인 자동반응에 대해 반대가 되거나 혹은 이를 지연시키는 긍정적 반응을 적어도 한 가지 이상 찾아내려고 노력하라.
- 당신의 자동사고(즉, 당신의 도식)에 도전하라. '당신은 당신의 현재 상황에 대한 모든 사실들을 주의를 기울여 깊이 생각해 본 적이 있는가? 당

신이 (의도적으로) 무시하고 있는 것은 없는가? 당신은(혹은 다른 이들이) 당신의 도식을 반박할 만한 어떤 것이든 작은 증거라도 찾아낼 수 있는가? 당신의 도식이 틀렸다는 것을 보여 줄 수 있는 과거의 상황을 떠올릴 수 있는가?' 만약 필요하다면 현재 촉발된 도식을 반박할 수 있는 상황이나 사실을 당신이 생각할 수 있도록 도와줄 수 있는 사람에게 도움을 청하라.

- 당신의 호흡에 집중하라. 당신 자신을 (고통스러운) 감정이나 생각에 의해 소모되게 허용하지 말라. 당신의 도식이 촉발되었던 상황에 대해 마음챙김적이 돼라. 당신은 (그것이 무엇이든) 당신 자신을 당신에게 영향을 주었던 것으로부터 거리를 두었던 순간을 가진 적이 있는가? 아마도 당신은 상황으로부터 잠시 뒤로 물러서거나, 아니면 잠깐 동안 걸으러 갈 수도 있다.

- 도식이 활성화될 때마다 긍정적으로 반응하도록 노력하라. 예를 들어, 만약 당신이 속임을 당하고 있다고 느끼고 이에 대해 방어를 하고 싶다는 욕구를 알아차리게 되면, 당신이 경험하고 있는 감정이나 고통스러운 감각을 확인하려고 노력해 보라. 여유를 가져라. 자동반응이 나타난다는 것을 알아차릴 때마다 호흡으로 돌아오라. 연습을 계속하라.

과제

- **과제:** 매일 마음챙김하기(부록 III-A)
- **과제물:** 다섯-국면 M 질문지 완성하기(부록 III-B)

  도식 마음챙김 키우기(부록 III-C)

  치료 전체에 대해 요약하기(부록 III-D)
- **청취 파일 훈련:** 바디 스캔(훈련 1.2), 건강한 성인과 행복한 아동에 대한 마음챙김(훈련 7.1), 단지 생각일 뿐으로서 도식에 대한 마음챙김(훈련 7.4)

- **훈련**: 미래를 위해 준비하기(훈련 7.2), 건강한 성인과 행복한 아동이 필요한 것을 위해 무엇을 할 것인가?(훈련 7.3)
- 7회기에 대한 본문을 읽을 것

8회기: 미래

미래에 있어서의 도식과 양식

도식과 양식 그리고 자동항법에 대해 매일 마음챙김을 하는 습관은 현재와 미래 모두를 위해 가치 있는 연습이다. 도식 및 양식과 연관된 행동의 영향이 없어지게 되고 자동항법이 작동하게 되는 경향성이 지속적인 마음챙김적 반응으로 대체되는 데에는 많은 시간이 필요할 것이다.

지난 일곱 번의 회기를 해 오는 동안 당신은 당신의 도식과 양식이 작동하는 것과 당신의 자동항법이 어떻게 작업을 하는지에 관한 지식과 기술을 습득하였다. 각 회기에서 당신은 각 회기에서 다루었던 가장 중요한 주제에 대해 요약을 하였다. 당신은 미래에도 그 요약들을 지속적으로 참고할 수 있다. 앞으로 몇 달이나 몇 년에 걸쳐 규칙적으로 당신 스스로 연습할 수 있는 몇 개의 훈련을 고르라. 이것은 당신이 행동 계획을 준비할 수 있게 당신을 위해 도움을 줄 것이고, 따라서 지금은 마음챙김 훈련을 위해 당신이 전념할 수 있도록 일주일에 어떤 날이나 시간을 결정하려는 중요한 순간인 것이다. 그 계획을 써 놓음으로써 당신에게 확인을 시키도록 하라. 미래가 어떻게 되든 간에 당신은 항상 현재 순간에 대한 닻으로써 당신의 호흡에 기댈 수 있다는 사실에 대해 마음챙김적이 되도록 하라. 자동항법을 피하고 도식과 양식에 대해 마음챙김으로 반응하기를 결정하는 것이 이제 당신에게 달려 있다. 도식과 양식의 영향에 대해 경각심을 가지고 지켜보는 것이 당신의 사회적 상호관계 안에도 적용될 수 있다. 마음챙김은 당신이 다른 사람들 가운데에서 생각하고, 이야기하고, 행동하는 방식을 알려 주는 지침으로서 기능을 할 수 있다.

미래에 사랑하는 사람과 마음챙김적으로 상호작용하기

당신과 가까운 누군가와의 사이에서 의견 불일치가 생길 때가 바로 마음챙김적 심사숙고를 해 볼 수 있는 적절한 순간이다. 종종 당신이나 혹은 그 사람 모두에게 잠깐의 휴식이 필요할 수 있다. 이렇게 주어진 잠깐의 휴식은 당신과 또 다른 사람 모두에게 신체, 감정 그리고 도식이나 양식이 촉발되어서 생긴 무엇이건 간에 그것에 대해 마음챙김이 될 수 있도록 도와준다. 이 외에 이 의도적인 잠시의 휴식은 (강한) 감정이 가라앉을 수 있게 해 준다. 일단 당신이 당신의 경험에 대해 조용하게 심사숙고할 수 있는 시간을 갖고 나면, 당신은 다음의 질문들을 통해 당신의 경험을 지속적으로 관찰하기 위해 행동 양식으로 되돌아올 수 있다.

1. '당신은 무엇을 느꼈는가? 당신의 몸 어디에서 당신의 감정이 가장 두드러지게 느껴졌는가? 먹은 것이 없힌 듯이 답답하지는

않는가? 목이나 어깨에서 긴장이 느껴지지는 않는가? 팔이나 다리를 떨지는 않는가? 한 감정에서 다른 감정으로 뛰어넘는다든지 아니면 당신의 감정들이 한꺼번에 뒤범벅이 되지는 않는가? 그들이 당신으로 하여금 과거의 비슷한 경험을 다시 생각하게 만들지는 않던가?'

2. 당신은 무슨 생각을 하는가? 당신의 감정에 '목소리'를 주도록 노력하라. 당신의 감정을 먹여 살리는 것이 무엇인지에 대해 주의력을 집중해 보아라. 어떤 생각이 감정을 더 증폭시키는지, 아니면 그들을 가라앉히는지 집중하라. 예를 들어, 당신은 다음과 같은 생각을 알아차리게 될 수도 있다. '나는 항상 내 멋대로야. 아무도 나에게 관심을 보이지 않아.' 현재 당신의 상황에서 무엇이 이런 생각을 촉발시켰는가?

3. '당신은 이 상황에서 어떻게 행동하였는가? 현재 당신의 기분은 어떤가? 당신의 기분은 변화하고 있는가? 기분이 빠르게 순환을 하는가, 아니면 지속되는가? 당신의 기분이, 당신이 어떤 행동을 하려 하는지 느끼도록 하는가? 당신은 이미 어떤 행동을 하였는가?'

당신이 사랑하는 사람과의 논쟁에서 벗어나 마음챙김적인 휴식을 가진 후에 당신에게 무엇을 얻었는지를 물어보라. '당신은 도식과 양식이 이 상황에 어떤 영향을 주었는지에 대해 통찰을 가지게 되었는가? 당신은 무엇이 일어났는지에 대해 의논하기를 주저하지 않는가?' 비록 당신이 그렇게 화가 난 것에 대해 충분하게 이해가 되지 않았더라도, 그것을 함께 검토하는 것은 당신의 관계를 촉발시키는 것이 무엇이고 또 관계를 강화시켜 주는 것은 무엇인지를 알아내는 데 도움을 줄 수 있다. 일단 당신 자신과 상대방에 대한 마음챙김으로 상황을 이야기할 수 있는 당신의 능력에 대해 확신을 느낄 수 있다면 다음 행동들을 시도하도록 하라.

1. 당신이 좀 더 차분한 상태로 만날 수 있는 시간에 대해 합의를 보도록 하라. 당신과 상대방 모두에게 대화를 위한 충분한 시간과 주의를 줄 수 있는지를 확인하도록 하라.

2. 상대방에게 당신의 어떤 도식이 활성화되어 어떤 양식으로 끝이 났는지 설명하라. 상대방의 어떤 행동이 당신의 도식을 활성화시켰는지를 확인하라. 당신이 그들을 공격하지 않고 단순히 그들의 행동이 당신에게 어떻게 영향을 주었는지에 대해 설명한다는 것을 인식하면서 일인칭의 관점에서 이야기를 하라. 그들에게, 특히 당신의 도식이 어떻게 활성화되었는지를 보여주도록 시도하라. 예를 들어, "나는 사람들이 약속을 지키지 않거나 규칙을 깨 버릴 때 나의 감정적 박탈 도식이 촉발된다는 사실을 알게 되었습니다. 이 도식은 나로 하여금 무시당하거나 거절당했다고 느끼게 만들어 내가 지나치게 요구적이 되거나 악의를 품고 반응하게 합니다. 이것이 당신이 약속에 늦은 후에 일어난 모든 것입니다. 나는 당신이 나의 부모가 나에게 했던 것처럼 바로 나를 잊어버렸다고, 무시했다고 느꼈습니다. 부모님들은 항상 설득하려 하지 않고 자신들만 걱정을 했었거든요."라고 이야기할 수 있다.

3. 사랑하는 사람들에게 그들 자신의 경험을 이야기하도록 기회를

주도록 하라. '그들은 어떤 도식과 양식으로 끝이 나게 되는가? 당신의 반응이 그들에게 어떻게 영향을 주었는가?' 그들이 반응하는 동안 마음챙김적이고 탐구적인 상태로 머무르고, 당신이 들은 모든 것이 당신과 상대방 모두에게 앞으로 도식을 더 효과적으로 다루는 데 도움을 줄 수 있다는 것을 깨닫도록 하라.

4. 앞으로 도식이 촉발되는 것을 어떻게 피할 수 있고, 일단 촉발이 되어 활성화된 도식과 당신은 어떻게 단절할 수 있는지에 대해 논의하라. '당신은 다른 사람의 욕구에 대해 상호 존중의 자세를 가지고 어떻게 반응할 수 있는가? 함께 팀으로서 당신은 도식 촉발에 대해 어떻게 직면할 것인가? 마지막으로 현재 상황에 관해 더 논의해야 할 것들이 있는가?'

5. 만약 같은 양상이 지속적으로 일어난다면 인내를 하라. 그들은 아직도 당신의 도식과 양식을 활성화시키고 있다. 하룻밤 사이에 그것들이 없어질 것을 기대하지 마라. 그리고 사람들은 다 다른 속도로 성장한다는 것을 다시 인식하도록 하라. 당신은 짧은 시간 내에 많은 변화를 경험할 수도 있으나 당신의 동반자는 더 연습이 필요할 수도 있고 또 반대일 수도 있다. 중요한 것은, 당신이 사랑하는 사람과의 각 상황에 대해 지속적으로 마음챙김적이 되고 호기심에 차 있다는 것이다. 매 만남에서부터 무엇인가 새로운 것을 배우도록 노력하라.

6. 당신이 사랑하는 사람이 마음챙김 훈련을 시도하는 것에 대해 흥미를 보일 수도 있다. 만약 그렇다면 당신과 상대방 모두에게 의미가 있고, 재미있으며, 함께 연습할 수 있는 그런 훈련을 찾도록 노력하라. 그러나 만약 합의된 훈련을 발견할 수 없다면 각

각 독립적으로 시행할 수 있는 서로 다른 훈련을 선택하도록 하
라. 어떤 방법이든 좋다. 더 마음챙김적인 관계에 대해 노력하
는 것, 그 자체로 충분히 도전적인 것이다.

훈련

훈련 8.1: 아동과 성인으로서 당신 자신에 대한 마음챙김

존재 양식 1부

의자에 기대지 않고 등을 바로 해서 앉는다. 양발은 바닥에 닿게
놓는다. 눈을 감고 호흡에 집중한다. 당신의 몸에서 들숨과 날숨을
가장 잘 알아차릴 수 있는 곳에 집중을 한다. 생각과 심상에 의해 집
중이 흩어지는 자신을 발견하면, 그냥 그것을 알아차리도록 하라. 그
리고 부드럽게 호흡으로 당신의 집중력을 돌려놓도록 하라.

행동 양식 1부

위의 경험에 초점을 맞춘 훈련이 끝나고 난 뒤에 눈을 감고(혹은
상상의 부위를 응시하면서), 호흡에 대한 집중을 유지하고, 조용히 마
음챙김의 행동 지향적 양식으로 옮아간다.

• 당신이 안전하고 보호받을 수 있는 장소를 떠올린다. 거기에는 당
  신이 사랑하고 신뢰하는 누군가와 함께 있을 수도 있다. 이완된 분
  위기의 따뜻하고 즐거운 공간을 생각하라. 이 장소가 어느 곳이든
  간에 당신이 안전하고, 보호받고 있으며, 지지받고 있다고 느끼는
  곳이 되도록 하라. 누구에게도 잘 보일 필요가 없고 실제의 당신
  보다 더 강하거나 더 나은 것처럼 보일 필요가 없이 자유롭게 당신
  자신이 될 수 있는 곳이 바로 지금 이 순간이다.

- 나타나는 심상, 생각 혹은 감정을 관찰하기 시작하라. 당신의 경험에 의해 판단함 없이 내적인 지혜와 수용의 공간으로부터 당신의 알아차림이 오도록 하라. 당신은 항상 호흡과 당신이 상상 안에 만든 안전한 공간으로 돌아올 수 있음을 알도록 하라. 이제 당신은 당신의 도식과 양식이 형성되었던 시간에서 온 자료에 대해 알아차리게 되었을 것이다. 당신은 당신의 감정적 반응 양상과 그 감정 양상이 원래 만들어졌던 상황 사이가 연결되었다는 것을 알아차렸을 것이다. 당신의 호흡은 당신이 돌아갈 수 있게 항상 그곳에 있고, 현재에 존재하는 안전한 장소이다.

- 더 자세히 확인해 보기 위한 경험(혹은 경험의 한 측면)을 선택하라. 만약 당신이 떠오르는 감정이나 생각에 의해 압도된다면 이것은 나중에 다루도록 하고 새로운 것으로 옮겨 가도록 한다. 예를 들어, 만약 당신을 실망시켰던 사람이 마음에 떠오른다면 마음 안에 떠오른 심상에 대해 당신의 집중력을 모두 집중하도록 한다. 그 사람이 이제는 마음챙김적이고 개방된 태도로 당신에게 접근하는 것을 상상하라. 그 사람이 당신에게 귀를 기울이려 한다. 당신과 당신의 요구를 위해 그 자리에 있다.

- 그 사람에게 이야기하고 싶은 것이 무엇이든 솔직하고 담담하게 표현할 수 있도록 당신을 허용하도록 하라. 억제하지 마라. 당신이 그에게 진실로 이야기하고 싶은 것이 무엇인지 생각을 하고 그것을 이야기하도록 하라. 그 사람에 대한 당신의 요구가 무엇인지에 대해 이해를 하고 그에게 이를 설명하도록 하라. 아마도 당신은 그가 당신을 위해 더 자주 그곳에 있어 주기를 바랐을 수 있다. 아마도 그가 좀 더 섬세하고 주의 깊게 돌봐 주기를 바랐을 수도 있다. 당신의 요구를 당신 자신의 언어를 이용해서 설명하도록 하라.

- 당신의 호흡은 당신의 닻이 되어 줄 수 있다. 그것은 당신이 안정적으로 그리고 침착하게 이야기할 수 있도록 해 주는 공고한 기반

이 되어 준다. 이 사람이 어떻게 자신의 온전한 집중력을 당신에게 집중하고 있는지에 대해 알아차려라. 그들이 당신의 생각과 감정 그리고 요구를 개방적으로 표현하는 사실에 대해 당신이 어떻게 의미를 두고 있는지에 대해 인식하도록 하라.

• 당신 마음에서 당신이 그로부터 듣기를 원하는 것을 그 사람이 정확하게 이야기하도록 해 보라. 당신이 들어서 좋은 것은 어떤 것이든 좋다.

존재 양식 2부

• 그 사람으로 하여금 당신에 대한 그의 지지를 이야기하도록 한 후에 다시 당신의 주의력을 호흡에 돌리도록 하라. 당신의 몸을 통해 공기가 들어왔다가 나가는 느낌에 대해 마음챙김적이 돼라.

• 신체적 감각에 대해 마음챙김적이 돼라. 어떤 생각이나 감정이 있다가 사라짐에 대해 알아차리도록 하라.

• 당신의 생각, 감정 그리고 신체적 감각이 당신의 알아차림 안으로 들어오게 되면 이들에 대해 판단하거나 검열하려 하지 말라. 그들을 마치 완전히 새로 본 것처럼 그렇게 관찰하라. 만약 당신 자신이 마음챙김에서 빠져나오거나 다시 자동항법으로 빠져드는 것을 알게 되면 그것을 알아차려라. 그것을 알아차리고 난 뒤에 부드럽게 당신이 이전에 집중했던 것으로 다시 돌아가라.

• 이제 당신의 호흡으로 되돌아오라. 호흡을 당신의 배, 가슴, 목, 입 그리고 코에게 알아차리도록 하라. 당신은 그것을 어디에서 느끼든 호흡을 변화시키려는 감정을 느끼지 않으면서 호흡에 대해 마음챙김적이 될 수 있다.

행동 양식 2부

위의 존재 양식 안에서의 훈련을 마친 후에 당신 자신에게 당신이 관찰한 것에 대해 몇 가지 질문을 하라. '당신은 당신의 마음챙김적 상태 안에서 무엇을 알아차렸는가?' 당신의 눈을 감거나 혹은 공간을 부드럽게 응시하는 것이 답이 떠오르게 하는 데 당신에게 도움을 줄 수 있다.

- '당신은 당신의 호흡을 어디에서 느끼는가? 당신의 몸에서 무슨 감각을 느끼는가? 당신은 어떤 감정을 느끼는가?'
- '당신은 어떻게 아무런 판단 없이 당신의 생각이나 심상이 그냥 떠오를 수 있게 하는가?'
- '당신은 어떻게 당신의 요구를 다른 사람에게 마음챙김적으로 표현하고 싶다고 느끼는가? 무엇이 당신으로 하여금 알아차리게 하는가? 어떤 감정이? 당신의 몸의 어디에서?'
- '그 사람으로 하여금 당신의 이야기를 듣게 하고 또 당신이 듣고 싶어 하는 것을 당신에게 이야기하게 하는 것은 어떤가? 어떤 경험들이 그것을 알아차림 안으로 들어오게 하는가? 어떤 감정이? 당신 몸의 어디에서?' 이제 나는 천천히 셋을 셀 것이다. 셋에 당신은 눈을 뜨도록 한다. 행동 양식으로 돌아가기 전에 당신의 존재와 당신을 둘러싸고 있는 환경에 대해 마음챙김적인 순간을 잠시 갖도록 한다… 1… 2… 3.

훈련 8.2: 직접적인 상호관계 안에서
도식과 양식 마음챙김을 가지고 저글링하기[6]

존재 양식

• 공을 쥐고, 역시 공을 가지고 있는 다른 참가자와 2미터 간격을 두고 선다. 똑바로 서서 눈을 맞추고 자신의 호흡에 대해 마음챙김적이 돼라. 만약 생각이나 다른 것으로 당신의 호흡에서 집중이 흐트러지면 이것을 알아차리고 당신의 기민함에 고마워하면서 부드럽게 마음챙김적 호흡으로 되돌아온다.

• 점차적으로 당신의 알아차림을 당신 몸의 나머지 부분으로 확장시키도록 한다. 당신의 발이 바닥에 닿아 있는 것을 느끼고, 공을 쥐고 있는 손을 느끼며, 당신 몸이 느끼는 전체적인 신체적 경험을 느낀다. 만약 당신 자신이 주위가 흐트러지는 것을 알아차리면 이것을 알아차린 것에 대해 감사하면서 호흡을 신체적 알아차림으로 돌아가는 디딤돌로 사용하도록 하라. 2분여가 지난 후에 상대방에게 낮은 곡선을 그리게 공을 던진다. 상대방도 같은 방법으로 공을 받아서 다시 던진다. 마음챙김적으로 공 주고받기를 계속한다. 서로 간의 기술과 실수를 관찰한다. 누군가 공을 놓치거나, 공이 중간에서 부딪치거나, 아니면 한 사람이 다른 사람보다 공을 좀 더 강하게 던질 수 있다. 이런 일이 일어났을 때 계속 저글링을 하면서 어떤 도식과 양식이 촉발이 되는지에 대해 주의력을 기울여라. 만약 당신의 주의력이 흐트러지는 것을 알아차리거나 도식이나 양식에 말려들었다는 것을 알아차리면 이런 흩어짐에 대한 당신의 마음챙김에 감사하라. 만약 필요하다면 당신의 호흡에 집중함으로써 시작할 때의 자세로 돌아올 수 있다. 그리고 당신의 몸에

대해 알아차림적이 되어 새로운 마음챙김으로 저글링 훈련을 새롭게 시작할 수 있다. 공을 가지고 5분 정도 훈련하도록 하라.

행동 양식

(참가자들은 같은 장소에 선 채로 있다.)

이 훈련을 끝내고 난 뒤, 저글링을 하는 동안 당신이 관찰하고 경험한 것에 대해 몇 가지 질문을 당신 자신에게 한다. 눈을 감거나 공간을 부드럽게 응시하는 것이 답이 떠오르게 하는 데 도움이 될 수 있다.

- '당신의 호흡이 가장 강하게 느껴지는 곳은 어느 곳인가? 당신의 몸에서 호흡이 빈도, 깊이 혹은 장소가 변화하는가? 이 외에 더 알아차리는 것이 있는가?'
- '당신 몸에서 무슨 일이 일어나고 있는가? 어떤 종류의 감정들이 나타나는가?' 예를 들어, 지나친 기준/과잉비판 도식 혹은 요구적 부모 양식은 당신으로 하여금 당신의 배우자가 서투르거나 그의 수행 정도가 당신과 맞아야 한다고 기대하게 만들 수 있다. 부족한 자기통제/자기훈련 도식과 충동적인 아동은 당신으로 하여금 공을 점점 더 빠르게 던지도록 만들 수 있다

추적회기들

두 번의 추적회기가 있을 것이다. 첫 번째 추적회기 만남은 한 달이 되는 날에 이루어질 예정이고, 두 번째 회기는 두 달 뒤에 계획되어 있다. 추적만남은 정규회기보다 시간이 짧아 한 시간 동안만 이루어질 것이다. 두 번째 추적회기는 새로운 기법을 소개하기보다 이전

에 학습했던 기술들을 유지하거나 발전시키는 데 초점이 맞추어질 것이고 평가가 포함될 것이다. 집단 내에서 특별한 사건이나 관심에 대한 논의를 할 수 있는 시간은 제한될 것이다.

추적회기 1

오늘은 두 번의 추적회기 중 첫 번째 시간이다. 이번 회기는 이전의 만남들과는 다르다. 우리는 한 시간만 만날 것이고 참가자들은 지난 한 달에 걸쳐 자신들의 도식과 양식에 대해 가졌던 마음챙김을 되돌아보게 될 것이다. 우리는 다음과 같은 질문을 하게 될 것이다. '당신은 자신의 도식과 양식을 좀 더 알아차리게 되기 위해 마음챙김 훈련을 어떻게 이용했는가? 당신이 하는 연습의 어떤 측면이 이제까지는 잘 되었고 어떤 측면은 힘들었는가? 미래에 작업을 계속하기 위한 당신의 계획은 무엇인가? 당신은 도식과 양식에 대해 자동항법으로 반응하는 습관으로 되돌아가게 된다면, 이것을 어떻게 피할 것인지에 대해 생각을 하고 있는가?'

마음챙김적 지향성(mindful orientation)을 지속적으로 발전시키기

당신은 새롭게 배운 기술들이 단 8번의 훈련회기 후에 자동적으로 작동하게 될 것이라고 기대하면 안 된다. 일상생활에서 마음챙김 기술을 지속적으로 사용하는 것이 교육과 훈련을 확대시키는 데 필요하다. 이것은 운동을 하거나 악기를 연주하는 것에 비견될 수 있다. 일상생활의 소용돌이 속에서 오는 스트레스와 피로감은 당신으로 하여금 마음챙김을 나중으로 미루게 만들 수 있고, 당신이 이전에 습관적으로 가졌던 도식과 양식에 기반한 반응들이 서서히 돌아오게 만들 수 있다. 이것이 이런 기술들을 지속적으로 연습하고 발전시키도록 격려해야 하는 이유이다. 당신은 마음챙김 연습을 매일 복용할 필요가 있는 약과 같은 것이라고 볼 수도 있다. '당신은 무슨 처방을 하였는가? 단기 훈련인가 장기 명상인가? 책으로부터 얻은 훈련인가? 도식이나 양식에 집중된 훈련인가? 다른 사람의 의도에 대해 알아차림을 증진시키는 훈련인가? 건강한 성인에 대한 마음챙김을 강화시키는 훈련인가?' 마지막 훈련회기와 우리의 처음 추적만남 사이의 시간은 마음챙김 훈련이 미래에 당신에게 아주 많은 이점을 가져다줄 것인지에 대한 심사숙고를 하는 데 이용될 수 있다.

첫 번째 추적회기는 지난 한 달간에 걸쳐 케이트(Kate)가 충동적 아동 양식으로 상황에 자주 반응했었다는 것을 보여 주었다. 비록 그 당시에는 이런 양상을 알아차리지 못했지만 추적회기에서 그녀는 자신의 충동성을 인식할 수 있었다. 최근 케이트의 삶에는 흥분을 일으킬 만한 발전이 많이 있었다. 그녀는 몇몇 매력적인 사람들을 만났고 회사에서 새로운 계획의 책임을 맡게 되었다. 그러나 마음챙김 훈련 동안에 케이트는 자신이 얼마나 마음챙김적이 되는 연습을 하지 않았는가를 깨달았다. 또한 그녀는 자신이 얼마나 예민한지도 알아차렸다. 이것은 그녀에게는 스트레스 수준이 높다는 것을 가리키는 중요한 신호였다. 스트레스가 심해지면 배우자와의 관계에서 긴장이 너무 올라가 심한 싸움으로 연결이 되었고, 이 싸움은 종종 신체적 공격으로까지 이어졌다. 그녀는 추적회기를 일주일에 적어도 세 번은 마음챙김을 훈련하려는 자신의 의지를 새롭게 하는 기회로 삼 았다. 훈련은 케이트에게 자신의 스트레스 정도와 도식 및 양식을 관 찰하는 데 믿을 만한 방법을 제공해 주었고, 이것은 그녀에게 충동적 아동의 자동적인 반응을 피할 수 있도록 도와주었다.

추적회기 동안에 수전(Susan)은 그녀 자신만의 도식과 양식만을 위해 특별하게 고안된 마음챙김 훈련을 원한다는 바람을 표시하였 다. 그런 훈련은 그녀에게 조용한 내적 공간을 만들어 내는 데 도움 을 주어서 그녀로 하여금 비판단적으로 그녀의 생각, 감정, 행동, 도 식 및 양식을 관찰할 수 있도록 해 주었다. 다른 사람들의 도식과 양 식, 특히 그들의 의도에 대해 마음챙김적이 되는 것 또한 수전에게 도움이 되었다. 이것은 다른 사람들의 행동이 항상 그녀와 연관되어 있는 것은 아니라는 사실에 대한 그녀의 이해를 깊게 해 주었다. 그 들은 단지 촉발된 그들 자신의 도식과 양식에 의해 행동하는 것이었 다. 이것을 깨닫는 것이 수전의 불신/학대 도식을 무효화시키는 데 부가적인 효과를 가져다주었다. 추적회기 동안에 훈련가는 수전에 게 그녀의 개인적인 요구, 도식 및 양식에 맞는 마음챙김 훈련을 제 공해 주었다. 이것은 책에서 가져온 것이 아니라 수전의 상황에 맞추 어서 만든 것이었다. 그녀는 훈련을 자신의 전화기에 녹음해서 집에 서 들을 수 있게 하였다.

매일의 생활에서 당신의 마음챙김 훈련이 최우선에 놓일 수 있도 록 하는 데 도움이 될 수 있는 몇몇 전략들을 생각해 보라. 여기에 몇 개의 예로 들 수 있는 전략들이 있다.

• 당신의 스마트폰에 '마음챙김 앱(app)'을 내려받고 하루 중에 시

작을 알려 주도록 설정을 하라. 그러면 이 앱은 당신이 즉각적으로 마음챙김을 수분 동안 수행할 수 있도록 해 주거나 특정한 훈련을 연습할 수 있도록 도와줄 수 있다. 앱 스토어(App Store)나 구글 플레이 스토어(Google play store)에서 '마음챙김'이라는 단어를 찾으면 많은 유용한 앱을 찾을 수 있고 그중에서 고를 수 있다.

• 당신의 스마트폰 목록에 하루 동안의 연습 시간 계획을 설정해 놓도록 하라. 당신에게 알려 주기 위해 경보(alarm)를 이용할지를 생각하라.

• 마음챙김 훈련을 당신 자신만의 특정한 요구에 맞도록 만들어라. 당신에게 맞는 훈련은 당신의 삶에서 큰 역할을 하고 있는 특정 도식이나 양식에 대해 주의력을 집중할 수 있도록 만들어질 수 있다. 훈련의 길이나 당신의 요구에 맞는 언어 등을 결정하라. 당신은 다른 사람에게 당신의 전화기, MP3 작동기 혹은 휴대용 컴퓨터에 훈련을 녹음시켜 달라고 부탁할 수 있다. 만약 당신이 많이 바쁘면 당신의 휴대폰에 녹음을 해 두는 것이 특히 더 유용할 수 있다.

• 일주일에 특정 시간을 쉴 수 있도록 지정해서 다음과 같은 것을 깊이 생각해 보도록 하라. (a) 지난주 동안 일어난 도식과 양식에 대해 마음챙김적으로 생각해 보도록 하라. (b) 나는 어떤 마음챙김 훈련이든, 훈련을 하였는가? (c) 하지 않았다면 어떤 요소들이 나로 하여금 그렇게 하지 못하게 하였는가? (d) 다음 주에는 어떤 목표를 세우는 것이 좋겠는가?

• 당신의 동반자나, 아니면 다른 중요한 사람과 함께 주일마다 평

가하는 계획을 세우라. 당신의 마음챙김 노력을 지지해 줄 수 있는 사람이 있는 것이 종종 도움이 될 수 있다.

추적회기 1 훈련

일상적 삶에 마음챙김을 가져오는 건강한 성인

당신이 편안함을 느끼지 못할 때나 당신의 머리가 걱정으로 가득 차 있을 때 마음챙김 훈련하기를 쉽게 잊어버릴 수 있다. 이 훈련은 건강한 성인에 대한 당신의 알아차림을 향상시켜 주는 데 도움을 주는 훈련으로, 이 건강한 성인 양식은 당신이 일상 활동을 하는 내내 현재의 순간으로 마음챙김을 가져오도록 해 줄 수 있다.

존재 양식
- 등을 바로 하고 의자에 앉는다. 의자에 기대지 않고 당신의 척추를 바로 유지한다.
- 바로 한 자세를 유지하면서 등이 편안하게 자리를 잡도록 한다.
- 당신의 발은 바닥에 닫게 내려놓는다.
- 눈을 감는다.
- 당신의 등에 대해 마음챙김적이 되도록 한다. 당신의 등과 의자 사이에 접촉을 느낀다. 무엇이 느껴지는가? 이제 당신의 주의력을 당신의 손으로 옮긴다. 당신의 손에서 느껴지는 감각에 마음챙김적이 돼라. 그런 다음 당신의 주의력을 당신의 발로 옮긴다. 당신이 바디 스캔 훈련에서 한 것처럼 몇 분 동안 이런 감각들을 탐색하라.
- 호흡에 대해 마음챙김적이 돼라. 지금 바로 당신의 호흡이 어디서 느껴지는지를 알아차려 보도록 하라. 배의 움직임에 집중할 수 있

고 혹은 매 호흡 시에 당신의 코를 통해 들랑거리는 공기의 흐름에 집중할 수도 있다. 당신의 호흡이 가장 존재하는 그곳에 당신의 주의력을 집중하고 유지하라.

행동 양식

존재 양식에서 잠깐 머무른 다음, 계속 눈을 감고 다음에 대해 마음챙김적으로 곰곰이 생각하라.

- 개방되고 호기심에 찬 마음으로 지난 달에 대해 깊이 생각하라. 당신의 성인은 어떻게 당신의 도식과 양식에 대해 마음챙김적이 되었는가? 특정한 심상과 상황이 당신의 마음에 떠오르는 것을 판단함 없이 그대로 떠오르도록 시간을 갖도록 한다.
- 건강한 성인은 당신의 민감한 촉발인자를 조사하고 훈련 동안 당신의 마음챙김을 유지시켜 준다. 만약 당신이 당신의 연습과 일치되지 않는다면 당신은 비난을 하는 처벌적 부모나 요구적 부모를 알아차리게 될 수 있다. 건강한 성인으로서 어떻게 조용하고 친절한 방식으로 당신 자신을 표현할 수 있는지를 지켜보도록 하라.
- 만약 당신이 마음챙김 훈련을 연습하지 않았다면, 건강한 성인은 당신의 연습을 방해한 것이 무엇인지에 대해 마음챙김적으로 깊이 생각할 수 있다. 특정한 도식이나 양식이 당신으로 하여금 마음챙김을 위한 시간이나 공간을 내지 못하게 방해한 것은 아닌가? 이 순간에 지나치는 것이 무엇이든 간에 판단하지 말고 그냥 그것이 일어나도록 놔두라. 만약 당신이 집중력이 흩어지는 것을 알게 되면, 당신의 흩어짐에 대해 알아차리고 그것을 부드럽게 마음챙김적 숙고로 돌려놓는다.
- 이제 점차 당신의 호흡으로 되돌아온다. 오고 가는 매 호흡을 의식하고, 건강한 성인이 앞으로 당신의 감정적 경험에 매일매일의 마

음챙김을 지속적으로 키워 나가기 위해 무엇이 필요한지에 대해 당신 자신에게 물어보라. 더 현재에 있고 알아차리도록 하라. 앞으로 다가올 시간에 당신의 건강한 성인을 지지하기 위해 당신이 무엇을 할 수 있는가에 대해 사려 깊게 생각하라.

- 이제 나는 천천히 셋을 셀 것이다. 셋에 당신은 눈을 뜨도록 한다. 행동 양식으로 돌아가기 전에 당신의 존재와 당신을 둘러싸고 있는 환경에 대해 마음챙김적인 순간을 잠시 갖도록 한다… 1… 2… 3.

추적회기 2를 위한 과제

추적회기 1에 대한 본문을 읽고 일상적 삶에 마음챙김을 가져오는 건강한 성인의 마음챙김 훈련을 연습하라.

매일매일 당신의 마음챙김 훈련을 지지할 수 있는 방법에 대해 지속적으로 생각하라. 또한 당신은 본문에 언급이 되어 있는 방법들을 이용할 수도 있다. 다음 달을 당신의 계획과 전략을 수행하는 데 보내도록 노력하라.

추적회기 2

최근에 당신들은 평가를 위해 한 명의 훈련가나 혹은 두 명 모두를 개인적으로 만났다. 오늘은 집단으로서는 마지막 만남이다. 일부 사람에게는 이 프로그램에서 받은 훈련이 자신의 요구를 적절하게 표

시해 줄 수 있을 것이다. 또 일부 사람은 개인적인 치료계획을 계속
해 나갈 것이다. 오늘 회기에서는 평가가 이루어질 것이고, 이와 함
께 미래에 대해 새롭게 주의력이 집중될 것이다.

훈련평가

도식과 양식은 당신으로 하여금 당신 자신과 다른 사람들 그리고
세상을 흑백으로 지각하도록 만든다. 이것은 당신의 알아차림과는
상관없이 자동적으로 일어난다. 이것에 대한 인식이 없는 것은(아마
도 실패 도식이 배경에 있겠지만) 당신으로 하여금 매우 불안정하게 느
끼도록 만들 것이다. 이 도식은 당신으로 하여금 마음챙김과 도식치
료 훈련에서 배운 것이 하나도 없다고 믿게 만들 수 있을 것이다. 실
제로 참가자들은 훈련이 끝나고 나면 많은 경우에 증상, 도식 및 양
식이 증가하는 것을 경험한다. 비록 당신이 더 마음챙김적이 될 수
있도록 도와줄 수 있게 프로그램이 만들어져 있지만, 점차 훈련이 끝
으로 다가가면서 당신은 실제로는 마음챙김이 감소하고 있다고 느낄
수도 있을 것이다. 이것은 아마도 일시적인 부작용일 것이다. 훈련이
끝나 가는 것에 대한 개인적인 반응인 것이다. 현재는 비판단적인 시
간이어야 한다. 왜냐하면 이런 종류의 상황은 우리로 하여금 명확하
게 오래된 습관과 자동항법으로 돌아가게 만들 수 있기 때문이다. 우
리가 훈련을 평가하고 훈련의 결과를 평가해야 하는 데 있어 당신의
도식과 양식이 줄 수 있는 영향에 대해 마음챙김적이 되는 것을 잊지
말라.

대니(Danny)는 마지막 추적회기 동안 그 자신에 대해 매우 비난적
이었다. 그의 여자 친구에 대한 그의 반응 방식, 흔히 냉담하고 무뚝
뚝하게 대하는 것은 그를 혼란하게 만들었다. 그는 그녀가 직장을 구
하지 못하는 것과 같은 자신의 문제로 인해 의기소침해하거나 뾰로
통해지는 것을 견딜 수 없었다. 그는 그녀가 최선을 다하고 있다는
것을 잘 알았다. 그러나 그는 그녀가 '그런 식으로' 반응하게 되면 경
멸하는 감정을 참을 수가 없었다. 그러나 그는 자신을 조절해서 그
녀에게 건강한 성인 양식으로 말을 하였다. 그는 사과를 하고 그녀
의 취약성을 받아들이는 것(이것은 그녀의 문제가 아닌 자신의 문제
이다)이 자신에게는 얼마나 힘든 일인지를 설명하였다. 대니의 여자
친구는 눈에 띄게 안정이 되었고, 그는 자신의 처벌적이고 요구적인
부모 양식을 인식할 수 있었으며, 이 부모 양식들이 유발했던 행동도
인식할 수 있었다.

당신의 도식과 양식을 지속적으로 인식하고 관찰하기

마음챙김 훈련은 당신으로 하여금 당신의 도식과 양식에 대해 매일
지속적으로 마음챙김적이 될 수 있도록 도와주는 매우 훌륭한 도구이
다. 그러나 당신의 도식과 양식의 자동적인 양상으로 다시 돌아가기
매우 쉽고 마음챙김 훈련을 지속하는 것은 실제로는 힘든 일이 될 수
있다. 훈련을 지속하는 데에는 힘든 노력과 지속성을 필요로 한다.

참가자들은 종종 프로그램이 끝난 다음 마음챙김 훈련을 꼭 계속
해야 하는지에 대해 의문을 갖는다. 그들이 훈련할 때마다 내려받은
청취 파일을 사용할 필요가 있는가? 우리의 경험에 의하면 참가자들
은 대부분 자신만의 요구에 맞는 훈련방법을 발견한다. 가장 좋은 접

근은 당신의 생활방식에 맞는 전략을 고르는 것이다. 그것에 대한 답으로 우리는 일주일 내내 규칙적으로 연습할 것을 권한다. 당신은 마음챙김 훈련을 신체적 훈련에 비교할 수 있다. 한 달에 한 번 체육관에 가서 강력한 운동을 하는 것이 일주일에 두 번 일반적인 강도의 운동을 규칙적으로 하는 것보다 훨씬 효과가 떨어진다. 거기에 더해 후자가 습관적이 되기 더 쉽다. 그래서 일주일 단위로 규칙적으로 연습하는 것이 가끔 훈련을 하는 것보다 훨씬 덜 어려운 경향이 있다.

훈련녹음을 듣는 것이 꼭 필요한 것은 아니다. 많은 사람들이 자신들이 선호하는 훈련은 결국 기억한다. 어떤 것이 당신에게 가장 좋은지를 발견하라. 목표는 단순하다. 그냥 마음챙김적이 되는 것이다. 그리고 이 목표를 달성하기 위한 길은 매우 많다. 같은 이유로 훈련을 위해 꼭 많은 시간을 써야 하는 것은 아니다. 어떤 사람들은 3분 마음챙김 훈련을 선택하는데, 이것은 그들의 일상생활 일정에 쉽게 적용할 수 있기 때문이다. 짧은 훈련이라도 규칙적으로 한다면 긴 명상과 효과가 같다.

당신의 도식과 양식 외에 우리는 당신의 실제 생활 상황에도 이것을 적용해 볼 것을 권고한다. 이 실제 생활 상황에서도 당신은 명확하게 마음챙김을 증명해 보일 수 있을 것이다. 이런 것들을 인식하고 알아차리는 것이 정말로 당신의 자신감을 북돋아 줄 수 있다. 당신의 도식과 양식에 대해 해독제로 작용한 것과 같은 경험을 할 수 있을 것이다. 당신에게 지난주에는 자신만의 내적 경험(혹은 다른 사람의 내적 경험)에 초점을 맞추는 데 사용했다고 이야기해 주어라. 그러면 당신은 특정 상황에서도 당신이 좀 더 따듯해지고 이해심이 많아지는 것을 알아차리게 될 수 있을 것이다. 이런 종류의 마음챙김적 통찰이 당신의 도식과 양식에 효과적으로 해독제 역할을 한다.

미래를 위한 계획

이번 마지막 회기에서 우리는 이전에 우리가 했던 회기들 동안에 당신이 수립했던 전략들에 대해 다시 생각해 볼 것을 권한다. '어떤 계획이 당신으로 하여금 실행을 할 수 있도록 도와주었는가? 어떤 부분이 진행이 잘 되었고 어떤 부분이 그렇지 않았는가?' 판단하지 않은 채 어떤 전략들이 효과적이지 못했었는지에 대해 결정하도록 해 보라. '스마트폰의 마음챙김 앱은 도움이 되는 방법이었는가? 당신의 자가 평가에 다른 중요한 사람이 관여함으로써 당신 계획에 어떤 일이 생겼는가?'

우리는 미래를 위해 무엇이 변화할 필요가 있고 무엇이 미세 조정이 되어야 하는지를 결정하기 위해 당신의 전략을 비판적인 시각으로 확인해 보기를 권한다. 어떤 사람들은 자신의 계획을 수첩에 적는 것이 도움이 된다고 한다. 또 다른 이들은 핸드폰에 적어 놓는 것이 도움이 된다고 한다. 계획은 불변의 것이 아니라는 점을 명심하라. 전략들은 그것을 유용하게 유지하고 또 새롭게 만들기 위해서 자주 미세 조정을 하는 것이 필요하다.

추적회기 2 훈련

다음의 두 가지 훈련 중 하나를 이번 회기 중에 연습할 것이다. 다른 하나는 집에서 들을 수 있다.

당신의 취약성을 지키고, 관대함으로 반응하며 미래에 대해 희망을 가지는 건강한 성인

이 훈련은 당신으로 하여금 당신의 건강한 성인에 대한 알아차림을 발전시킬 수 있도록 도와줄 것이다. 건강한 성인은 당신의 민감함, 당신의 취약성 그리고 당신의 핵심 감정적 요구에 대해 마음챙김적이 된다. 건강한 성인은 당신의 내적 경험에 대해 판단하지 않고 단지 그것이 일어나는 대로 놓아두고 허용한다.

존재 양식

- 의자에 등을 편하게 하고 바로 앉는다. 척추를 곧게 하고 뒤로 기대지 않게 유지한다.
- 당신의 등을 편안하지만 곧은 자세를 유지하도록 고정한다.
- 발은 바닥에 평평하도록 편하게 놓는다.
- 눈을 감는다.
- 당신의 등에 대해 마음챙김적이 돼라. 당신의 등과 의자 사이에 접촉을 느껴라. 무엇이 느껴지는가? 이제 당신의 주의력을 손으로 옮겨라. 당신의 손에서 느껴지는 감각에 마음챙김적이 돼라. 그런 다음 당신의 발로 주의력을 옮겨라. 당신이 바디 스캔 훈련에서 했던 것처럼 이들 감각을 탐색하는 데 수분의 시간을 보내라.
- 호흡에 대해 마음챙김적이 돼라. 지금 당신의 호흡이 일어남을 느끼는 곳을 알아차려라. 배의 움직임에 초점을 맞출 수도 있고, 매 호흡마다 당신의 코를 통해 나오고 들어가는 공기의 흐름에 초점을 맞출 수도 있다. 당신의 호흡이 가장 잘 느껴지는 그곳이 어디든 그곳에 당신의 주의력을 집중하라.

행동 양식

존재 양식에서 잠시 머무른 다음, 눈을 감은 채로 다음 것들을 마음챙김적으로 깊이 생각해 보라.

- 잠시 지난주를 회상해 보라. 당신의 도식이 촉발되게 만들었던 예민했던 시간들을 생각해 보라. 아마도 당신은 어떤 상황이나 고통스럽고 어려운 감정이 올라와서 흔들리거나 혼란스러워졌을 것이다. 판단 없이, 호기심과 개방된 마음으로 이들 사건들에 대해 돌아보라.
- 이 훈련 동안에 만약 당신의 주의력이 흩어짐을 알아차린다면 그 흩어짐을 그냥 알아차리고 다시 주의력을 찾으라. 우리는 인간이다. 우리 모두는 주의력을 끝없이 유지할 수 없다.
- 이런 힘든 상황 동안에 건강한 성인이 당신의 취약한 양식을 알아차리는지 여부에 대해 생각해 보라. 그것이 당신의 부분인 고통스러운 감정으로 인해 상처받거나, 아니면 힘들어하는 것에 대해 어떻게 마음챙김적이 되는지를 보라. 그 상황에서 당신의 취약한 양식이 어떤 생각이든, 어떤 감정이든 간에 상관없이 당신 자신이 그것을 경험하도록 허용할 수 있게 노력하라.
- 건강한 성인은 당신의 취약성을 판단하지 않는다. 그것은 친절하게 그리고 부드럽게 접근한다. 건강한 성인은 당신의 취약한 양식에 대해 마음챙김적이 되는 데 필요한 시간을 충분히 제공해 준다. 그것은 지금 그리고 또 미래 모두에 당신의 취약한 양식이 필요로 하는 요구를 위한 공간과, 그 요구를 돌보는 데 필요한 모든 것을 제공해 주려 노력할 것이다.
- 건강한 성인은 또한 당신의 취약한 양식이 가지고 있는 감정적 요구를 고려하고 있다. '지난주의 그런 상황에서 당신의 취약한 양식이 필요로 하는 요구는 무엇이었는가? 그것이 다른 사람의 알아차림이나 인정을 찾고 있지는 않았는가? 그것 자체의 경계는 있었는가? 어느 정도의 자발성은? 그 외에 다른 것은?'

- 만약 당신의 건강한 어른이, 당신의 취약한 양식이 그것 자체의 요구를 이해하지 못하고 있다는 것을 인식하였다면 건강한 어른을 비판단적으로 놓아두어라. 그것이 당신을 편안하게 해 줄 것이고 어떤 것이건 행동 지향적 반응에 대해 주의하도록 도와줄 것이다. 그리고 그것은 또한 당신의 마음챙김에 대해 당신에게 칭찬을 해 줌으로써 희망을 불어넣어 주고, 당신의 핵심적 감정 요구를 어떻게 확인하는가를 배울 수 있는 시간을 제공해 줌으로써 당신에게 확신을 심어 줄 것이다. 당신이 당신 자신의 이런 측면에 대해 전문가가 될 수 없다는 것은 두말할 나위가 없는 일이다. 그러나 지금과 그리고 미래에 당신의 요구를 수용할 수 있는 모든 공간을 가지고 있고, 이 공간은 당신의 감정적 요구에 대해 배우는 데 있어 마음챙김적인 작업을 할 수 있도록 해 줄 것이다.

- 이제 서서히 당신의 호흡으로 되돌아오라. 매 호흡 시 공기가 들어가고 나오는 것에 대해 의식하고, 당신의 감정적 경험에 대해 매일 매일 마음챙김을 지속적으로 증진시키기 위해서는 건강한 성인에게 앞으로 무엇이 필요할 것인지에 대해 당신 자신에게 물어보라. 현재에 더 머무르고 알아차리도록 하라. 곧 다가올 그때에 당신의 건강한 성인을 지지하게 위해 당신이 무엇을 할 수 있는가에 대해 사려 깊게 생각해 보라.

- 이제 나는 천천히 셋을 셀 것이다. 셋에 당신은 눈을 뜨도록 한다. 행동 양식으로 돌아가기 전에 당신의 존재와 당신을 둘러싸고 있는 환경에 대해 마음챙김적인 순간을 잠시 갖도록 한다… 1… 2… 3.

마음챙김적 미래를 계획하기

이 훈련은 당신으로 하여금 당신의 건강한 성인에 대한 알아차림을 지속적으로 발전시키는 데 도움을 줄 것이다. 건강한 성인은 미래에 당신이 그곳까지 도달하게 만들어 줄 당신의 마음챙김적 노력을 지지해 주고 지켜 줄 것이다.

존재 양식

- 의자에 등을 편하게 하고 바로 앉는다. 척추를 곧게 하고 뒤로 기대지 않게 유지한다.
- 당신의 등을 편안하지만 곧은 자세를 유지하도록 고정한다.
- 발은 바닥에 평평하도록 편하게 놓는다.
- 눈을 감는다.
- 당신의 등에 대해 마음챙김적이 돼라. 당신의 등과 의자 사이에 접촉을 느껴라. 무엇이 느껴지는가? 이제 당신의 주의력을 손으로 옮겨라. 당신의 손에서 느껴지는 감각에 마음챙김적이 돼라. 그런 다음 당신의 발로 주의력을 옮겨라. 당신이 바디 스캔 훈련에서 했던 것처럼 이들 감각을 탐색하는 데 수분의 시간을 보내라.
- 호흡에 대해 마음챙김적이 돼라. 지금 당신의 호흡이 일어남을 느끼는 곳을 알아차려라. 당신의 배의 움직임에 초점을 맞출 수도 있고, 매 호흡마다 당신의 코를 통해 나오고 들어가는 공기의 흐름에 초점을 맞출 수도 있다. 당신의 호흡이 가장 잘 느껴지는 그곳이 어디든 그곳에 당신의 주의력을 집중하라.

행동 양식

존재 양식에서 잠시 머무른 다음, 눈을 감은 채로 다음 것들을 마음챙김적으로 심사숙고해 보라.

- 개방성과 호기심을 가지고 현재 순간에 마음챙김적이 돼라. 지속적으로 마음챙김을 연습하기 위해 이미 수립했던 계획들에 대해 생각해 보라. 당신이 당신 계획들을 수행하였는가의 여부를 판단하지 말고 이에 대해 깊이 생각해 보라.
- 당신의 계획들에 대해 깊이 생각하면서 떠오르는 생각이나 감정에 대해 마음챙김적이 돼라. 무엇이 떠오르건 간에 그냥 놔두라. 판단 없이 그것을 관찰하라.
- '당신의 계획들에 대해 깊이 생각하면서 당신은 그것들을 행동으로 옮기려는 의식적인 욕구를 알아차렸는가? 마음챙김을 연습하기 위해 새로운 계획을 만들고 싶은 욕구를 느꼈는가? 아니면 당신은 행동 양식으로 뛰어들지 않고, 또 즉각적인 해결책을 찾아내려는 충동을 느끼지 않고 그냥 생각만 하려고 하였는가?'
- 이제 서서히 당신의 호흡으로 되돌아오라. 매 호흡 시 공기가 들어가고 나오는 것에 대해 의식하고, 당신 자신에게 당신의 감정적 경험에 대해 매일매일 마음챙김을 지속적으로 증진시키기 위해서는 건강한 성인에게 앞으로 무엇이 필요할 것인지에 대해 물어보라. 현재에 더 머무르고 알아차리도록 하라. 곧 다가올 그때에 당신의 건강한 성인을 지지하게 위해 당신이 무엇을 할 수 있는가에 대해 사려 깊게 생각해 보라.
- 이제 나는 천천히 셋을 셀 것이다. 셋에 당신은 눈을 뜨도록 한다. 행동 양식으로 돌아가기 전에 당신의 존재와 당신을 둘러싸고 있는 환경에 대해 마음챙김적인 순간을 잠시 갖도록 한다… 1… 2… 3.

이것이 우리 프로그램의 마지막이다. 우리는 당신이 앞으로도 아주 많이 마음챙김과 함께하기를 바란다.

부록 III-A
과제물

매일 마음챙김하기

도식과 양식 마음챙김을 발전시키는 데 있어 중요한 단계는 당신 주위에서 매일 무엇이 일어나고 있는지를 알아차리게 되는 것이다. 이것을 성취할 수 있는 길 중 하나는 더 큰 알아차림을 가지고 일상적인 활동을 수행해 나가는 것이다. 어떤 사람들은 이를 닦으면서 마음챙김을 연습하기도 하고, 다른 사람들은 음식을 먹으면서, 설거지를 하면서 혹은 장을 보면서 마음챙김을 연습한다. 당신이 좀 더 쉽게 머무를 수 있고 주의력을 집중할 수 있는 짧고 단순한 일상 활동을 고르도록 한다. 규칙적인 개인적 만남 또한 마음챙김을 할 수 있는 기회가 될 수 있다. 이런 만남에 당신이 건포도 훈련에서 보였던 주의력과 호기심과 같은 정도와 질의 주의력과 호기심을 가지고 접근하라. 당신이 선택한 활동을 하는 동안 그들 안에서 일어나는 모든 경험을 마음챙김적으로 관찰하라.

단순한 일상 활동의 몇몇 예는 다음과 같다.

- 이 닦기
- 옷 입고 벗기
- 콘택트렌즈 넣고 빼기
- 머리를 헤어드라이어로 말리기

- 화장하기
- 샤워 후에 몸 말리기
- 음식 먹을 때 첫 몇 번의 씹기
- 계단 오르기
- 커피나 차를 준비하기 혹은 마시기
- 음악 듣기
- 음식 준비하기
- 기차/버스/지하철 정류장 혹은 주차한 곳부터 당신의 목적지까지 걷기
- 배우자나 아이들과 저녁 식사하는 중에 대화하기
- 부모와 매일 하는 전화 통화

이들 활동들은 일상적인 속도로 수행할 수 있거나 마음챙김을 더 크게 허용하기 위해 속도를 늦추어서 수행할 수도 있다. 한 활동을 며칠 연속해서 연습하도록 하라. 각 훈련은 칫솔과 당신의 이, 잇몸, 그리고 혀가 닿는 것과 같은 활동이 가지는 가장 즉각적인 측면에 집중을 하는 것으로 시작하라. 그런 뒤 점차적으로 당신의 주의력을, 예를 들어 칫솔을 움직일 때 당신의 팔, 당신 몸의 다른 부분들, 보이는 것, 소리, 냄새, 향, 생각 및 감정 등과 같이 당신의 경험이 가지는 다른 요소들로 확장시키도록 하라.

다섯-국면 M 질문지*

일자: _____

　제공된 척도를 이용해서 다음 문장 각각에 대해 점수를 매기도록
하라. 무엇이 <u>일반적으로 당신에게</u> 그런지에 대해 <u>당신 자신의 의견</u>
<u>을 가장 잘 기술하고 있다</u>고 생각하는 숫자를 빈칸에 적어 넣어라.

1	2	3	4	5
전혀 혹은 아주 드물게 그렇다.	드물게 그렇다.	가끔 그렇다.	자주 그렇다.	아주 자주 혹은 항상 그렇다.

_____ 1. 나는 걷고 있을 때 내 몸의 움직임에 대한 감각을 의도
　　　　 적으로 알아차리려 한다.

_____ 2. 나는 나의 기분을 표현하는 단어를 잘 찾아내는 편이다.

_____ 3. 나는 불합리하거나 부적절한 감정을 가지고 있으면 이
　　　　 에 대해 나 자신을 비난한다.

_____ 4. 나는 나의 감정과 생각에 대해 반응하지 않으면서도 지
　　　　 각한다.

* Baer, R. A., Smith, T., Hopkins, J., Krietemeyer, J., & Toney, L. (2006). 마음챙김의 국면을
탐색하기 위한 자가보고형 평가방법 사용하기. *Assessment, 13*, 27-45.로부터 허가를 받아 재사
용함

_____ 5. 내가 어떤 일을 할 때 나의 마음은 길을 잃고 헤매고, 쉽게 주위가 흩어져 버린다.

_____ 6. 나는 샤워나 목욕을 할 때 내 몸에 닿는 물의 감각을 잘 느낀다.

_____ 7. 나는 내 믿음, 의견 및 기대 등을 언어로 쉽게 표현할 수 있다.

_____ 8. 나는 백일몽에 빠져 있거나, 걱정을 하거나 혹은 주의가 흩어져서 내가 하는 일에 주의를 기울이지 못한다.

_____ 9. 나는 감정 속에 빠져 헤매지 않고 나의 감정을 지켜볼 수 있다.

_____ 10. 나는 나 자신에게 내가 느끼는 대로 느끼면 안 된다고 이야기한다.

_____ 11. 나는 음식이나 음료가 나의 생각, 신체적 감각 및 감정에 어떻게 영향을 미치는지 알 수 있다.

_____ 12. 나는 내가 무슨 생각을 하고 있는지를 설명할 수 있는 단어를 찾기가 힘이 든다.

_____ 13. 나는 주의력이 쉽게 흩어진다.

_____ 14. 나는 내 생각 중 일부가 비정상적이거나 혹은 나쁘다고 믿기 때문에 그렇게 생각해서는 안 된다고 생각한다.

_____ 15. 나는 머릿결을 날리는 바람이나 얼굴 위로 쏟아지는 햇살 같은 감각에 주의를 기울인다.

_____ 16. 나는 내가 일들에 대해 어떻게 느끼는지를 표현하는 데 있어 적당한 단어를 생각하는 데 문제가 있다.

_____ 17. 나는 내 생각이 좋고 나쁜지에 대해 판단을 한다.

_____ 18. 나는 현재에 무엇이 일어나는지에 대해 집중력을 유지
하는 것이 어렵다.

_____ 19. 나는 생각이나 혹은 심상에 의해 고통을 받으면 '한 걸
음 뒤로 물러서서' 그것에 의해 지배되지 않으면서 그
생각이나 심상을 알아차린다.

_____ 20. 나는 시계가 째깍거리는 소리, 새가 지저귀는 소리 혹은
차가 지나가는 소리와 같은 소리에 주의를 기울인다.

_____ 21. 힘든 상황에서 나는 즉각적으로 반응하지 않고 잠깐의
시간을 가질 수 있다.

_____ 22. 나는 몸에서 감각이 느껴지면 그것을 표현할 적당한 단
어가 없어서 설명하기가 어렵다.

_____ 23. 나는 내가 무엇을 하고 있는지에 대한 충분한 알아차림
없이 '자동적으로 달려 나가고' 있는 것처럼 느껴진다.

_____ 24. 나는 생각이나 혹은 심상에 의해 고통을 받아도 금방
안정감을 느낀다.

_____ 25. 나는 나 자신에게 내가 생각하는 대로 생각하면 안 된
다고 이야기한다.

_____ 26. 나는 어떤 것들의 냄새나 향을 알아차릴 수 있다.

_____ 27. 내가 정말로 화가 났을 때도 나는 그것을 말로 표현할
수 있다.

_____ 28. 나는 행동을 하면 어떨지에 대해 진지하게 생각하지 않
고 그냥 행동으로 옮긴다.

_____ 29. 나는 생각이나 혹은 심상에 의해 고통을 받을 때 그것
에 대해 반응하지 않고 단지 그것을 알아차리기만 할

수 있다.

_____ 30. 나는 내 감정 중 일부가 비정상적이거나 혹은 나쁘다고 믿기 때문에 그렇게 느끼면 안 된다고 생각한다.

_____ 31. 나는 색감, 모양, 질감, 혹은 빛과 그림자의 양상 등과 같은 예술이나 자연에서의 시각적 요소들을 알아차릴 수 있다.

_____ 32. 나의 타고난 성향은 내 경험을 말로 표현하는 것이다.

_____ 33. 나는 생각이나 혹은 심상에 의해 고통을 받을 때 그것을 단지 알아차려 그대로 흘러가게 놓아둘 수 있다.

_____ 34. 나는 내가 무엇을 하고 있는지에 대해 알아차리지 못한 채 자동적으로 일이나 과업을 수행한다.

_____ 35. 나는 생각이나 혹은 심상에 의해 고통을 받을 때 그 생각이나 이미지가 어떤가에 따라 나 자신이 좋고 나쁜지를 판단한다.

_____ 36. 나는 내 감정이 내 생각이나 행동에 어떻게 영향을 주는지에 대해 주의를 기울인다.

_____ 37. 나는 통상적으로 그 순간에 어떻게 느끼는지에 대해 매우 자세하게 기술할 수 있다.

_____ 38. 나는 주의를 기울이지 않은 채 어떤 일을 하고 있는 자신을 발견한다.

_____ 39. 나는 합리적이지 않은 생각을 하고 있으면 안 된다고 생각을 한다.

도식 마음챙김 키우기

이 서식은 당신으로 하여금 당신의 도식 강도를 평가하는 데 도움을 줄 수 있는 질문을 포함하고 있다. 매주 각 도식을 당신이 관찰하여 그 정도를 측정한다. 이렇게 하는 것이 당신의 경험을 깊이 생각하는 데 도움을 줄 수 있다. '당신은 어떤 종류의 생각, 감정, 행동 및 신체적 감각들을 관찰하였는가? 각 도식이 튀어 오르는 것을 얼마나 자주 관찰할 수 있었는가? 그것의 강도는 어땠는가? 당신의 도식에 대해 마음챙김적인 동안에 어떤 변화를 경험하였는가?' 이런 방법으로 당신의 3가지 도식의 각각에 대해 적용해 보도록 하라.

점수를 다 매기고 난 뒤 지난주에 걸쳐 어떤 것이든 당신이 당신의 도식, 도식 양식 및 도식 행동에 대해 더 마음챙김적이 되는 데 도움을 주었던 것에 대해 마지막 장에 적도록 하라. 만약 도식과 도식 양식에 대해 더 알아차리게(건강한 성인과 행복한 아동 양식에서 더 행동한 것) 된다면 우리는 그것도 역시 적도록 권한다.

1. 도식 마음챙김 점수(아래에 도식을 적는다.)

이번 주에 당신이 관찰했던 도식에 대한 마음챙김 정도를 보여 주는 마음챙김 점수를 적는다(0~10: 0은 아무것도 관찰할 수 없었음을 나타내 주고, 10은 특별하게 마음챙김적 관찰을 하였음을 나타내 준다).

2. 도식 마음챙김 점수(아래에 도식을 적는다.)

_____

　이번 주에 당신이 관찰했던 도식에 대한 마음챙김 정도를 보여 주는 마음챙김 점수를 적는다(0~10: 0은 아무것도 관찰할 수 없었음을 나타내 주고, 10은 특별하게 마음챙김적 관찰을 하였음을 나타내 준다).

3. 도식 마음챙김 점수(아래에 도식을 적는다.)

_____

　이번 주에 당신이 관찰했던 도식에 대한 마음챙김 정도를 보여 주는 마음챙김 점수를 적는다(0~10: 0은 아무것도 관찰할 수 없었음을 나타내 주고, 10은 특별하게 마음챙김적 관찰을 하였음을 나타내 준다).

　다음은 나에게 나의 도식, 도식 양식 및 도식 행동에 대해 더 큰 마음챙김을 할 수 있도록 도움을 준 것들이다.
　(감정과 신체적 감각을 지각하는 데 있어 다른 방법뿐만 아니라 다르게 행동하는 법과 같은 것들)

_____

_____

_____

_____

_____

부록 III-D
과제물

치료 전체에 대해 요약하기

당신 자신의 언어를 이용해서 당신이 지금 막 끝낸 마음챙김 회기에 대해 짧은 요약을 적도록 하라. 당신 자신의 언어를 이용해서 적는 것이 기억을 증진시키는 데 효과적인 방법이라고 알려져 있다. 이 서식을 중요한 생각이나 당신이 배운 다른 것에 대해 적는 데 이용하라.

참가 회기 차수: _____   일자: _____

남은 회기의 숫자: _____

회기에 대한 짧은 요약

_____

_____

당신이 이번 회기로부터 기억하고 싶은 것은 무엇인가?

_____

_____

_____

과제

1. 회기 요약 써 오기

2. 지난번 회기에 대해 읽어 오기

3. 마음챙김 연습하기

도식과 양식에 대한 마음챙김을 발전시키기 위해서는 규칙적인 연습이 필요하다. 이런 과정을 돕기 위해 우리는 당신이 특정한 훈련을 얼마나 자주 연습하는지에 대해 지속으로 추적하기를 권한다. 다음 목록에서 당신이 이번 주에 적어도 4회 이상 연습을 했던 각 사항 (당신이 시행하기로 예정했던 훈련을 포함하여)을 점검해 보라.

4회 이상을 연습하였는가? (하지 않았다면 왜 그랬는지 이유를 적도록 하라. 그렇게 하는 것이 마음챙김적인 결정하기를 촉진시킨다.)

훈련 1.1: 건포도 훈련

훈련 2.1: 당신의 환경에 대한 마음챙김

훈련 3.1: 3분 호흡하기 공간

훈련 3.2: 고통스러운 기억에 대한 마음챙김

훈련 3.3: 마음챙김적 걷기

훈련 4.1: 마음챙김적 저글링

훈련 4.2: 도식 마음챙김 키우기

훈련 4.3: 당신의 도식에 대해 알게 되기

훈련 5.1: 3분 도식 마음챙김

훈련 5.2: 자신과 다른 사람에 대한 마음챙김적 수용

훈련 6.1: 마음챙김적 의도를 가지고 걷기

훈련 6.2: 도식을 그대로 놓아 주기

훈련 7.1: 건강한 성인과 행복한 아동에 대한 마음챙김

훈련 7.2: 미래를 위해 준비하기

훈련 7.3: 건강한 성인과 행복한 아동이 필요한 것을 위해 무엇을
할 것인가?

훈련 7.4: 단지 생각일 뿐으로서 도식에 대한 마음챙김

훈련 8.1: 아동과 성인으로서 당신 자신에 대한 마음챙김

훈련 8.2: 직접적인 상호관계 안에서 도식과 양식 마음챙김을 가
지고 저글링하기

도식 대처 질문지

아래 목록은 다양한 (도식)행동을 설명한 문장들이다. 각 문장을 주의 깊게 읽고 그것이 당신에게 어느 정도 해당되는지를 평가하라. 각 문장에 그 정도를 나타내 주는 1부터 6까지의 숫자 중 하나를 적어 넣어라.

점수

1. 나에게는 전혀 해당되지 않는다.
2. 나에게 약간 해당된다.
3. 나에게 중간 정도 해당된다.
4. 나에게 꽤 해당된다.
5. 나에게 많이 해당된다.
6. 나에게 완전히 적용된다.

1. ＿＿＿ 나는 고통, 슬픔 혹은 분노와 같은 감정을 느끼지 않게 피하려 한다.

2. ＿＿＿ 나는 다른 사람들이 비난할 때 자주 방어적이 된다.

3. ＿＿＿ 나는 '나는 그것을 알고 있어… .' 혹은 '내가 예상했던 대로네… .'와 같이 자기 자신에 대해 자주 생각을 한다.

4. ＿＿＿ 나는 내가 지쳐서 방전이 되어 있을 때조차도 매우 열심히

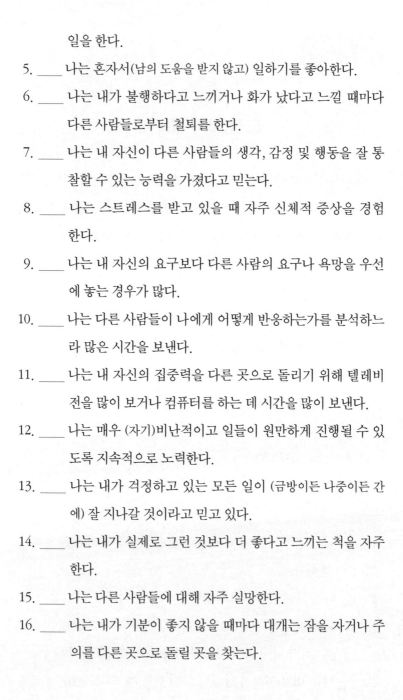

일을 한다.

5. ____ 나는 혼자서(남의 도움을 받지 않고) 일하기를 좋아한다.

6. ____ 나는 내가 불행하다고 느끼거나 화가 났다고 느낄 때마다 다른 사람들로부터 철퇴를 한다.

7. ____ 나는 내 자신이 다른 사람들의 생각, 감정 및 행동을 잘 통찰할 수 있는 능력을 가졌다고 믿는다.

8. ____ 나는 스트레스를 받고 있을 때 자주 신체적 증상을 경험한다.

9. ____ 나는 내 자신의 요구보다 다른 사람의 요구나 욕망을 우선에 놓는 경우가 많다.

10. ____ 나는 다른 사람들이 나에게 어떻게 반응하는가를 분석하느라 많은 시간을 보낸다.

11. ____ 나는 내 자신의 집중력을 다른 곳으로 돌리기 위해 텔레비전을 많이 보거나 컴퓨터를 하는 데 시간을 많이 보낸다.

12. ____ 나는 매우 (자기)비난적이고 일들이 원만하게 진행될 수 있도록 지속적으로 노력한다.

13. ____ 나는 내가 걱정하고 있는 모든 일이 (금방이든 나중이든 간에) 잘 지나갈 것이라고 믿고 있다.

14. ____ 나는 내가 실제로 그런 것보다 더 좋다고 느끼는 척을 자주 한다.

15. ____ 나는 다른 사람들에 대해 자주 실망한다.

16. ____ 나는 내가 기분이 좋지 않을 때마다 대개는 잠을 자거나 주의를 다른 곳으로 돌릴 곳을 찾는다.

도식 대처 전략 질문지의 점수를 매겨라. 3가지 도식 대처 전략의 각
각과 연관된 항목은 아래에 목록이 제시되어 있다. 각 하위척도의 평
균점수를 계산하라. 각 하위척도의 5점과 6점의 빈도도 계산하라.
이들 숫자들은 당신에게 우세한 도식 대처 전략을 보여 준다.

도식 회피	도식 과잉보상	도식 굴복
항목: 1, 6, 8, 11, 16	항목: 2, 4, 5, 9, 12, 14	항목: 3, 7, 10, 13, 15

4부

청취 파일 목록

■청취 파일 목록

다음 청취 파일 목록의 원본은 http://www.mfvanvreeswijk.com 에서 찾아볼 수 있고, 한글본 녹음은 학지사 홈페이지(http://hakjisa. co.kr)의 '도서안내 → 도서 상세정보 → 도서자료'에서 찾아볼 수 있다.

참고문헌

Aalderen, J. R. van, Donders, A. R. T., Spinhoven, P., Giommi, F., Barendregt, H. P., & Speckens, A. E. M. (2012). The efficacy of mindfulness-based cognitive therapy in recurrent depressed patients with and without a current depressive episode: A randomized controlled trial. *Psychological Medicine, 42*(5), 989-1001.

Arntz, A., Genderen, H. van, & Wijts, P. (2006). Persoonlijkheidsstoornissen. In W. Vandereycken, C. A. L. Hoogduin, & P. M. G. Emmelkamp (Eds.), *Handbook Psychopathologie deel 2, Klinische praktijk* (pp. 443-479). Houten: Bohn Stafleu van Longhum.

Arntz, A., & van Genderen, H. (2009). *Schema Therapy for Borderline Personality Disorder.* Oxford: Wiley-Blackwell.

Asselt, A. D. I. van, Dirksen, C. D., Arntz, A., Giesen-Bloo, J. H., Dyck, R. van, Spinhoven, P., Tilburg, W. van, Kremers, I. P., Nadort, M., & Severens, J. L. (2008). Outpatient psychotherapy for borderline personality disorder: Cost effectiveness of schema-focused therapy versus transference focused psychotherapy. *British Journal of Psychiatry, 192,* 450-457.

Atkinson, T. (2012). Schema Therapy for Couples: Healing Partners in a Relationship. In M. F. van Vreeswijk, J. Broersen, & M. Nadort, *The Wiley-*

282 참고문헌

Blackwell handbook of Schema Therapy, theory, research, and practice.
Oxford: Wiley–Blackwell.

Baer, R. A. (Ed.). (2010). *Assessing mindfulness and acceptance processes in clients: Illuminating the theory and practice of change.* Oakland: New Harbinger.

Baer, R. A., Smith, G. T., & Allen, K. B. (2004). Assessment of mindfulness by self-report: The Kentuckey Inventory of Mindfulness Skills. *Assessment, 11,* 191-206.

Baer, R. A., Smith, T., Hopkins, J., Krietemeyer, J., & Toney, L. (2006). Using self-report assessment methods to explore facets of mindfulness. *Assessment, 13,* 27-45.

Baert, S., Goeleven, E., & Raedt, R. de (2006). Aandacht voor Mindfulness Based Cognitive Therapy; en erna. *Gedragstherapie, 39*(1), 23-42.

Bamelis, L. M., Evers, S. M. A. A., Spinhoven, Ph., & Arntz, A. (2014). Results of a multicenter randomized controlled trial of the clinical effectiveness of Schema Therapy for personality disorders. *American Journal of Psychiatry, 171,* 305-322.

Barlow, D. H., Farchione, T. J., Fairholme, C. P., Ellard, K. K., Boisseau, C. L., Allen, L. B., & Ehrenreich- May, J. (2011). *Unified Protocol for Transdiagnostic Treatment of Emotional Disorders: Therapist guide.* New York: Oxford University Press.

Bernstein, D., Arntz, A., & Vos, M. E. de (2007). Schemagerichte therapie in forensische settings: theoretisch model en richtlijnen voor best clinical practice. *Tijdschrift voor Psychotherapie, 33,* 120-139.

Biegel, G. M., Brown, K. W., Shapiro, S. L., & Schubert, C. M. (2009). Mindfulness-based stress reduction for the treatment of adolescent psychiatric outpatients: A randomized clinical trial. *Journal of Consulting and Clinical Psychology, 77*(5), 855-866.

Bishop, S. R., Lau, M., Shapiro, S., Carlson, L., Anderson, N. D., Carmody, J., Segal, Z. V., et al. (2004). Mindfulness: A proposed operational definition. *Clinical Psychology: Science and Practice,* 11, 230-241.

Black, D. S. (2013). *Mindful research guide*. Retrieved from http://www. mindfulexperience.org/resources/trends_figure_cited.pdf

Bowen, S., & Kurz, A. (2012). Between-session practice and therapeutic alliance as predictors of mindfulness after mindfulness-based relapse prevention. *Journal of Clinical Psychology, 68*, 236-245.

Brown, K. W., & Ryan, R. M. (2003). The benefits of being present: Mindfulness and its role in psychological well-being. *Journal of Personality and Social Psychology, 84*, 822-848.

Buchheld, N., Grossman, P., & Walach, H. (2011). Measuring mindfulness in insight meditation (vipassana) and meditation-based psychotherapy: The development of the Freiburg Mindfulness Inventory (FMI). *Journal for Meditation and Meditation Research, 1*, 11-34.

Carmody, J. (2009). Evolving conceptions of mindfulness in clinical settings. *Journal of Cognitive Psychotherapy, 23*, 270-280.

Carmody, J., & Baer, R. A. (2009). How long does a mindfulness-based stress reduction program need to be? A review of class contact hours and effect sizes for psychological distress. *Journal of Clinical Psychology, 65*(6), 627-638.

Carmody, J., Baer, R. A., Lykins, E. L. B., & Olendzki, N. (2009). An empirical study of the mechanisms of mindfulness in a mindfulness-based stress reduction program. *Journal of Clinical Psychology, 65*(6), 613-626.

Chadwick, P., Newman Taylor, K., & Abba, N. (2005). Mindfulness groups for people with psychosis. *Behavioral and Cognitive Psychotherapy, 33*, 351-359.

Chambers, R., Gullone, E., & Allen, N. B. (2009). Mindful emotion regulation: An integrative review. *Clinical Psychology Review, 29*, 560-572.

Chiesa, A., Calati, R., & Serretti, A. (2011). Does mindfulness training improve cognitive abilities? A systematic review of neuropsychological findings. *Clinical Psychology Review, 31*, 449-464.

Chiesa, A., Serretti, A. & Jakobsen, J. A. (2013). Mindfulness: Top-down or bottom-up emotion regulation strategy? *Clinical Psychology Review, 33*,

82-96.

Davidson, R. J., Kabat-Zinn, J., Schumacher, J., Rosenkrantz, M., Muller, D., Santorelli, S. F., Sheridan, J. F. (2003). Alterations in brain and immune function produced by mindfulness meditation. *Psychosomatic Medicine, 65,* 564-570.

Derogatis, L. R., & Spencer, P. M. (1982). *Administration and procedures: BSI. Manual I.* Baltimore, MD: Clinical Psychometric Research.

Farchione, T. J., Fairholme, C. P., Ellard, K. K., Boisseau, C. L., Thompson-Hollands, J., Carl, J. R., et al. (2012). Unified Protocol for Transdiagnostic Treatment of Emotional Disorders: A randomised controlled trial. *Behavior Therapy, 43,* 666-678.

Farrell, J., Shaw, I., & Webber, M. (2009). A schema-focused approach to group psychotherapy for outpatients with borderline personality disorder: A randomized controlled trial. *Journal of Behavior Therapy and Experimental Psychiatry, 40,* 317-328.

Fredrickson, B. L. (2004). The broaden and build theory of positive emotion. *Philosophical Transactions: Biological Sciences, 359,* 1367-1377.

Fulton, P. R. (2005). Mindfulness as clinical training. In C. K. Germer (Ed.), *Mindfulness and psychotherapy.* New York: Guilford Press.

Fulton, P. R. (2008). Anatta: Self, non-self and the therapist. In S. Hick & T. Bien (Eds.), *Mindfulness and therapeutic relationship.* New York: Guilford Press.

Förster, J., Friedman, R. S., Özelsel, A., & Denzler, M. (2006). Enactment of approach and avoidance behavior influences the scope of perceptual and conceptual attention. *Journal of Experimental Social Psychology, 42,* 133-146.

Förster, J., & Higgins, E. T. (2005). How global versus local perception fits regulatory focus. *Psychological Science, 16,* 631-636.

Geerdink, M. T., Jongman, E. J., & Scholing, H. A. (2012). Schema Therapy in Adolescents. In M. F. van Vreeswijk, J. Broersen, & M. Nadort. *The Wiley-Blackwell handbook of Schema Therapy, theory, research, and practice.*

Oxford: Wiley-Blackwell.

Germer, C. K. (2005). *Mindfulness and psychotherapy.* New York: Guilford Press.

Geschwind, N., Peeters, F., Huibers, M., Os, J. van, & Wichers, M. (2012). Efficacy of mindfulness-based cognitive therapy in relation to prior history of depression: Randomised controlled trial. *British Journal of Psychiatry, 201*(4), 320-325.

Giesen-Bloo, J., Dyck, R. van, Spinhoven, P., Tilburg, W. van, Dirksen, C., Asselt, T. van, Kremers, I., Nadort, M. & Arntz, A. (2006). Outpatient psychotherapy for borderline personality disorder: A randomized trial of schema-focused therapy vs. transference-focused psychotherapy. *Archives of General Psychiatry, 63,* 649-658.

Goleman, D. (1988). *The meditative mind: The varieties of meditative experience.* New York: Tarcher/Putnam Books.

Grabovac, A. D., Lau, M. A., & Willet, B. R. (2011). Mechanisms of mindfulness: A Buddhist psychological model. *Mindfulness, 2,* 154-166.

Grepmair, L., Mitterlehner, F., Loew, T., Bachler, E., Rother, W., & Nickel, M. (2007). Promoting mindfulness in psychotherapists in training influences the treatment results of their patients: A randomized, double-blind, controlled study. *Psychotherapy and Psychosomatics, 76,* 332-338.

Gunaratana, B. H. (2011). *Mindfulness in plain English.* Sommervile: Wisdom.

Haeyen, S. (2006). Imaginatie in schemagerichte beeldende therapie. *Tijdschrift voor creatieve therapie,* 3-10.

Haeyen, S. (2007). *Niet uitleven maar beleven, beeldende therapie bij persoonlijkheidsproblematiek.* Houten: Bohn Stafleu van Loghum.

Hargus, E., Crane, C., Barnhofer, T., & Williams, J. M. (2010). Effects of mindfulness on meta-awareness and specificity of describing prodromal symptoms in suicidal depression. *Emotion, 10,* 34-42.

Hayes, S. C. (2005). Acceptance and commitment therapy, relational frame theory, and the third wave of behavioral and cognitive therapies. *Clinical Psychology and Psychotherapy, 11,* 137-144.

Hayes, S. C., Wilson, K. G., Gifford, E. V., Follette, V. M., & Strosahl, K. (1996). Experiential avoidance and behavioral disorders: A functional dimensional approach to diagnosis and treatment. *Journal of Consulting and Clinical Psychology, 64,* 1152-1168.

Hill, C. L. & Updegraff, J. A. (2012). Mindfulness and its relationship to emotional regulation. *Emotion, 12*(1), 81-90.

Hofmann, S. G., Sawyer, A. T., Witt, A. A., & Oh, D. (2010). The effect of mindfulness-based therapy on anxiety and depression: A meta-analytic review. *Journal of Consulting and Clinical Psychology, 78,* 169-183.

Hölzel, B. K., Carmody, J., Vangel, M., Congleton, C., Yerramsetti, S. M., Gard, T., & Lazar, S. W. (2011). Mindfulness practice leads to increases in regional brain gray matter density. *Psychiatry Research, 191,* 36-43.

Hout, M. A. van den, Engelhard, I. M., Beetsma, D., Slofstra, C., Hornsveld, H., & Houtveen, J. (2010). Commonalities, EMDR and MBCT: Eye movements and attentional breathing tax working memory and reduce vividness of aversive ideation. *Journal of Behavioral Therapy and Experimental Psychiatry, 42,* 423-431.

Jazaieri, H., Goldin, P. R., Werner, K., Ziv, M., & Gross, J. J. (2012). A randomized trial of MBSR versus aerobic exercise for social anxiety disorder. *Journal of Clinical Psychology, 68*(7), 715-731.

Kabat-Zinn, J. (1990). *Full catastrophe living: The program of the stress reduction clinic at the University of Massachusetts Medical Center.* New York: Delta.

Khoury, B., Lecomte, T., Fortin, G., Masse, M., Therien, P., Bouchard, C., & Hofmann, S. G. (2013). Mindfulness-based therapy: A comprehensive meta-analysis. *Clinical Psychological Review, 33*(6), 763-771.

Klainin-Yobas, P., Cho, M. A. A., & Creedy, D. (2012). Efficacy of mindfulness-based interventions on depressive symptoms among people with mental disorders: A meta-analysis. *International Journal of Nursing Studies, 49*(1), 109-121.

Klatt, M. D., Buckworth, J., & Malarkey, W. B. (2008). Effects of low-dose mindfulness-based stress reduction (MBSR-ld) on working adults. *Health Education and Behavior, 36*(3), 601-614.

Koster, E., Baert, S., & De Raedt, R. (2006). Aandachstraining bij angst en depressie: een wetenschappelijke innovatie met klinische relevantie. *Gedragstherapie, 39,* 243-255.

Lambert, M. J., & Barley, D. E. (2001). Research summary on the therapeutic relationship and psychotherapy outcome. *Psychotherapy: Theory, Research, Practice, Training, 38*(4), 357-361.

Lambert, M. J., & Barley, D. E. (2002). Research summary on the therapeutic relationship and psychotherapy outcome. In J. C. Norcross (Ed.), *Psychotherapy relationships that work: Therapist contributions and responsiveness to patients.* New York: Oxford University Press.

Lobbestael, J., Vreeswijk, M. F. van, & Arntz, A. (2007). Shedding light on schema modes: A clarification of the mode concept and its current research status. *Netherlands Journal of Psychology, 63,* 76-85.

Lutz, A., Slagter, H. A., Dunne, J. D., & Davidson, R. J. (2008). Attention regulation and monitoring in meditation. *Trends in Cognitive Sciences, 12,* 163-169.

Ma, S. H., & Teasdale, J. D. (2004). Mindfulness-Based Cognitive Therapy for depression: Replication and exploration of differential relapse prevention effects. *Journal of Consulting and Clinical Psychology, 72,* 31-40.

McCabe, S. B., & Toman, P. E. (2000). Stimulus exposure duration in a deployment-of-attention task: Effects on dysphoric, recently dysphoric, and nondysphoric individuals. *Cognition and Emotion, 14,* 125-142.

McManus, F., Surawy, C., Muse, K., Vazquez-Montes, M., & Williams, J. M. (2012). A randomized clinical trial of mindfulness-based cognitive therapy versus unrestricted services for health anxiety (hypochondriasis). *Journal of Consulting and Clinical Psychology, 80*(5), 817-828.

Nadort, M., Dyck, R. van, Smith, J. H., Arntz, A., Spinhoven, P., Wensing, M., Giesen-Bloo, J., & Asselt, T. van (2009). Implementation of out-patient schema focused therapy for borderline personality disorder in general psychiatry.

Onraedt, T., Koster, E., Geraerts, E., Lissnyder, E. de, & Raedt, R. de (2011). Werkgeheugen en depressie. De Psycholoog, 14-24.

Perich, T., Manacavasgar, V., Mitchell, P., & Ball, J. (2013). The association between meditation practice and treatment outcome in Mindfulness-Based Cognitive Therapy for bipolar disorder. Behaviour Research and Therapy, 51(7), 338-343.

Piet, J., & Hougaard, E. (2011). The effect of mindfulness-based cognitive therapy for prevention of relapse in recurrent major depressive disorder: A systematic review and meta-analysis. Clinical Psychology Review, 31, 1032-1040.

Posner, M. I., & Petersen, S. E. (1990). The attention system of the human brain. Annual Review of Neuroscience, 13, 25-42.

Posner, M. I. & Rothbart, M. K. (1998). Attention, self-regulation and consciousness. Philosophical Transactions of the Royal Society B, 353, 1915-1927.

Rapgay, L., Bystritsky, A., Dafter, R. E., & Spearman, M. (2011). New strategies for combining mindfulness with integrative cognitive behavioral therapy for the treatment of generalized anxiety disorder. Journal of Rational-Emotive & Cognitive Behavior Therapy, 29(2), 92-119. doi: 10.1007/s10942-009-0095-z.

Rapgay, L., Ross, J. L., Petersen, O., Izquierdo, C., Harms, M., Hawa, S., & Couper, G. (2013). A proposed protocol integrating classical mindfulness with prolonged exposure therapy to treat posttraumatic stress disorder. Mindfulness, 2, 1-14.

Renner, F., Goor, M. van, Huibers, M., Arntz, A., Butz, B., & Bernstein, D. (2013). Short-term group schema cognitive-behavioral therapy for young adults with personality disorders and personality features: Associations with changes in symptomatic distress, schema, schema modes and coping styles. Behaviour Research and Therapy, 51, 487-492.

Rijkeboer, M. M., Genderen, H. van, & Arntz, A. (2007). Schemagerichte therapie. In E. H. M. Eurelings-Bontekoe, R. Verheul, & W. M. Snellen (Eds.), *Handbook persoonlijkheids-pathologie* (pp. 285-302). Houten: Bohn Stafleu van Loghum.

Schmidt, N. B., Joiner, T. E., Young, J. E., and Telch, M. J. (1995). The Schema Questionnaire: Investigation of psychometric properties and the hierarchical structure of a measure of maladaptive schema. *Cognitive Therapy and Research, 19,* 295-231.

Segal, Z. V., Williams, J. M. G., & Teasdale, J. D. (2002). *Mindfulness-Based Cognitive Therapy for depression.* New York: Guilford Press.

Segal, Z. V., Williams, J. M. G., & Teasdale, J. D. (2013). *Mindfulness-Based Cognitive Therapy for depression* (2nd ed.). New York: Guilford Press.

Siegle, G. J., Ghinassi, F., & Thase, M. E. (2007). Neurobehavioral therapies in the 21st century. Summary of an emerging field and an extended example of cognitive control training for depression. *Cognitive Therapy and Research, 31,* 235-262.

Simpson, S. G., Morrow, E., Vreeswijk, M. F. van, & Reid, C. (2010). Schema therapy for eating disorders: A pilot study. doi: 10.3389/fpsyg.2010.001.

Smalley, S. L., & Winston, D. (2010). *Fully present: The science, art, and practice of mindfulness.* Cambridge, UK: Da Capo.

Teasdale, J. D., Segal, Z. V., & Williams, J. M. G. (1995). How does cognitive therapy prevent relapse and why should attentional control (mindfulness) training help? *Behaviour Research and Therapy, 33,* 225-239.

Teasdale, J. D., Segal, Z. V., Williams, J. M. G., Ridgeway, V. A., Soulsby, J. M., & Lau, M. A. (2000). Prevention of relapse/recurrence in major depression by Mindfulness-Based Cognitive Therapy. *Journal of Consulting and Clinical Psychology, 68,* 615-623.

Treanor, M. (2011). The potential impact of mindfulness as exposure and extinction learning in anxiety disorders. *Clinical Psychology Review, 4,* 617-675.

Vettese, L., Toneatto, T., Stea, J., Nguyen, L., & Wang, J. (2009). Do mindfulness meditation participants do their homework? And does it make a difference? A review of the empirical evidence. *Journal of Cognitive Psychotherapy, 23,* 198-225.

V ø llestad, J., Nielsen, M. B., & Nielsen, G. H. (2012). Mindfulness- and acceptance-based interventions for anxiety disorders: A systematic review and meta-analysis. *British Journal of Clinical Psychology, 51*(3), 239-260.

Vreeswijk, M. F. van, Broersen, J., & Nadort, M. (2012). *The Wiley-Blackwell handbook of Schema Therapy, theory, research, and practice.* Oxford: Wiley-Blackwell.

Vreeswijk, M. F. van, Spinhoven, P., Eurlings-Bontekoe, E. H. M., & Broersen, J. (2012). Changes in symptom severity, schemas and modes in heterogeneous psychiatric patient groups following short-term schema cognitive-behavioural group therapy: A naturalistic pre-treatment and post-treatment design in an outpatient clinic. *Clinical Psychology & Psychotherapy.* doi: 10.1002/cpp.1813.

Wampold, B. E. (2001). *The great psychotherapy debate.* New York: Lawrence Erlbaum.

Watson, D. (2005). Rethinking the mood and anxiety disorders: A quantitative hierarchical model for DSM-V. *Journal of Abnormal Psychology, 114,* 522-536.

Williams, J. M. G., Teasdale, J. D., Segal, Z., & Kabat-Zinn, J. (2007). *Mindfulness en bevrijding van depressie.* Amsterdam: Uitgeverij Nieuwezijds.

Young, J. E., Klosko, J. S., & Weishaar, M. E. (2003). *Schema Therapy. A practitioner's guide.* New York: Guilford Press.

Young, J., Arntz, A., Atkinson, T., Lobbestael, J., Weishaar, M., Vreeswijk, M. F. van, & Klokman, J. (2007). *Schema Mode Inventory (SMI version 1).* New York: Schema Therapy Institute.

찾아보기

ㅍ

프라이버그 마음챙김 척도(Freiburg
　　Mindfulness Inventory) 62

ㅎ

행동 양식 36, 42
훈련평가 253

저자 소개

미첼 반 브레스비크(Michiel van Vreeswijk)

의학박사로 네덜란드의 지-크라시트(G-kracht) 정신건강 보호기관에서 임상심리학자, 정신치료사, 인지-행동치료사, 도식치료 공인 지도자 및 공동 책임자로 일하고 있다. 그는 네덜란드의 몇몇 임상심리사 및 정신과 의사를 위한 박사 후 기관에서 도식치료와 인지-행동치료 훈련가로서 일하고 있다. 그는 또한 리노 집단(RINO Group)에도 정신진단 평가에 주요 강사로 관여하고 있다. 그는 영국, 독일 및 기타 국가와 국제 도식학회(International Society of Schema Therapy: ISST)에서 정규적으로 도식치료 워크숍을 개최하고 있다. 그는 도식집단치료를 연구하고 있고 영어, 독일어 그리고 네덜란드어로 작성된 많은 논문과 책의 저자이자 공동저자이다.

제니 브로에르센(Jenny Broersen)

의학박사로 정신건강 전문 심리학자이고 정신치료사이다. 그녀는 네덜란드와 국제 도식학회에서 공인된 인지-행동치료와 도식치료 지도자이기도 하다. 지난 15년간 그녀는 외래와 낮 병동에서 일을 하였다. 브로에르센은 도식치료와 암스테르담의 지-크라시트 정신의학센터협의회의 지역 책임자로 그녀의 동료인 마르존 나도르트(Marjon Nadort)와 함께 근무하고 있다. 그녀는 또한 네덜란드 델프트 지역의 정신건강 보호기관에서도 일하고 있다. 그녀는 몇몇 도식 관련 책과 장(chapter) 그리고 논문의 공동저자이자 편집자이고 도식치료와 인지-행동치료에 관한 박사 후 과정을 밟았다.

젤 슈린크(Ger Schurink)

의학박사로 정신치료사, 건강 심리학자 및 인지-행동치료사이다. 그는 네덜란드에서 개인진료실을 운영하고 있고 인지-행동치료의 공인지도자이며 마음챙김에 기반한 인지치료의 훈련가이기도 하다. 그는 여러 책과 논문의 저자이자 공동저자이다.

역자 소개

이영호(Young Ho Lee, M. D.)

고려대학교 의과대학을 졸업하고 동대학원에서 의학박사 학위를 받았다. 정신건강의학과, 신경과 전문의로서 인제의대 서울백병원 신경정신과 교수와 과장을 역임하고 미국 North Dakota University 산하 식사장애 진료소에서 임상연구원을 지낸 뒤 현재는 나눔정신건강의학과 서울대입구역점의 원장으로 일하면서 인지행동치료, 도식 및 양식치료 그리고 수용전념치료 등의 임상적용에 힘쓰고 있다. 주요 저서로는 『나는 왜 Diet에 실패하는가?』(엠엘커뮤니케이션, 2012), 『인지행동치료 쉽게 시작하기』(엠엘커뮤니케이션, 2012), 『식사장애』(엠엘커뮤니케이션, 2011), 『폭식증 스스로 이겨 내기』(공저, 학지사, 2011), 『폭식비만 스스로 해결하기』(공저, 학지사, 2011), 『한국인을 위한 비만행동요법』(공저, 대한비만학회, 2010) 등이 있고 주요 역서로는 쉽게 쓴 『대인관계 신경생물학 지침서』(공역, 학지사, 2016), 『정신치료의 신경과학: 사회적인 뇌 치유하기』(공역, 학지사, 2014), 『비만의 인지행동치료』(공역, 학지사, 2006), 『거식증과 폭식증 극복하기: 식사장애』(공역, 학지사, 2003), 『식이장애와 비만한 어린이를 둔 부모님들을 위하여』(공역, 하나의학사 2005), 『대인관계치료』(공역, 학지사 2002), 『임상실제에서의 신경심리학』(공역, 하나의학사, 1999) 등이 있다. 이 외에 식사장애를 비롯한 정신과 문제에 대한 다양한 논문이 다수 있다.

마음챙김과 도식치료
-임상 지침서-

Mindfulness and Schema Therapy-A Practical Guide

2017년 7월 28일 1판 1쇄 인쇄
2017년 8월 2일 1판 1쇄 발행

지은이 • Michiel van Vreeswijk · Jenny Broersen · Ger Schurink
옮긴이 • 이영호
펴낸이 • 김진환
펴낸곳 • ㈜ 학지사
　　　　04031 서울특별시 마포구 양화로 15길 20 마인드월드빌딩
대표전화 • 02-330-5114　　팩스 • 02-324-2345
등록번호 • 제313-2006-000265호

홈페이지 • http://www.hakjisa.co.kr
페이스북 • https://www.facebook.com/hakjisa

ISBN 978-89-997-1307-1　03180

정가 15,000원

이 도서의 국립중앙도서관 출판시도서목록(CIP)은 서지정보유통지
원시스템 홈페이지(http://seoji.nl.go.kr)와 국가자료공동목록시스템
(http://www.nl.go.kr/kolisnet)에서 이용하실 수 있습니다.
(CIP 제어번호: CIP2017015815)

　　　　　　교육문화출판미디어그룹 학지사
　　　심리검사연구소 인싸이트 www.inpsyt.co.kr
　　　원격교육연수원 카운피아 www.counpia.com
　　　학술논문서비스 뉴논문 www.newnonmun.com